TORSTEN
KÖRNER

**IN DER
MÄNNER-
REPUBLIK**

TORSTEN
KÖRNER

IN DER
MÄNNER-
REPUBLIK

WIE FRAUEN
DIE POLITIK
EROBERTEN

KIEPENHEUER
& WITSCH

Verlag Kiepenheuer & Witsch, FSC® N001512

3. Auflage 2020

Umschlaggestaltung: Rudolf Linn, Köln
Umschlagmotiv: © Getty Images/Gaby SOMMER/Kontributor;
© M. Gerten/dpa/picture alliance; © H. Sanden/dpa/picture alliance
Gesetzt aus der Minion und der Gotham condensed
Satz: Buch-Werkstatt GmbH, Bad Aibling
Druck und Bindung: GGP Media GmbH, Pößneck
ISBN 978-3-462-05333-3

Inhalt

Penelope spricht – Ein Vorwort

»Ich nehme wahr, dass Unruhe entsteht, nehme wahr, dass die CDU/CSUler Bemerkungen in Richtung Redepult schreien – ohne den Inhalt dieser Zwischenrufe akustisch verstehen zu können –, sehe, wie sich ein schmieriges Grinsen von Mund zu Mund weiter fortpflanzt, spüre meine eigene Stimme lauter, schriller werden, gegen diesen Lärm anschreien ... Ich will meine Stimme hören, will wahrnehmen, was ich sage. Der Geräuschpegel im Saal in den Rängen der CDU/CSU nimmt traumatische Höhen an. [...] Da sitzen diese beschlipsten Macht- und Würdenträger vor dir, benehmen sich wie pubertierende Jünglinge, schlagen sich auf die Schenkel, als die Rede auf Vergewaltigung in der Ehe kommt ... Vor meinem geistigen Auge läuft ein anderer Film ab: Misshandelte Frauen mit kleinen Kindern an der Hand suchen Schutz in Frauenhäusern ... Alltägliche Erfahrungen von Frauenhausfrauen ... Und dann dieser Ansturm von Unverschämtheit und Aggression mir gegenüber [...] Absurdes Theater – leider hatte ich selbst eine Rolle in diesem Stück.«

So erlebt Gaby Potthast, Abgeordnete der Grünen, ihre Rede vor dem Deutschen Bundestag am 30. März 1983, in der sie die

7

Einrichtung eines Frauenausschusses forderte und das Ende der Diskriminierung von Frauen.

Tatsächlich sieht man – schaut man sich ihre Rede im Archiv an – grölende, feixende und dazwischenrufende Männer, die sich gegen den Auftritt dieser Frau wehren, einer Frau, deren Erscheinung, Stimme und Anklage sie nicht gewohnt sind. Gaby Potthast adressiert ihre Rede nicht nur an die »Damen und Herren« und die »Freundinnen und Freunde«, sondern sie schließt ihre Anrede mit »Liebe Frauen!« ab. Dabei sieht sie zur Besuchertribüne hoch, wo an diesem Tag vor allem Frauen sitzen. Mit dieser Anrede hat sie – überwiegend in den Augen der konservativen Abgeordneten von CDU/CSU – den ersten Fauxpas begangen. »Und die Männer?«, ruft einer von ihnen dazwischen.

Von diesem Augenblick an hört das Störfeuer der Männer, das Drangsalieren und Reviergeheul, nicht auf. Die Frau soll zum Schweigen gebracht werden. Die Frau soll nicht sagen dürfen, was sie zu sagen hat. Wenn Frau im Parlament spricht, soll sie sprechen, wie Männer sprechen. Sie soll nicht als Frau auffallen, sie soll sich einordnen, sie soll sprechend schweigen. Kein Wort soll fallen von Diskriminierung, Gewalt oder gar Vergewaltigung in der Ehe oder fehlender Chancengleichheit.

Der Einzug der Grünen, insbesondere der grünen Frauen, ins Parlament ist 1983 für viele Abgeordnete, aber auch für viele Bürger eine Provokation. Diese frauenbewegten Frauen fordern das Ende der Bescheidenheit, sie zeigen sich als Frauen, wollen aber nicht auf ihr Frausein reduziert werden. Sie wollen gehört, aber nicht verhört werden. Sie tragen keine Uniform der Macht, sind aber keineswegs machtlos. Ihre Kleidung stört die ritualisierte textile Einmütigkeit, ihre Jeans, ihre Röcke, die Blusen und Pullover erzählen nicht von Allmacht, sondern Alltag. Diese Frauen sprechen von sexueller Selbstbestimmung und Sexismus und wollen nicht als Sexobjekte behandelt werden. Sie tragen ihr

Leben und das Leben der anderen ins Parlament und verstehen sich selbst als Stimme der Frauenmehrheit im Land. »*Obwohl Frauen über 53 Prozent der Gesamtbevölkerung stellen, sind sie in diesem politischen Entscheidungsgremium – sprich: Bundestag – mit knapp zehn Prozent vertreten*«, so Gaby Potthast in ihrer Rede. Das Zischeln und akustische Zähnezeigen der Männer wird wieder stärker; Annemarie Renger, die Parlamentspräsidentin, mahnt mit der Glocke Ruhe an, die Grünen-Politikerin spricht weiter: »*Das allerdings drastische Missverhältnis von insgesamt zehn Prozent Entscheidungsträgerinnen im Bundestag zu einem Frauenanteil von 53 Prozent in der Gesamtbevölkerung kann wohl kaum im Sinne der vier Mütter des Grundgesetzes gewesen sein.*«

Zuruf von der CDU/CSU: »Frau Oberlehrer!«

Das antike Gemeinwesen, die Polis, kannte kein Wahl- oder Mitspracherecht der Frau. Eine Frau, die in der Öffentlichkeit ihre Stimme erhob, hätte als ehrlos oder wahnsinnig gegolten. Nur der freie Mann besaß die öffentliche Stimme, wurde durch sie erst zum Mann und freien Bürger, zum sozialen Wesen, das sich in den Chor der Demokratie einbrachte. Die Frau war unmündig, sie hatte ihre Zunge im Zaum zu halten und stand unter der *Vormundschaft* des Vaters oder ihres Mannes. Hannah Arendt schreibt über die politische Sphäre der Polis: »Der politisch-öffentliche Bereich ist dann der weltlich sichtbare Ort, an dem Freiheit sich manifestieren, in Worten, Taten, Ereignissen wirklich werden kann, die ihrerseits in das Gedächtnis der Menschen eingehen und geschichtlich werden.« Ohne so eine Sphäre, schreibt Arendt, könne sich Freiheit nicht zeigen, sich nicht herausbilden und in all ihren Manifestationen auch nicht erinnert werden. Übertragen wir das auf die Geschichte des Bundestages seit 1949, war das Parlament – der »Erscheinungsraum der Freiheit« – sicher ein Ort der Freiheit, ein Ort, wo sich politischer Wille manifestierte, wo frei gesprochen und gehandelt wurde, wo aber doch für lange Zeit die jahrtausendealte Unfreiheit der Frau erhalten und durch ihre überwiegende Abwesenheit, Unsichtbarkeit und Unhörbarkeit offenkundig blieb.

Liselotte Funcke, die große Parlamentarierin der FDP, die 1961 in den Bundestag einzog, erklärte sich diese fortbestehende Unfreiheit durch das verloren gegangene Machtmonopol des Mannes, der über Jahrtausende mit der Waffe in der Hand den Hüter des Hauses und den Beschützer der Familie gegeben, aber diese Identitäts- und Existenzrolle durch zwei Weltkriege nun verloren habe. Die Massenvernichtungswaffen, die Bombenkriege hätten die Ohnmacht des Mannes als Schutzpatron der Familie offenkundig gemacht und ihn vor der Frau bloßgestellt. Funcke schreibt am 18. Februar 1970 an eine Studentin: »Heute erkennt der Mann, dass er den Schutz nicht mehr garantieren kann und dass die Frau beruflich Gleiches zu leisten vermag. Das macht ihn unsicher. Die Unsicherheit versucht er zu überspielen, indem er männliche Reservate wie z. B. die Politik retten will.«

Potthast und die anderen grünen Politikerinnen störten die Ordnung des Reservats, weil sie lauter, emotionaler und subjektiver waren als die Politikerinnen vor ihnen, weil sie die männliche Ordnung selbst als das Problem definierten. Das repräsentative Missverhältnis zwischen Frauenanteil in der Bevölkerung und dem im Parlament, das Gaby Potthast beklagte, zeugte aus ihrer Sicht von den geknebelten Zungen der Frauen, die sich erst frei machen, lösen und freisprechen mussten.

Insofern ist die Rede der Grünen-Abgeordneten auch eine Selbstentdeckung als Rednerin. In ihrer eingangs zitierten Erinnerung spricht Gaby Potthast davon, dass sie die eigene Stimme »spüren«, »wahrnehmen«, ja, überhaupt erst »hören« will, was ihr durch das überwiegend männliche Plenum bestritten wird. In diesem Wunsch, sich selbst, die eigene Stimme hören zu wollen, klingt die so lange erzwungene Einübung ins Schweigen mit, jene vormundschaftliche Tradition des Patriarchats, das den

Frauen über Jahrtausende hinweg das öffentliche Sprechen verbot. Zugleich hört man in Potthasts Diktion den gefühlsreichen Singsang der Innerlichkeit der Siebzigerjahre, der sich aber hier expressiv nach außen wendet, um den Innenraum des Parlaments zu erobern.

Auch deshalb wehrten sich die Männer so sehr gegen die ich-sagende Frau, denn sie bedrohte die Arena der rhetorischen Maskulinität, in der Frauen bis dahin zwar zu Gast sein durften, aber am besten unauffällig zu agieren hatten. Denn was die Grünen-Politikerinnen von den Parlamentarierinnen der CDU/CSU, SPD oder FDP unterschied, war die fehlende »Ochsentour« zum Mandat, war die fehlende Einübung in die Rituale der Partei und ihrer Instanzen. Sie waren 1983 auf kürzestem Wege in dieses Parlament katapultiert worden, und so hingen an diesen Stimmen noch Reste von ungefiltertem Leben und Ich, von Beruf und parlamentarischem Dilettantismus, von Alltagssprache und lyrischer Provokation, von Selbstfindungssound und radikalem Feminismus. Diese neuen Frauenstimmen taten dem Parlament gut, taten auch den Frauen in den anderen Parteien gut, denn nun mussten die etablierten Parteien nachziehen, wenn sie nicht Wählerinnen und Parlamentarierinnen, wenn sie nicht Glaubwürdigkeit und Reformfähigkeit verlieren wollten. Erst jetzt dämmerte es vielen, innerhalb und außerhalb des Parlaments, dass man in einer Männerrepublik, einer halbierten Republik lebte, weil der demokratische Chor, der doch die Gesamtheit der Stimmen der Bevölkerung zu repräsentieren hatte, unausgewogen, verzerrt und letztlich auch unfrei klang. Bis 1987 lag der Frauenanteil im Deutschen Bundestag immer unter zehn Prozent, in der sozialliberalen Ära unter der Führung von Willy Brandt lag er bisweilen sogar unter sechs Prozent, obwohl Brandt nicht nur »mehr Demokratie«, sondern auch mehr Frauen im Parlament wagen wollte.

Die klang- und stimmliche Vervielfältigung des demokratischen Chors durch die neuen Frauenstimmen kommentierte die Schriftstellerin Barbara Sichtermann 1987 folgendermaßen: »Vorerst jedenfalls klingt der Chor voller, auch lauter und weniger homogen. Oberstimmen werden deutlich erkennbar, dem sympathischen Ohr klingen sie hell und jung, nur dem abgeneigten gellend. Es spricht für sich, dass der Massengeschmack immer noch die dunkle Frauenstimme bevorzugt, die, welche die Illusion erzeugt, es spräche doch vielleicht ein Mann, und den köstlichen Klang der weiblich-hohen und zarten Stimme als für die Öffentlichkeit ungeeignet abwehrt. Im Zeitalter des Mikrofons verrät diese Abwehr ihren wahren Grund nur zu direkt. Das Männliche als das Maß alles Menschlichen schleicht sich halt nur allmählich.«

Dass die Männer und ihr Maß sich nur langsam »schlichen«, hatte natürlich wie alles im Leben viele Gründe: Dazu zählen die parteiübergreifende Verteidigung des Reservats durch die Männer, fehlende Bemühungen, Frauen für die Parteien zu gewinnen, die frauen- weil familienfeindlichen Arbeitszeiten und Arbeitsweisen der Politik, kulturelle Stereotype, die Politik als »unweiblich« oder »schmutzig« kennzeichneten, die Doppelbelastung der Frauen, fehlende Frauenvorbilder und aggressive Kommunikations- und Machttechniken der Männer, die Frauen zunächst abschreckten.

Wer als Frau nach 1949 in die Politik ging und einen Sitz im Bundestag erringen wollte, musste, sofern sie nicht als »Alibi«- und Vorzeigefrau galt und von Männern auf ihre Position geschoben wurde, viele Hindernisse und Hürden überwinden. Eines der größten Hemmnisse war, das basale Schweigen in der Öffentlichkeit, in dem die Frau durch alle Gesellschaften und Zeitläufte so lange gefangen war, zu überwinden.

Die Gefangenschaft in dieser Wortlosigkeit illustriert eine Szene, die nahezu 3.000 Jahre alt ist und am Beginn der abendländischen Literaturgeschichte steht. Homers Epos »Odyssee«

erzählt die Geschichte eines listenreichen Mannes – es gibt feministische Lesarten, die ihn als lügenreichen Vagabunden und betrügerischen Ehemann deuten –, der auf dem Rückweg vom Trojanischen Krieg von den Göttern in die Irre geführt wird und erst nach zehn Jahren wieder seine Heimat Ithaka erreicht. Dort hat seine Frau Penelope treu und ergeben auf ihn gewartet, obwohl sie von zudringlichen Freiern Jahr um Jahr belagert wird. In dieser Zeit wächst auch ihr Sohn Telemachos heran, der bei der Abfahrt seines Vaters noch ein Kind war.

Eines Tages verlässt Penelope ihre privaten Gemächer und erscheint in der prunkvollen Palasthalle, wo die Freier herumlungern und den Besitz des Odysseus verprassen. Die ungebetenen Gäste lauschen einem Barden, der mit klagender Stimme von den Irrwegen der griechischen Helden singt und ihr episches Leiden detailreich ausmalt. Penelope bedrückt dieser Gesang, der ihr wenig Hoffnung auf die Rückkehr ihres Mannes macht, und bittet den Barden, ein fröhlicheres Lied anzustimmen. In diesem Augenblick mischt sich der junge Telemachos als Stellvertreter seines Vaters ein und befehligt barsch: »Du aber gehe ins Haus und besorge die eigenen Geschäfte/Spindel und Webstuhl […] die Rede ist Sache der Männer/Aller, vor allem die meine! Denn mein ist die Macht hier im Hause.«

»Die Rede ist Sache der Männer« – es war dieser mächtige kulturelle Imperativ, der Penelope und ihre Schwestern über Jahrtausende zu Bewohnerinnen des Schweigens machte; man erlaubte ihnen zwar das Plaudern und Plappern, aber bitte schön in den engen Grenzen des eigenen Haushalts, denn die Sphäre der Macht, die öffentlichen Angelegenheiten konnten unmöglich vom ahnungslosen Weib begriffen werden.

Das vorliegende Buch möchte von Frauen erzählen, die nicht nur aus dem Schweigen herausgetreten sind und den ihnen zugewiesenen Platz verlassen haben, sondern die Politikerinnen wurden, um sich und ihren Stimmen Gehör zu verschaffen.

Als der Publizist Rolf Zundel 1988 für die »Zeit« einen Aufsatz über die Emanzipation der Frau schrieb, stellte er eingangs fest: »Über die Frauenbewegung zu schreiben, bedeutet für einen Mann eine Reise in ein fremdes, ein feindliches Land. Richtig beobachtet, antworten darauf Feministinnen, aber das kann uns nicht sehr beeindrucken: Wir müssen unser ganzes Leben auf feindlichem Territorium zubringen, im Männerland. Die Verständigung, so freundlich die Gespräche sein mögen, stößt auf Barrikaden.« Ich selbst habe die Reise – eine Zeitreise in die alte Bundesrepublik, eine historische Reportage auf der Suche nach Frauenstimmen im Parlament – nicht als Ausflug auf feindliches Territorium erlebt. Das Lesen von weiblichen Autobiografien, die Interviews mit Politikerinnen, Journalistinnen und Feministinnen haben meinen begrenzten historischen Horizont geöffnet und meinen männlich geprägten Blick auf die Republik damals und heute verändert. Wer als Mann die Chance hat, die Grenzen des eigenen Geschlechts und Denkens im Dialog mit dem anderen zu begreifen, auch zu verstehen, worin die Zumutungspotenziale des eigenen Sprechens und Schreibens liegen mögen, welche Gewalt von Männern bewusst oder unbewusst ausgeht, sollte diese Möglichkeit nutzen. Auf dem Weg zu *ihr* kann *er* sich verlieren, ohne Verlust zu erleiden, denn hier beginnt ein Dialog, der den ganzen Menschen umgreift. Natürlich gibt es Barrikaden, blinde Flecken oder auch resonanzlose Partien des Verstehens, die nicht zu überwinden sind, aber die Möglichkeit, von so einer Reise bereichert zurückzukehren, erscheint mir größer als umgekehrt. Und wenn man einen Verlust erlitte, dann hoffentlich zuerst den der eigenen Borniertheit.

Den Anstoß für dieses feministische Reiseunternehmen bilden Erfahrungen, die ich vor einigen Jahren machte, als ich zum 100. Geburtstag von Willy Brandt eine Familienbiografie des Politikers schrieb. Dabei sprach ich mit vielen Zeitzeuginnen, Frauen, die selbst Politikerinnen waren, oder solchen, die als »Frau an seiner Seite« Politiker begleiteten. Dadurch veränderte sich mein Blick auf die Bonner Republik, auf die Politik, aber auch auf die Männer im Deutschen Bundestag. Die Frauen hatten als Interviewpartnerinnen oftmals einen eigenwilligeren Blick auf das politische Geschäft, sie hatten einen Sinn für Atmosphären, ein Gespür für die Innenwelten des gegnerischen Gegenübers, sie waren hellhöriger, wenn es darum ging, Zwischentöne wahrzunehmen. Ihr Politikbegriff schien mir insgesamt facettenreicher als der von Männern zu sein, und zugleich sahen sie als diejenigen, die die Familien zusammenzuhalten hatten, deutlicher, welche Schneisen der Verwüstung Politik in ein Leben schlagen kann, welche Deformationen das politische Leben mit sich bringt und welche Suchtpotenziale Politik für die Spitzenleute entwickelt. Ich musste viele Geschichten, die mir begegneten, zurücklassen, denn sie hätten das Buch über Willy Brandt gesprengt, sie lagen zu weit ab vom Weg. Zugleich wurde mir klar, wie der Mann, der legendäre Charismatiker, mein Material und meine Perspektiven organisierte. Auch wenn ich die Familie Brandt beschrieb, blieb der Kanzler Brandt doch die Zentralperspektive, er entwickelte eine enorme Verdrängungskraft, er schien der archimedische Punkt des Geschehens.

Von dieser Erfahrung und von den als Defizit empfundenen Weglassungen ausgehend, erschien mir die gesamte politische Geschichte der Bonner Republik wie eine enorm verkürzte, einseitige und eintönige Angelegenheit. Medial arbeitete man sich an den Kanzlern, an der Prominenz ab: Adenauer, Brandt, Schmidt und Kohl gehörten in die A-Liga, Kiesinger und Erhard rangierten in der B-Liga. Dann gab es noch die Kategorie Gegenspieler, in der Männer wie Schumacher, Barzel, Strauß oder Vogel auftauchten. Es gab graue Eminenzen zuhauf, es gab Lautsprecher wie Erich Mende, Edmund Stoiber und Heiner Geißler, gewitzte Vasallen wie Norbert Blüm, explosive Dramatiker und Leidensmänner wie Herbert Wehner, edle Repräsentanten wie Theodor

Heuss und Gustav Heinemann, Ego-Anwälte wie Joschka Fischer oder Oskar Lafontaine, kluge Besserwisser wie Kurt Biedenkopf oder Peter Glotz, aber das waren alles schon Randfiguren im Vergleich zu den ganz großen Tieren, den Kanzlern, den Männern an der Spitze, der jeweiligen Nummer eins.

Frauen kamen in diesem demokratischen Chor kaum vor. Sie schienen nur an den Rändern zu wirken, keine echte Machtchance zu besitzen, schrieben offenbar keine große Geschichte und verschwanden mit ihren Biografien viel schneller in der politischen Versenkung als die Kraftkerle auf der Regierungsbank. Die Frauenbewegung mochte das Parlament umtoben, aber im Plenarsaal standen die Männer am Steuer und setzten die Segel. Stimmten all diese Bilder, oder handelte es sich um männlich-mediale Apotheosen, die von Männern geschrieben und komponiert worden waren?

Symptomatisch scheint mir folgendes Bild zu sein: Im Jahr 2009 feierte die Bundesrepublik ihren sechzigsten Geburtstag. Die ARD gab dazu eine mehrteilige Fernsehdokumentation in Auftrag, die später auch als Buch erschien. Für die Fernsehdokumentation interviewten die Autoren 55 Gesprächspartner, 52 Männer und drei Frauen. Mit dieser asymmetrischen Perspektivierung möchte ich an dieser Stelle brechen.

Nun kann ich den Frauenanteil im Parlament nicht nachträglich imaginär erhöhen, aber ich kann die Politikerinnen, die existierten, die ebenso charismatisch und machtorientiert waren wie ihre männlichen Rivalen, erst einmal wahrnehmen, ihre Reden, Einlassungen und Interventionen ans Licht bringen, Namen nennen, biografische Umrisse zeichnen, Stimmen aufrufen, die sonst weggeschnitten werden. Dann wird deutlich, dass sich die Bonner Republik zwar als Männerrepublik gerierte, aber keine war.

Im Zeitalter eines weltweit grassierenden Populismus, der sinkende Frauenzahlen in Parlamenten mit sich bringt, überkommene Familienbilder transportiert, überall den starken

Führer und Mann und eine hierarchische Geschlechterordnung beschwört, ja, nach dem Patriarchat lechzt wie die Götter nach Ambrosia, verstehe ich den folgenden Versuch, den Chor der Frauenstimmen in der Bonner Republik hörbar zu machen, auch als Gegengift gegen solche Ordnungsvorstellungen und reaktionäre Idyllen.

Penelope hat das Warten schon lange aufgegeben. Sie spricht.

1. Die Ausblendung

Dem männlichen Politiker fällt es nicht schwer, sich auf männliche Stimmen und Bilder der Vergangenheit zu beziehen; seit der Adenauer-Ära gibt es ein maskulines Kontinuum in der politisch-parlamentarischen Rede und den dazugehörigen Medien. Wie kann das sein? Ist die alte Bonner Männerrepublik nicht längst Geschichte? Ist aus Angela Merkel, die man zu Beginn ihrer Karriere despektierlich »Kohls Mädchen« nannte, etwa nicht die »ewige Kanzlerin« geworden? Haben Frauen nicht längst bewiesen, dass sie politikfähig sind, dass sie die Macht erobern und erhalten können? Hat das Herrenzimmer unter dem tapferen Bundesadler in Bonn sich in Berlin nicht längst in ein bunt gesprenkeltes, Politikerinnen gegenüber sehr aufgeschlossenes Parlament verwandelt? Andrea Nahles stand bis zum 3. Juni 2019 an der Spitze der SPD, die CDU wird von Annegret Kramp-Karrenbauer geführt. Frau an der Macht! Also was?

Schon ein flüchtiger Blick in den Bundestag und die Ministerien reicht aus, um festzustellen, dass Gleichberechtigung und Parität möglich, aber noch lange nicht hergestellt sind – und dass ein Rückschritt jederzeit vorstellbar ist. Der Anteil der Parlamentarierinnen ist erstmals seit 1998 wieder deutlich gesunken, im 19. Bundestag sitzen seit 2017 nur noch 30,7 Prozent Frauen. Die ehemalige Bundesjustizministerin Katarina Barley bemerkte desillusioniert, sie sehe jetzt im Parlament ein »Meer von grauen Anzügen«. Es sind vor allem die Fraktionen der AfD, der CDU und der FDP, die den Frauenanteil senken.

Die mächtigste Politikerin des Landes mag eine Frau sein, aber dort, wo sich in den Ministerien die Macht ballt, bei den beamteten Staatssekretären, sitzen fast nur Männer. Sie, die in der Hierarchie gleich nach der Ministerin oder dem Minister rangieren, sind die eigentlichen *Herren im Haus,* sie setzen Themen, sie dirigieren die Verwaltung, sie vertreten die Minister, sie sind die gar nicht so heimlichen Chefs der Republik. Eine Untersuchung von »Zeit online« im Herbst 2018 hat ein erstaunliches Ergebnis zutage gefördert: »In der Geschichte der Bundesrepublik sind bislang 692 beamtete Staatssekretäre ernannt worden. Die männliche Bezeichnung ist angebracht, denn in 668 Fällen wurde ein Mann für dieses Amt ausgewählt. Nur 24 Mal nominierten die zuständigen Minister und Ministerinnen eine Frau. Zieht man Frauen ab, die mehrfach ernannt wurden, dann gab es seit 1949 insgesamt nur 19 beamtete Staatssekretärinnen. In derselben Zeit wurden 24 Männer Staatssekretäre, die den Vornamen Hans trugen, und 18, die Karl hießen. Es gab also in 69 Jahren Bundesrepublik mehr Männer namens Hans in dieser wichtigen Funktion als Frauen.«

Zu dieser bedrückenden Einsicht passt das nicht minder bedrückende Bild, das Bundesinnenminister Horst Seehofer augenscheinlich stolz am 27. März 2018 unter der Überschrift »Führungsmannschaft des BMI komplett« in die Welt hinausschickte: Da stehen neben dem Chef Seehofer vier Herren links und vier Herren rechts im uniformen Machtmannschick: zwickende Anzüge, Ernsthaftigkeit signalisierende Krawatten, zupackende Tatmenschengesichter mit zupackendem Lächeln. Frau empörte sich, und selbst Mann konnte es kaum glauben, dass ein derartig gestriges Bild, eine derartig frauenverleugnende Botschaft noch möglich ist: Sorry, Mädels, ihr müsst draußen bleiben!

Ein mittelschwerer Shitstorm war die Folge, aber faktisch änderte sich nichts.

Dass auf diesem Bild die Patina der Adenauer-Ära liegt, dass es ebenso gut zum Patriarchen Kohl und zum schneidigen Kanzler Helmut Schmidt gepasst hätte, liegt auf der Hand. Tatsächlich hört die Bonner Republik nicht auf, sich in die Gegenwart einzuschreiben und die Politik zu organisieren und zu beeinflussen. Wenn es stimmt, dass man gezwungen ist, die Vergangenheit zu wiederholen, solange man sie nicht kennt, dass man also ihr Gefangener bleibt, solange man keinen Ausweg aus ihr findet, dann müssen wir die allzu selbstgewissen Bilder der Bonner Männerrepublik hinterfragen und ihren fortwirkenden Allmachtsanspruch bestreiten.

Aber sind das nicht bloß kosmetische Korrekturen und nachträgliche Retuschen an alten Bildern? Ich möchte im Folgenden zeigen, dass es um sehr viel mehr geht: Es geht darum, zu verstehen, warum es bis heute vielen Männern und Frauen so schwer fällt, die Leistungen von Politikerinnen anzuerkennen, warum es angehenden Politikerinnen mitunter an weiblichen Vorbildern fehlt und warum es immer noch zu wenige Frauen an den Schaltstellen der Macht gibt. Wenn sich Frauen immer noch weniger für Politik interessieren als Männer, dann ist das kein naturwüchsiges Phänomen, kein angeborenes Desinteresse, sondern das Ergebnis männlicher Diskurse, Erzähler und Narrative, die Frauen als Politikerinnen ausblenden, an den Rand schieben, ihre Leistungen ignorieren, unter den Tisch fallen lassen oder kein Sensorium haben für spezifische weibliche Techniken und Tugenden der politischen Auseinandersetzung. Mitunter scheint es fast so, als hätten die Herren Adenauer, Brandt, Schmidt und Kohl nicht nur dickleibige Autobiografien geschrieben, sondern auch wirkmächtige

Algorithmen, die uns das Gestern und Heute aus ihrem Blickwinkel betrachten lassen und uns vorschreiben, wie wir das Zoon politikon seit den Tagen des Philosophen Aristoteles bis heute zu definieren haben: als Mann.

Betrachten wir ein paar Beispiele, um zu verstehen, wie die rückwirkende und dadurch zugleich fortwirkende Ausblendung der Frau als Politikerin funktioniert. Dass nicht nur Horst Seehofer etwas davon versteht, sich auf Twitter zu blamieren, zeigte Robert Habeck. In einem Video zur Thüringer Landtagswahl 2019 erklärte er vollmundig: »Wir versuchen, alles zu machen, damit Thüringen ein offenes, freies, liberales, demokratisches Land wird, ein ökologisches Land.« Obwohl die Thüringer Grünen seit fast fünf Jahren an der Landesregierung beteiligt waren.

Die politischen Gegner mokierten sich weidlich über so viel grüne Selbstherrlichkeit. Nahezu zeitgleich wurde der Bundesvorsitzende der Grünen Opfer eines Hackerangriffs, private Daten wurden öffentlich. Das Nachrichtenmagazin »Der Spiegel« hob Habeck daraufhin aufs Titelbild und widmete ihm eine Geschichte. Unter der Überschrift »Problemzone« sollte eigentlich erörtert werden, dass der Chef der Grünen den Start in das Superwahljahr 2019 »verstolpert« habe, doch tatsächlich liest sich das Porträt dann ganz anders. Da heißt es: »Robert Habeck hat seine Partei zu neuen Umfragehöhen geführt«, oder auch: »Der Chef der Grünen hat vieles richtig gemacht in den vergangenen Monaten, sonst stünde die Partei in den Umfragen nicht so blendend da.« Dass auch Annalena Baerbock als gleichberechtigte Bundesvorsitzende der Grünen etwas richtig gemacht haben könnte oder persönliche Anteile am Höhenflug der Grünen zeichnen dürfte, kommt in dem Artikel so gut wie nicht vor. Stattdessen bleibt der Text, der doch eigentlich die Fehler des Politikers thematisieren wollte, durchgängig eine Eloge: »Mit Habeck stoßen die Grünen in neue Sphären vor [...].«

Habeck – ob er selbst will oder nicht – monopolisiert den

Erfolg, er ist der Kopf, sie wird zum ornamentalen Beiwerk geschrieben.

Diese Fokussierung auf den Mann korrespondiert in dem »Spiegel«-Artikel mit einem retrospektiven Verdrängungsmechanismus. So heißt es im Hinblick auf die Anfänge der Grünen und ihren jetzt unvermuteten Höhenflug: »Wer jedenfalls hätte gedacht, dass die Partei, die im Jahr 1983 mit 5,6 Prozent und ein paar Zauselbärten in den Bundestag einzog, eines Tages den Atomausstieg durchsetzen würde, die doppelte Staatsbürgerschaft und das Dosenpfand?« Sicher, ein Wort wie »Zauselbärte« geht leicht von der Hand, und man sieht die langbärtigen Norwegerpulliträger direkt vor sich, aber gerade deshalb verdeckt und unterschlägt die Formulierung das Entscheidende: Die Grünen zogen damals mit 28 Abgeordneten in den Bundestag ein, es waren zehn Frauen und 18 Männer. Unter den Frauen waren eine charismatische Weltbürgerin wie Petra Kelly, eine hartnäckige und vitale Parlamentarierin wie Marie-Luise Beck, eine faszinierende Rednerin wie Waltraud Schoppe, eine authentische Anwältin des außerparlamentarischen Lebens wie Christa Nickels und eine strategische Virtuosin wie Antje Vollmer. Sie alle – man könnte weitere Namen nennen – verschwinden hinter den zu belächelnden Zauselbärten. Kein Wort darüber, dass niemals zuvor eine Fraktion mit derart hohem Frauenanteil in den Bundestag eingezogen war, kein Wort über das »Feminat«, den Fraktionsvorstand der Grünen von 1984, der ausschließlich von Frauen gebildet wurde und tatsächlich ein Meilenstein für die Frauen aller Parteien bedeutete. So werden die Frauen im Rückblick verdrängt, und diese Ausblendung erleichtert es auf der Gegenwartsebene, den Mann als Star zu etablieren: Robert Habeck, der smarte Höhenflug höchstpersönlich.

Blicken wir auf ein weiteres Beispiel, das uns vor Augen führt, wie die Frau aus dem politischen Feld verschwindet, wenn Män-

ner Bilanz ziehen, resümieren und die Spitzen der Politik bestimmen. Der Göttinger Politikwissenschaftler Franz Walter ist
einer der angesehensten Parteienforscher seiner Zunft. Im Jahr
2009 veröffentlichte er im Suhrkamp Verlag eine Studie unter
dem Titel »Charismatiker und Effizienzen. Porträts aus 60 Jahren«. Das Buch ist eine Geschichte der Bundesrepublik als Galerie von Porträts und politischen Physiognomien: Walter teilt die
politische Klasse in nüchterne Manager und »politische Prophe-
ten« ein. Die »Effizienzen« organisieren den Alltag, möglichst
geräusch- und reibungslos, die »Charismatiker« sind die Magier,
die mit kühnen Visionen und Ideen ins Offene und Weite aufbrechen. Insgesamt werden 61 Politiker charakterisiert und näher
beleuchtet; zu diesen 61 Auserwählten gehören nur fünf Frauen:
die grünen Politikerinnen Petra Kelly, Antje Vollmer, Renate Künast und Claudia Roth sowie die unvermeidliche Angela Merkel.
(Dass Walter sie nicht zu den Charismatikern zählt, muss kaum
erwähnt werden, oder?)

Haben die FDP und die SPD seit 1949 keine Politikerinnen in
ihren Reihen gehabt, die man entweder als charismatisch oder
effizient hätte bezeichnen können? Warum wird etwa eine herausragende Politikerin wie Hildegard Hamm-Brücher (FDP)
nicht genannt? Auch die Respekt einflößende Altliberale Marie-Elisabeth Lüders hätte erinnert werden können, die in den
Fünfzigerjahren mit Verve für die Sache der Frauen eintrat und
durch ihre spöttische Schlagfertigkeit manchen männlichen
Kollegen im Bundestag das Fürchten lehrte. Und auch die SPD
kann viele Politikerinnen vorweisen, die die parlamentarische
Unauffälligkeit und Biederkeit weit hinter sich ließen, man
denke an die erste Bundestagspräsidentin Annemarie Renger,
an die überzeugte Europäerin und Gesundheits- und Familienministerin Katharina Focke, an die durchsetzungsstarke Justizministerin Herta Däubler-Gmelin oder die kompetente Fami-
lienpolitikerin Renate Schmidt. Franz Walter schreibt zwar, er
verfolge keine »streng politikwissenschaftliche Systematik« –

lieber wolle er bei der Auswahl der Porträts einen »heiteren Anarchismus« pflegen, wie ihn der Wissenschaftsskeptiker Paul Feyerabend anregt –, doch letztlich ist die Einteilung in Effizienzen und Charismatiker eine sehr systematische und vor allem männliche Katalogisierung von Menschen und ihren politischen Talenten; diese Systematik schafft zwar Ordnung und Übersicht, sie grenzt aber auch aus und ist unzugänglich für Fähigkeiten und Charaktere, die sich nicht eindeutig einem dieser Pole zuordnen lassen. Zudem wird der Machtbegriff durch die Bindung an Individuen sehr eng ausgelegt. Diese eher statische Definition von Macht schließt Frauen, die weniger bekannt sind oder kein hohes Amt innehatten, aus.

Wie diese einseitige Perspektive auf Macht den Blick verstellt, zeigt sich etwa in dem Kapitel »Weimarer Spätlese des Sozialismus«. Hier werden der SPD-Vorsitzende und Charismatiker Kurt Schumacher und sein blasser Nachfolger Erich Ollenhauer, ein »farb- und konturenloser Funktionärstyp«, einander gegenübergestellt. Natürlich lässt die unmittelbare Gegenüberstellung dieser so unterschiedlichen Politiker ihre Profile deutlicher zutage treten, allerdings bleibt durch diese konfrontative Gegenüberstellung zwischen ihnen kein Platz für andere politische Naturen und Biografien. So hätte unter die süffige Überschrift »Weimarer Spätlese des Sozialismus« auch eine bemerkenswerte Politikerin wie Jeanette Wolff gepasst, deren beeindruckender Lebensweg keinen Zweifel daran lässt, dass sie nicht nur charismatisch oder auch effizient agieren konnte, sondern noch ganz andere Gesichter und Facetten gehabt hat.

Jeanette Wolff hat im wahrsten Sinne des Wortes für die Demokratie gelebt und gelitten. Sie wird am 22. Juni 1888 als Jeanette Cohen in Bocholt geboren, bekennt sich früh zur SPD, weil ihr Interesse sozialen Themen gilt. Sie lässt sich zunächst zur Kindergärtnerin ausbilden, holt dann aber später das Abitur nach. Sie setzt sich für das passive und aktive Wahlrecht von Frauen ein und wird 1919 Stadtverordnete in Bocholt; es ist vor allem auf ihren Einfluss zurückzuführen, dass ihr Mann Hermann Wolff, ein Textilfabrikant, als einer der Ersten in Deutschland 1912 den Achtstundentag einführt. Die Nazis nehmen sie wegen ihres Einsatzes für die SPD zwei Jahre lang in »Schutzhaft«. Die Atempause, die ihr nach der Haft bleibt, ist nur kurz. Die nationalsozialistische Vernichtungspolitik reißt die Familie auseinander und zerstört sie. Die Eheleute und die drei Kinder werden voneinander getrennt, nur Jeanette Wolff und eine ihrer Töchter überleben mehrere Konzentrationslager, ihr Mann und zwei Töchter werden hingegen ermordet.

Man könnte denken, Jeanette Wolff hätte nach diesen Erfahrungen resigniert, hätte abgeschlossen mit der Politik und ihren mörderischen Landsleuten, doch das Gegenteil ist nach ihrer Befreiung durch russische Truppen der Fall. Die frühere Kommunalpolitikerin verschreibt sich nun ganz der Politik, engagiert sich für die deutsch-jüdische Aussöhnung und zieht 1952 für die SPD in den Bundestag ein, dem sie bis 1961 angehört.

Wenn man Jeanette Wolffs persönlichen Bericht über die erlittenen und erlebten Gräueltaten in den Konzentrationslagern liest, dann lässt sich auch heute noch leicht erahnen, welche Kraft diese Frau gehabt haben muss, wenn sie sich im Bundestag für die »Wiedergutmachung für die Opfer des Nationalsozialismus« einsetzte. Als sie am 22. Juni 1955 vor das Parlament tritt, sitzen dort 45 Frauen und 464 Männer, unter ihnen nicht wenige alte Nazis und Kameraden, die nichts wissen wollen von Entschädigungen für die Opfer des »Tausendjährigen Reiches«. Auf dem Weg zum Rednerpult strafft sie sich. Es ist ihr siebenundsechzigster Geburtstag. Auf ihren Sitz hat jemand einen Strauß rote Rosen gelegt:

»Herr Präsident, meine Herren und Damen! Wir schreiben heute das Jahr 1955, und über zehn Jahre sind vergangen, seitdem die Tore der KZs und Zuchthäuser sich für die Opfer des ›Tausendjährigen

Reiches‹ öffneten. *Viele kehrten nicht zurück. Irgendwo, an irgend-*
einer Stelle haben sie ihre gequälte Seele ausgehaucht, und der ge-
schundene Leib entrann der weiteren Qual. Die Heimgekehrten
und die Hinterbliebenen dieser furchtbaren Zeit warten zum Teil
heute noch auf ihre materielle Entschädigung. [...] Ich spreche für
jene, denen es nicht wie mir vom Schicksal gegeben war, noch einmal
wieder eingreifen zu können in den Beruf oder in die Geschicke des
Staates oder auf dem Gebiet der Politik oder auf irgendeinem ande-
ren Gebiet, wo es mir möglich war, mir eine anständige Existenz zu
schaffen. Ich spreche für jene Kreise, die heute am Rande des Grabes
stehen. Ich spreche für jene Witwen, deren Haare in jugendlichem
Alter ergraut sind.«

Nun ist dem Politikwissenschaftler Walter nicht im Besonderen vorzuwerfen, dass er Jeanette Wolff ausgeblendet hat, so
berührend ihr Lebensweg und beeindruckend ihre politischen
Leistungen auch sein mögen. Genauso gut hätte das Buch andere Politikerinnen jener Jahre nennen können, die es verdie-
nen, erinnert zu werden. Was man dieser und vielen anderen
Studien jedoch entgegenhalten muss, ist die Verengung des
politischen Feldes auf den männlichen Politiker, eine damit
einhergehende anhaltende Trübung des politischen Langzeit-
gedächtnisses und eine leichtfertige Übernahme eingeschliffe-
ner Wahrnehmungs- und Deutungsmuster. Bevor ich auf diese
männlich dominierten Wahrnehmungsketten und frauenver-
gessenden Narrative weiter eingehe, will ich noch ein weiteres Beispiel aus »Charismatiker und Effizienzen« nennen, das
diesen Verdrängungsmechanismus wünschenswert deutlich
macht.

Im Hinblick auf den Regierungsstil des Kanzlers Helmut
Schmidt berichtet Franz Walter über das sogenannte Kleeblatt,
den engsten Kreis der Berater, wo alle Fäden und Informationen
zusammenliefen, wo koordiniert und dirigiert, offen kritisiert
und analysiert wurde. Walter nennt den Staatssekretär Manfred
Schüler, den Regierungssprecher Klaus Bölling sowie Hans-Jür-

gen Wischnewski als zum Kleeblatt zugehörig. Nach allgemeiner Auffassung aber, ja, nach Helmut Schmidts eigenem Urteil, gehört statt Wischnewski zunächst und zuallererst die parlamentarische Staatssekretärin Marie Schlei dazu. Für Walter ist sie als Politikerin und Ratgeberin offenbar eine zu vernachlässigende Größe. Helmut Schmidt jedoch, der für Frauenfragen ansonsten kein gesteigertes Interesse hatte, schildert ihre Rolle in seinen Erinnerungen »Weggefährten« so: »Marie und ich waren im Kleeblatt die Einzigen, die sich geduzt haben, so wie wir es aus der Fraktion gewohnt waren. Sie kam aus Pommern, hatte aber seit Kriegsende in Berlin gelebt und sprach mit deutlich berlinerischer Sprachfärbung. Auf dem zweiten Bildungsweg war sie in Berlin Lehrerin, Schulleiterin und Schulrätin geworden. Wenn ihr jemand ›Herz mit Schnauze‹ attestiert hat, so war das ganz treffend. […] In der Fraktion war sie noch wesentlich drastischer. ›Mensch, ick lass ma doch nich von dir vascheißern‹, hat sie mehrfach gesagt. So ist auch überliefert, dass sie in der Fraktion gesagt hat: ›Ick bin die Trösterin, die die Arme ausbreitet, um alle vom Kanzler auf den Schlips Getretenen wieder uffzumuntern.‹ Marie Schlei hatte einen guten politischen Instinkt. Im Kleeblatt war sie genauso kritisch wie Manfred Schüler und Klaus Bölling.«

Erst als Marie Schlei 1976 das Kanzleramt verlässt, tritt Hans-Jürgen Wischnewski an ihre Stelle. In diesem Fall ist es also nicht der Politiker, der in seiner Autobiografie die Frau im Kleeblatt unterschlägt, sondern ein Historiker, dessen Wahrnehmungsraster Männer bevorzugt und Frauen unter den Tisch fallen lässt.

Wenn wir die umfangreichen Bücher deutscher Zeithistoriker in die Hand nehmen, machen wir daher eine Entdeckung, die nicht wirklich überraschen kann: je dicker die Bücher, desto dünner das Kapitel Frau. Je mehr Männer im Register prangen, desto weniger Frauen tauchen auf. Dort, wo es um das Große und

Jeanette Wolff (SPD),
Mitglied des Deutschen Bundestags 1952–1961
und Mitbegründerin der Arbeiterwohlfahrt

Ganze geht, verschwinden Frauen und Politikerinnen schnell im Kleingedruckten und Reich der Fußnoten. So nennt das Register von Manfred Görtemakers »Geschichte der Bundesrepublik Deutschland«, erschienen 1999, 1.417 Namen, wovon lediglich 54 auf Frauen entfallen. Frauen sind hier also allenfalls historische Objekte, keineswegs jedoch Subjekte.

Diese Tendenz findet sich in den meisten von Historikern verfassten Groß- und Größerwerken, ob bei Eckart Conzes »Die Suche nach Sicherheit« (1.071 Seiten) oder Heinrich August Winklers »Geschichte des Westens. Vom Kalten Krieg zu Mauerfall« (1.258 Seiten): Politikerinnen gehören in diesen Werken nur in wenigen Ausnahmefällen zum Personal der Weltgeschichte. Es ist daher kaum übertrieben, wenn man deutschen Historikern eine retrospektive Amnesie attestiert, wenn es um deutsche Politikerinnen geht, ihre Geschichtsschreibung ist auf den Mann als Helden zentriert.

Wohin das führt, konnte man am Schicksal der vier »Mütter des Grundgesetzes« sehen. Sie waren nach 1949 jahrzehntelang nahezu vergessen, man sprach ausschließlich von den »Vätern des Grundgesetzes«. Die vier Frauen im Parlamentarischen Rat, die sich im Bonner Museum König 61 Männern gegenübersahen, als es darum ging, das Grundgesetz für die westdeutsche Republik auszuarbeiten, wurden lange Zeit einfach nicht als erinnerungswürdig angesehen. Das begann sich erst Ende der Achtzigerjahre zu ändern, als immer häufiger über die Rolle von Elisabeth Selbert (SPD), Frieda Nadig (SPD), Helene Wessel (Zentrum) und Helene Weber (CDU) berichtet wurde. Mittlerweile ist vor allem Elisabeth Selberts kämpferisches Engagement bei der Gestaltung des Artikels 3 Abs. 2 des Grundgesetzes, »Männer und Frauen sind gleichberechtigt«, einer breiten Öffentlichkeit bekannt geworden. Einen verdienstvollen Beitrag dazu leistete der ARD-Film »Die Sternstunde ihres Lebens« (2014), der auch deshalb weithin Beachtung fand, weil die prominente Schauspielerin Iris Berben die

Hauptrolle übernahm und Elisabeth Selbert als willensstarke Verfechterin der Gleichberechtigung und heute noch anschlussfähiges Rollenvorbild verkörperte. Doch was hier gelang – eine Politikerin und ihre Geschichte in die Gegenwart zu tragen, die anhaltende Bedeutung ihres Engagements zu würdigen und die Unentbehrlichkeit weiblicher Politik auch gerade für nachwachsende Generationen und Gesellschaften zu zeigen –, gelingt leider viel zu selten. Die Fäden zwischen dem Gestern und der Gegenwart reißen viel zu oft ab, weil die Geschichte der Parlamentarierinnen lückenhaft und unvollständig geblieben ist, weil weibliche Stimmen im demokratischen Chor untergingen. Schließlich waren es ja Jahrzehnte überwiegend die Männer, die auf das Schreiben der politischen Artikel, Geschichten, Essays, Lexika und Kommentare spezialisiert waren, es waren Männer, die politische Dokumentationen oder Features machten, zum »Internationalen Frühschoppen« einluden oder mit gewichtiger, alles durchschauender Miene aus Bonn berichteten.

In den Fünfziger- und Sechzigerjahren betrachteten die Herren Journalisten weibliche Berufskolleginnen und Politikerinnen unverhohlen mit Geringschätzung, man bedachte sie mit mildem Spott und hielt sie nicht selten für eine exotische Lebensform, die sich auf den falschen Kontinent verirrt hatte. Diese Geringschätzung, die auch von den meisten Abgeordneten geteilt worden sein dürfte, verfestigte sich zu einem Geist männlicher Kameraderie, der Frauen ausschloss. Diese Generation von männlichen Journalisten und Politikern hatte also kaum ein Interesse daran, Frauen zu fördern, Frauen *in die Mannschaft* zu holen, sie zu den bedeutenden Köpfen zu zählen.

Walter Henkels, der legendäre Korrespondent der »FAZ« und Chronist der Bonner Republik, dessen Bücher Millionenauflagen erzielten und dem – so hat er es selbst überliefert – gelegentlich hohe Bestechungsgelder geboten wurden, damit er vermeintlich wichtige Politiker porträtierte, nahm beispielsweise 1965 nur fünf Frauen in sein Buch »99 Bonner Köpfe« auf. Diese Sammlungen von Porträts und biografischen Miniaturen waren Bonner Tagesgespräch und wichtige Prominenzbörsen; wer es in Henkels' Sammlungen schaffte, hatte es in Bonn geschafft. Henkels versagte Politikerinnen nicht gänzlich seinen Respekt, sein Blick auf sie änderte sich auch im Laufe der Zeit, aber – das ist seinen Texten immer wieder anzumerken – es bleibt ihm doch ein Rätsel, was Frauen in die Politik zieht. Über die erste Generation der Parlamentarierinnen in Bonn schreibt er 1950: »Sie sind nicht mehr, wenn man es in einem Bild ausdrücken will, als Farbtupfer im Bonner parlamentarischen Getriebe. [...] Fast alle Frauen stehen mehr oder weniger verlegen-verloren auf dem Rednerpodium, verhaspeln sich auch schon mal, weil sie zu sehr an ihrem Redemanuskript hängen. Lampenfieber und Mikrofonfieber sind zwei Dinge, die man fast bei allen weiblichen Abgeordneten registrieren muss, da ihnen die Tradition, im öffentlichen Leben zu wirken, noch fehlt. [...] Die Frauen im Bundestag sind ein paar Nuancen friedlicher und gütiger als ihre männlichen Kollegen, aber sie vermögen nicht, das zähe Gefüge des Parlamentarismus in Bewegung zu bringen. Das überlassen sie den Männern, unter deren Führung sie sich, man möchte sagen: blindlings gestellt haben. [...] Und sagt man, die Frauen seien das Salz der Erde, so muss man hinzufügen, das Salz des Bundestages – mit Verlaub! – sind sie nicht. Vielleicht weil sie alle ein Parteibuch haben.«

Walter Henkels Bücher waren stilbildend und fanden zahlreiche Nachahmer, so erschien 1970 etwa das Buch »Die 100 von Bonn« von dem Journalisten Ernst Goyke, ein Band, der die einhundert maßgeblichen politischen Köpfe Bonns vorstellen sollte. Auch in diese Rangliste der Macht schafften es nur sechs Frauen: Katharina Focke (SPD), Brigitte Freyh (SPD), Liselotte Funcke (FDP), Hildegard Hamm-Brücher (FDP), Annemarie Renger (SPD) und Käte Strobel (SPD).

Die Mütter des Grundgesetzes im Parlamentarischen Rat. V. l. n. r.:
Friederike Nadig, Elisabeth Selbert, Helene Weber und Helene Wessel, 1948/49

Die Politikerinnen im Deutschen Bundestag müssen von der ersten Parlamentssitzung 1949 an um ihre Stimme, ihre Zugehörigkeit zum Parlament, ihren Einfluss, ihre Redezeit und ihre Sichtbarkeit kämpfen. Das patriarchalische Weltbild vieler Abgeordneter kommt im folgenden Ausspruch treffend zum Ausdruck. Michael Horlacher, er war Mitbegründer der CSU und Landtagspräsident Bayerns, hatte sich 1950 zu folgender botanisch-metaphorischer Aussage verstiegen: »Als Einzelne wirkt die Frau wie eine Blume im Parlament, aber in der Masse wie Unkraut.« Nun war diese derb-bäuerliche Ausdrucksweise nicht jedermanns Sprache außerhalb Bayerns, aber mit anderen, nur etwas »kultivierteren« Worten brachten viele Zeitgenossen Ähnliches zum Ausdruck. Die Frage der Gleichberechtigung der Frau überhaupt im Parlament zu erörtern, empfanden viele Männer als Zumutung und Zeitverschwendung. In dieser Stimmung findet auch Helene Weber, eine der Mütter des Grundgesetzes, das Parlament vor, als sie am 2. Dezember 1949 vor das Hohe Haus tritt, um über Fragen der Gleichberechtigung und Gleichstellung der Frau im öffentlichen Dienst zu sprechen. Sie trägt die Situation mit Humor: »*Es ist nicht angenehm, vor einem schon fast müden und leeren Hause über die Gleichberechtigung der Frau zu sprechen.*« An dieser Stelle verzeichnet das Protokoll »Unruhe und Widerspruch«. »*Aber eigentlich*«, fährt sie fort, »*sollte es Ihnen ganz angenehm sein, zwischen all den wirtschaftlichen und rechtlichen Fragen einmal etwas über eine Frage zu hören, die ihre menschliche und auch ihre geistige Seite hat.*« Helene Weber fordert bessere Sozialleistungen für Frauen, eine wirkliche Gleichberechtigung im öffentlichen Leben und vor allem: »*Wir verlangen und erwarten gleichen Lohn für gleiche Arbeit.*« Und schließlich mahnt sie an, dass die Frauen zum gesamten Staatswesen stärkeren Zugang finden: »*Die Frau muss im ganzen öffentlichen Leben, in allen Verwaltungskörpern angemessen mitarbeiten. Wir haben im Dritten Reich erlebt, was der Männerstaat ist.*« An dieser Stelle, das Protokoll verzeichnet »Heiterkeit«, erntet die Rednerin Lachen und Sprüche. Sie setzt hinzu: »*Der reine Männerstaat ist das Verderben der Völker!*« Die Heiterkeit im Parlament steigert sich, die Abgeordneten patschen sich auf die Schenkel.

Von heute aus betrachtet, fragt man sich, was es mit dieser im Protokoll vermerkten »Heiterkeit« auf sich hat. War sie eine Art Abwehrzauber, um die eigene Beteiligung am »Männerstaat« des »Dritten Reiches« wegzuwischen? Oder galt sie der Frau und ihren selbstbewusst formulierten Ansprüchen? Steckte vielleicht ein existenzieller Seufzer darin: Wir sind noch einmal davongekommen!? Vermutlich war es ein Abwehrreflex, wie Regine Marquardt in ihrer Studie »Das Ja zur Politik« über Frauen im Deutschen Bundestag von 1949 bis 1961 feststellt: »Von den männlichen Bundestagsabgeordneten wurde dieser Bezug auf die jüngste Vergangenheit aufgrund eines bereits wieder restaurierten, aber vermutlich gerade deswegen sehr dünnen, neuen maskulinen Selbstbewusstseins abgewehrt.« So oder so, die amtlich festgestellte Heiterkeit befremdet im Rückblick, zumal man ihr in den Protokollen jener Jahre oft begegnet, wenn Frauen sprechen. Man hört daraus an vielen Stellen die Geringschätzung, die fehlende Beachtung und die fehlende Akzeptanz gegenüber der Stimme der weiblichen Abgeordneten, die sich ganz offenbar in den Plenarsaal verirrt hat und dort durch die Kavaliere nur geduldet wird. Dabei hätten die Abgeordneten gerade an dieser Stelle Grund gehabt, Helene Weber Respekt zu zollen, denn die hatte mit Blick auf die Wunschwelten des Nationalsozialismus bereits 1932 vor dem »männlich geprägten Staat« gewarnt.

Diese unverhohlene Geringschätzung der Parlamentarierin durch die männlichen Kollegen korrespondierte mit der Ausblendung der Politikerinnen durch zeitgenössische journalistische Beobachter. Ein Beispiel dafür lieferte Alfred Rapp 1959. Der Parlamentskorrespondent der »FAZ«, der während des Nationalsozialismus regelmäßig für Joseph Goebbels' journalistisches Vorzeigeblatt »Das Reich« gearbeitet hatte, war nach 1945 einer der bevorzugten journalistischen Gesprächspartner

Die Parlamentarische Staatssekretärin
im Bundeskanzleramt Marie Schlei (SPD), 1974

von Konrad Adenauer geworden. In seinem Buch »Bonn auf der Waage« führt Rapp aus: »Will die Demokratie bestehen, so braucht sie, so brauchen ihre Träger, die Parteien, Ideen, und so brauchen sie Männer, auf welche die Parteien hören. [...] Die Parteien sollten sich weniger um ihre Apparate als um die Männer an ihrer Spitze sorgen. Die Wähler wählen einen Mann und nicht eine Partei – die guten Demokraten brauchen vor diesem Satz keine drei Kreuze zu schlagen.« Dieses Politikverständnis bevorzugt die straffe, autoritäre Führung der Partei und auch des Staates. Für Rapp ist Adenauer daher der perfekte Staats- und Parteiführer, weil er als »guter Kapitän« am Steuer steht. Auf »den Mann« kommt es an, in erster Linie auf ihn, nicht so sehr auf die Idee, den Apparat oder die Partei, was zählt ist der Mann an der Spitze, deshalb ist Adenauer für Rapp auch der »Gipfel der Kanzler-Demokratie«. Dass eine Frau den Platz am Steuer einnehmen könnte, liegt für Rapp außerhalb seines politischen Vorstellungsvermögens: »Nicht erst die Massendemokratie von heute liebt, dass sie sich in einem Mann verkörpere.«

Wenn ich diese und andere Stellen zitiere, dann geht es nicht um retrospektive Besserwisserei, nicht darum, ein eilfertiges Tribunal auf Papier zu errichten, um den Herren von Gestern die Leviten zu lesen: Hey, Männer, ihr habt aber damals Frau ganz schön übersehen und links liegen lassen oder? Vielmehr möchte ich zeigen, dass die damaligen Verdrängungsleistungen und Wahrnehmungsleerstellen als diskursive Praxis bis heute weiterleben. Wenn sich diese vollständig-unvollständigen Bilder der alten Bundesrepublik bis in die Gegenwart fortschreiben, weil immer die gleichen Biografien erzählt, bei Jubiläen die immer gleichen repräsentativen Herren auf Hochglanz poliert werden, dann ist das nicht nur eine Affirmation der gestrigen Bilder, sondern auch ihre unkritische Verlängerung in heutige Bildwelten. Diese führt dazu, dass Frauen in der Politik bisweilen immer noch als das fremde Geschlecht angesehen werden, manchmal gar sich selbst so einschätzen – und erklärt, warum zum Beispiel

Robert Habeck von fast allen Medien gleichsam als »natürlicher« Kanzlerkandidat gehandelt wird und nicht die Co-Vorsitzende Annalena Baerbock. Und warum bei der Berichterstattung über die SPD-Vorsitzendenwahl fast immer der männliche Part des Duos im Vordergrund stand.

Übrigens können auch Frauen die Autorinnen ihrer jeweiligen Nichtexistenz sein, denn eine kollektive Verschwörung des Mannes, sich nur auf sich selbst zu konzentrieren, oder einen allmächtigen Autor, der der Republik ein maskulines Drehbuch schreibt, gibt es natürlich nicht. Es gibt aber kommunikative und kulturelle Praxen, die man entweder klaglos übernimmt oder aber kritisch hinterfragt, um blinde Flecken aufzuspüren.

Warum eine Revision dieser Diskurse wichtig ist, zeigt uns folgende Szene, die Anja Maier, Parlamentskorrespondentin der »taz«, geschildert hat: »Die Tür geht auf, dahinter: ein runder Besprechungstisch, die Szenerie beleuchtet von kalten Energiesparlampen. Die Kollegen, die ebenfalls zum Hintergrundgespräch mit dem Spitzenpolitiker eingeladen sind, sitzen bereits mit aufgeschlagenen Notizbüchern auf ihren Plätzen. Es kann losgehen. Doch dann fällt es selbst dem Gastgeber auf: Seine Sprecherin und die Frau Maier von der ›taz‹ sind die einzigen Frauen im Raum. Der Politiker beugt sich nach vorn, schaut noch mal prüfend in die Runde. Tatsächlich: nur zwei Frauen unter vierzehn Männern. Na ja, kann man jetzt auch nix dran machen. Fangen wir an.«

Anja Maier sitzt auch im Vorstand der Bundespressekonferenz, jenes Vereins, zu dem nur diejenigen HauptstadtjournalistInnen Zutritt haben, die aus Berlin über Regierungspolitik berichten. Von den aktuell 903 Mitgliedern sind 272 Frauen, was 30,1 Prozent Frauen entspricht. Und wo wir schon mal bei Zahlen sind: Von zwölf ARD-Intendanten sind nur zwei Frauen, während das ZDF noch nie eine Frau als Intendantin hatte. Und wie sieht es bei den stark meinungsprägenden Regionalzeitungen aus? Für 2016 hatte die Initiative ProQuote ermittelt, dass 95 Prozent aller

Chefredakteure Männer sind. Ich lese aus diesen Zahlen fortwirkende Signaturen der Unfreiheit, undemokratische Ausblendungen, fehlende Gleichberechtigung und eine bedenkliche Herzmuskelschwäche. Die Demokratie wird müde bis lebensmüde, wenn Frauen nicht stärker daran mitwirken, dass ausreichend Sauerstoff fließt.

»Wenn ich auch keine direkten Schwierigkeiten hatte, mich bei Männern, die mir unterstellt waren, durchzusetzen, auch im Kabinett zu Wort zu kommen, eins muss ich sagen, in einem Kreis von Männern als einzige Frau wurde ich nie das Gefühl los, eine Fremdsprache zu sprechen.«
Elisabeth Schwarzhaupt

2. Meine Herren

»Frauen sollen sich zurückhalten, weil sie sehr kritisch beobachtet werden. Sie tun gut, nicht zu viel zu reden und das wenige nur im richtigen Augenblick. Die Hauptaufgabe der Frauen im Bundestag aber ist die Vermenschlichung der Politik.«

Die Bundestagsabgeordnete Marie-Elisabeth Klee ist 43 Jahre alt, als sie diese Sätze einem Reporter der »Wormser Zeitung« 1965 diktiert. Die Nachwuchspolitikerin kandidierte 1961 für den Wahlkreis Alzey-Worms und zog dann über die rheinland-pfälzische Landesliste der CDU ins Parlament ein, wo sie zum kleinen Kreis der 18 Frauen ihrer Fraktion gehörte. Sie war damals die jüngste Abgeordnete des Bundestages, dem 43 Frauen angehörten (8,3 Prozent der Abgeordneten).

Als ich sie im Sommer 2017 besuche, tritt mir eine große, aufrechte und selbstbewusste Frau entgegen, zu der diese Zeilen weiblicher Selbstbescheidung kaum passen wollen. Sie ist an diesem wolkenlosen Sommertag 95 Jahre alt und damit die älteste noch lebende Abgeordnete der vierten Wahlperiode. Marie-Elisabeth Klee lebt auf dem Nonnenhof, einem weitläufigen Hofgut unweit von Worms. Autorität und Würde gehen von ihr aus;

ein vitaler Vorwärtswille, der sie durch ein Jahrhundert getragen hat. Ihre Haltung? Nie hadern, stets hoffen! Sie fährt noch Auto, liest *ihre* »FAZ«, die Nachrichten jeden Abend sind Pflicht. Es geht so etwas wie ein Epochenwiderschein von ihr aus, im Gespräch mit ihr materialisiert sich die Adenauer-Ära wie eine Wochenschau in Farbe und 3-D. Sie bewundert immer noch *ihren* Kanzler, und tatsächlich wirkt es so, als hätte sich der Alte durch einen Trompe-l'Œil-Effekt bisweilen in einen Zug ihres Gesichtes geschlichen, um die Gegenwart zu grüßen.

Sie erinnert sich noch gut daran, wie eine Abordnung führender Unionsfrauen Konrad Adenauer im November 1961 belagerte, um ihm endlich die erste Ministerin der Bundesrepublik abzutrotzen: »Das war mein erstes wirkliches Erlebnis im Bundestag. Die Vorsitzende unserer Frauengruppe, Frau Brauksiepe, hat uns zusammengerufen. In jeden Ausschuss sollte eine Frau! Nur in die Bundesregierung, da hat er keine geholt, der Adenauer!« Noch ein halbes Jahrhundert später klingt an dieser Stelle Groll gegen den Kanzler an, allerdings kein unversöhnlicher oder bitterer Ton. Sie erzählt die Geschichte wie eine heitere Anekdote mit gutem Ausgang.

Betrachtet man die Bilder der ersten drei Kabinette Adenauers von 1949 bis 1957, dann staunt man heute, dass der »alte Herr« damit durchgekommen ist, denn die Abwesenheit jeder Frau lässt die Herren aus heutigem Blickwinkel alt aussehen, bevor sie überhaupt angefangen haben.

Elisabeth Schwarzhaupt, die erste Bundesministerin der Bundesrepublik, Jahrgang 1901, wird in Frankfurt a. M. in eine bürgerlich-liberale Familie geboren. Sie beginnt 1921 ein Studium der Rechtswissenschaften, das sie 1930 abschließt. Sie tritt in Frankfurt eine Stelle als Gerichtsassessorin an der Städtischen Rechtsauskunftsstelle für Frauen an. Dort erlebt sie hautnah, welche Nöte und Ungerechtigkeiten das patriarchalisch geprägte Familienrecht von 1900 für Frauen schafft, weil es dem Mann

Die Minister des ersten Kabinetts Adenauer, 20.9.1949

nahezu unbegrenzte Kontrolle und Macht über Vermögensangelegenheiten und Familienfragen einräumt. Dabei sind Frauen im Scheidungsfall die großen Verlierer und werden durch die Rechtsprechung gleichsam entmündigt.

Diese Erfahrungen führen später dazu, dass sich Schwarzhaupt im Bundestag vehement für eine Modernisierung des Familienrechts einsetzt und damit natürlich den Unmut des Patriarchen Adenauer weckt. Bereits 1932 warnt die junge Juristin mit der Schrift »Die Stellung der Frau im Nationalsozialismus« vor dem nationalsozialistischen Frauenbild. Als die Nazis an die Macht kommen, muss sie ihre Stelle als Richterin aufgeben, Frauen sollen jetzt nicht mehr über Männer richten dürfen. Daraufhin tritt sie in der Kanzlei der Deutschen Evangelischen Kirche eine Stelle in Berlin an. Sie ist 1939 die erste Frau, die zur Konsistorialrätin und 1944 zur Oberkonsistorialrätin ernannt wird. Nach dem Krieg ist Elisabeth Schwarzhaupt maßgeblich am Aufbau verschiedener Frauenverbände beteiligt und findet durch dieses Engagement bald zur Politik. Obwohl sie erhebliche Zweifel hat, ob das C im Namen einer Partei richtig sei, kandidiert sie nach reiflicher Überlegung 1953 für die CDU und zieht über einen Listenplatz ins Parlament ein.

Die Geschichte, wie Schwarzhaupt erste Bundesministerin wurde, ist immer mal wieder als komisches Dramolett erzählt worden, doch der Ton verdeckt eher bittere Bilanzen. Bereits 1957 hatten der Union nahestehende Frauenverbände und die Frauen in der Fraktion versucht, Elisabeth Schwarzhaupt ins Ministeramt zu heben, doch Adenauer, der vor der Wahl Entgegenkommen signalisiert hatte, präsentierte nach dem triumphalen Erfolg wieder ein reines Männerkabinett. Wenn der Kanzler in dieser Frage direkt angegangen wurde, fand er stets neue Ausflüchte. Die CDU-Abgeordnete Emmi Welter, die die promovierte Juristin Schwarzhaupt als Justizministerin vorschlug, bekam von Adenauer die entwaffnende Antwort: »Wissen Se', Frau Welter, dat jeht nich. Da drüben in der Deutschen Demokratischen Republik haben se' die Hilde Benjamin, da können wir hier nich eine Frau als Gegenüber brauchen; gerade wo ich meine, dass hier die Justiz strenger werden muss.« Auch als Familienministerin hätten die Frauen der Fraktion Schwarzhaupt gerne gesehen, doch dagegen sprach aus Sicht der Traditionswächter, dass sie kinderlos und unverheiratet lebte und protestantisch war, während der Amtsinhaber Franz-Josef Wuermeling, ein strammer Katholik, mit fünf ehelichen Kindern und einer züchtigen Hausfrau aufwarten konnte. Und gegenüber Journalisten ließ Adenauer gerne Bosheiten wie diese zünden: »Was sollen wir mit einer Frau im Kabinett? Dann können wir nicht mehr so offen reden.« Oder auch: »Kann ich mit einer Tiefkühltruhe zusammenarbeiten?« Und als zwischenzeitlich überlegt wurde, Schwarzhaupt das Bundesratsministerium anzubieten – ein politisch recht bedeutungsloses Ressort, das 1969 aufgelöst wurde –, ließ man die Kandidatin wissen, es mangele ihr an Trinkfestigkeit, und die sei bei späten Abendsitzungen im Bundesrat unbedingt vonnöten.

Vor diesem Hintergrund spielt die Szene »Die erste Ministerin der Bundesrepublik«. Am 10. November 1961 zeichnet sich das Ende der Verhandlungen über die neue Bundesregierung ab. Der 86-jährige Adenauer ist politisch stark angeschlagen. Die Unionsparteien haben die absolute Mehrheit verloren und sind nun wieder auf die FDP als Koalitionspartner angewiesen. Weil jedoch die Liberalen den Wahlkampf mit der Parole »Adenauer muss weg!« bestritten hatten, wollen sie ihm das Leben jetzt so sauer wie möglich machen, ehe sie doch klein beigeben werden müssen. Unter diesem Druck erklärt Adenauer, er werde nicht die ganze Amtszeit absolvieren, um seinem ungeliebten Nachfolger Ludwig Erhard Zeit und Raum zur Entfaltung zu geben. Als durchdringt, dass die Verhandlungen so gut wie beendet sind und auch diesmal, im vierten Kabinett Adenauers, keine Frau auf einen Ministersessel berufen wird, versammelt die Vorsitzende der Frauen-Union, Aenne Brauksiepe, die Unionsfrauen im Damenruheraum des Bundestages. Von dort macht sich eine

Abordnung auf den Weg ins Palais Schaumburg. Es sind Aenne Brauksiepe, Elisabeth Pitz-Savelsberg, Helene Weber und Margot Kalinke, die Adenauer herausfordern wollen.

Doch man lässt die Frauen abblitzen. Nein, vorerst keine Zeit, man möge warten oder auch nicht. Die resolute Helene Weber, die Adenauer gelegentlich ein Stück Schokolade zusteckt, wenn dessen Energiespiegel sinkt, ordert Stühle, organisiert Getränke und eine Platte mit Schnittchen. Man bleibt und sitzt! Es wird Abend.

»Während also drinnen die Männerkommission beim Sekt saß und die Arbeit getan war, ließ Adenauer die Damen noch warten. Es gehörte zu seiner bewährten Taktik, sie lange warten zu lassen, es war ein Element der Einschüchterung; er ließ sie, wenn das stilistisch richtig ausgedrückt ist, auf Sparflamme langsam braten.« Nein, möchte man dem »Hofchronisten« Walter Henkels zurufen, das ist stilistisch nicht richtig ausgedrückt, es sei denn, er wollte die Frauen mit einem gerupften Huhn oder einem Spanferkel vergleichen und ein bisschen misogynes Kölnisch Wasser versprühen.

Was dann geschah, notierte Adenauers Sohn Paul spätabends in seinem Tagebuch: »Helene Weber kommt ›wie Steinbild‹ und verlangt Frau als Familienministerin! Vater meint, sie habe sich ›stark‹ gemacht, aber sie lächelt nicht.«

Da Adenauer keines der angestammten Ressorts abgeben will, wird für Elisabeth Schwarzhaupt eigens das Gesundheitsministerium geschaffen, ein Amt, mit dem sie selbst gehadert hat: »Wenn ich abgesagt hätte«, schreibt sie in ihren Erinnerungen, »war es wieder mit einer Frau im Kabinett aus, und ich hätte dafür die Verantwortung getragen. Das konnte ich den Frauen nicht antun, diese Möglichkeit zu einem kleinen Schritt vorwärts in ihrer Beteiligung an führenden politischen Aufgaben auszuschlagen.« Am 14. November 1961 wird Elisabeth Schwarzhaupt vereidigt.

Eine Woche darauf schreibt der »Spiegel«: »Angesichts der

Überflüssigkeit ihres Ressorts zweifelt in Bonn niemand an der Qualifikation des Fräulein Schwarzhaupt (»Bitte, sagen Sie Frau Bundesministerin zu mir!«) für das hohe Amt. Mit der Verlegenheitsbehörde zur Befriedigung der Frauenwünsche hat sich die Zahl der unnützen Bonner Ministerien auf vier erhöht.« Das ist sie, jene maliziöse, muskelrollende Allmachtsschreibe, die Hans-Magnus Enzensberger unter dem Titel »Die Sprache des Spiegel« schon 1957 so treffend kritisiert hat: Die Frau Dr. wird zum »Fräulein« geschrumpft, ihr Wunsch nach korrekter Anrede wird zum Gespött freigegeben, das neue Ressort wird ebenso abqualifiziert wie die Eignung der Frau zur Ministerin.

Wie sehr der »Spiegel« in seiner Einschätzung irrt – in jedem Punkt –, zeigt sich schon wenige Tage nach Amtsantritt der Ministerin, als der Contergan-Skandal bekannt wird und die neue Amtsinhaberin gefordert ist. Von heute aus betrachtet, ist vor allem Schwarzhaupts Einsatz für Verbraucherschutz und Umweltfragen weichenstellend. Sie definiert einen Zusammenhang zwischen Gesundheit und Umweltbelastungen zu einem Zeitpunkt, als noch niemand in der Bundesrepublik von Ökologie spricht.

Die persönliche Beziehung zwischen Elisabeth Schwarzhaupt und Adenauer bleibt kühl. Zwar weiß er, dass sie eine exzellente Fachfrau und Debattenrednerin ist, doch ihm ist nicht verborgen geblieben, dass sie 1961 seine Zeit für abgelaufen hält und seinen geordneten Rückzug erwartet. Die selbstbewusste Politikerin ist auch keine lautlose und bequeme Mitläuferin in der Fraktion, womit sie sich deutlich von vielen Kollegen unterscheidet. Sowohl im Parlament als auch im Kabinett fehlt es ihr nicht an Widerspruchsgeist den eigenen Leuten gegenüber. So protestiert sie auch, als der Kanzler das Kabinett zur ersten Sitzung begrüßt und dabei die althergebrachte Begrüßungsformel »Morjen, meine Herren!« gebraucht. Obwohl Schwarzhaupt ihren Widerspruch freundlich formuliert, erwidert Adenauer raubauzig: »In diesem Kreis sind auch Sie ein Herr!«

Für die Ministerin, auf deren Briefpapier hartnäckig »Minister« im Briefkopf stehen wird, ist das ein Affront. Die Geschichte wird publik, vermutlich ist es Schwarzhaupt selbst, die die Öffentlichkeit als strategische Partnerin sucht und findet. In Zeitungen und Zeitschriften entbrennt daraufhin eine Debatte um die korrekte Anrede. Schließlich setzt Schwarzhaupt sich durch, und Adenauer spricht sie fortan als Frau an. Allerdings – so berichtet die Journalistin Fides Krause Brewer – gelingt es Adenauer auch dann noch, sie bisweilen zu demütigen, indem er die Diminutivform wählt: »Dat Wort hat jetzt dat Fräulein Schwarzhaupt.«

Der Kampf darum, ihre Existenz als Ministerin auch sprachlich anzuerkennen, sie als Frau auf diesem Platz zu identifizieren, war keine Frage der Etikette, wie viele Zeitgenossen dachten, keine Frage der Höflichkeit oder gar der männlichen Galanterie. Vielmehr ging es darum, der Frau überhaupt das Eintrittsrecht in den männlich dominierten Kosmos Politik zu sichern und von Anfang an klarzustellen, dass die Frau im Streit um die Macht nicht als Leerstelle zu begreifen ist. Natürlich ging es auch darum, die Rechtsnorm der Gleichberechtigung auch sprachlich abzubilden und durchzusetzen, denn niemand wusste besser als die engagierte Juristin Schwarzhaupt, dass Männer ihre Macht nur teilen, wenn sie durch das Gesetz dazu gezwungen und durch Frauen daran erinnert werden.

Wie hartleibig und unwillig ihre Partei war, die 1949 im Parlamentarischen Rat erstrittene Gleichberechtigung auch umzusetzen und das Bürgerliche Gesetzbuch (BGB), das ebenso gut Patriarchalisches Gesetzbuch hätte heißen können, an diese Rechtsnorm anzupassen, hatte Elisabeth Schwarzhaupt schon in der parlamentarischen Arbeit der Fünfzigerjahre erlebt. Hier verstieß sie mehrfach gegen die Fraktionsdisziplin, indem sie gegen die traditionellen Rechtsauffassungen des konservativen Flügels focht. Weil der Gleichberechtigungsgrundsatz in der Verfassung vielen Paragrafen des BGB fundamental widersprach, musste das geltende Recht, so schrieb es das Grundgesetz vor,

Oben: Die Minister im vierten Kabinett Adenauer – und die erste Ministerin: Elisabeth Schwarzhaupt. 14.11.1961, vor dem Bundespräsidialamt

Unten: Elisabeth Schwarzhaupt am Rednerpult den Bundestags, circa 1957

bis spätestens 31. März 1953 angepasst werden. Vor allem zwei Paragrafen des BGB bedurften der Streichung oder Änderung: der berüchtigte »Gehorsamsparagraf« 1354, der festlegte, dass der Mann in allen die Ehe betreffenden Fragen bestimmen und die Frau ihm gehorchen müsse, sowie der Paragraf 1628 des BGB, der dem Vater in allen strittigen Fragen der Kindererziehung das letzte Wort zubilligte.

Diese Paragrafen machten den Mann in Ehe und Familie zum potenziellen Autokraten, wenn nicht gar zum Despoten, je nach Charakter des Mannes und der Ehe. Es galt der »Stichentscheid« des Mannes, also dessen autoritäre Letztentscheidung.

Diese patriarchalischen Herrschaftssäulen widersprachen nicht nur der Gleichberechtigung zwischen Mann und Frau, sie waren letztlich auch antidemokratisch und passten besser zu einem Kaiserreich, wo sie herkamen, als zu einer liberalen Demokratie, die auf die Mündigkeit und Freiheit des Individuums setzte. Deshalb ging es nicht bloß um rechtliche Reformen, sondern auch um politisch-kulturelle Fragen, ja, um die historische Aufgabe, den Deutschen den Obrigkeits- und Untertanengeist auszutreiben und sie für die Demokratie zu gewinnen. Wie sollte eine Demokratie im Großen gelingen, wenn der Staat im Kleinen aus Millionen von Mikrodiktaturen bestünde? Wie sollte man die Deutschen an Diskussionskultur und Konsensfindung gewöhnen, wenn in den Familien noch das illiberale Prinzip des Befehls und des Gehorsams praktiziert werden konnte?

Doch weder Adenauer noch sein erzkonservativer Familienminister Wuermeling, den Hildegard Hamm-Brücher einmal als »bösen (Anti-Frauen-)Geist« charakterisierte, hatten ein Interesse daran, diese patriarchalischen Ordnungspfeiler abzuschaffen, denn schließlich standen sie für die »gottgewollte« und »natürliche« Familien- und Gesellschaftsordnung. Dem Mann diese Paragrafen als Stützpfeiler seiner Existenz zu entziehen, würde bedeuten, die christlich-abendländische Ordnung und Familie anzugreifen. Das wäre eine heimtückische Attacke auf die Überlebenskraft des deutschen Volkes im Kampf mit dem gottlosen Marxismus, den »Soffjets«, wie Adenauer sich auszudrücken pflegte. Auch deshalb verschleppt die Bundesregierung die vorgeschriebene Gesetzesreform um über ein Jahr – erst am 12. Februar 1954 findet die erste Lesung des Gesetzentwurfes statt, der die beiden Paragrafen 1354 und 1628 noch enthält.

Elisabeth Schwarzhaupt, die an diesem Tag das erste Mal überhaupt im Parlament eine Rede hält, spricht sich für eine Streichung von Paragraf 1354 aus und für eine Änderung von Paragraf 1628, wofür sie im Übrigen mehr Beifall von der SPD als aus den eigenen Reihen erhält. Wie differenziert und strategisch klug ihre Rede gewesen ist, lässt sich nachlesen, wie eindrucksvoll sie als Rednerin agierte, zeigt das Presseecho auf die Debatte, das insbesondere Elisabeth Schwarzhaupt in den Vordergrund stellt. Der Journalist Wilhelm K. Papenhoff schreibt am 14. Februar 1954 in der »Neuen Zeitung«: »Männliche Parlamentarier hatten die Debatte teils mit Temperament, teils mit dem Unterton leichter Ironie eingeleitet, und zwar in einer Art, die teilweise durchaus erfreulich von den Monologen der letzten Wochen abstach. Aber es fehlte etwas, nämlich der Funke, der aus den Diskussionsbeiträgen ein echtes Gespräch, ein echtes Ringen zwischen den Argumenten zu machen vermochte. Und siehe da: Es funkte. Frau Oberkirchenrätin Dr. Schwarzhaupt, eine Abgeordnete der CDU – Neuling im Bundestag –, sorgte dafür, dass die Debatte mit einem Schlag ein Niveau erreichte, wie es der Beobachter in diesem neuen Bundestag bisher nicht zu registrieren vermochte.

Ruhig, mit einer für die immer noch nicht genügende Akustik des Hauses manchmal vielleicht ein wenig zu leisen Stimme – die aber jedes Gespräch im Plenarsaal verstummen ließ und gespannte Aufmerksamkeit brachte –, löste sie das Haus aus dem Hin und Her großer Wörter und führte es auf den Boden echter Wirklichkeit. Das ›Ja‹ zu diesem Einzelproblem blieb frei von jedem oft so harten Unterton des ›Niemals anders‹ – und das ›Nein‹

stand nicht starr im Raum, sondern ließ die Möglichkeit des Gesprächs von Mensch zu Mensch offen. Schlagwörter von Autorität der einen oder der anderen Seite lösten sich mit einem Male in Nichts auf, und wo vorher vielleicht Vertreter von Fraktionen gesprochen hatten, stand plötzlich ein Einzelmensch.« Auch die »Neue Zürcher Zeitung« lobte am 16. Februar 1954 Schwarzhaupts »parlamentarisches Talent« und strich ihre Kernbotschaft heraus:»Indem Frau Schwarzhaupt empfahl, den Stichentscheid des Mannes zu streichen, hob sie hervor, dass im Protestantismus keine verbindliche Lehrmeinung über die Ehe herrscht. Die Rolle des Staates berührend, bezeichnete Frau Schwarzhaupt den Glauben, man brauche nur zur patriarchalischen Ordnung zurückkehren, um die Ehe zu festigen, als Irrtum.«

Elisabeth Schwarzhaupts Rede beeindruckt vor allem auch heute noch, vielleicht heute erst recht, wenn man sie in den Zusammenhang der Debatte stellt und sie mit den anderen Reden vergleicht. Wo die anderen Redner Pathos in den Plenarsaal gießen, operiert sie sachlich, wo andere schwer ächzende Metaphern auffahren, bleibt sie konkret, und wo die anderen den Untergang des Abendlandes beschwören, zeichnet sie ein realistisches Bild. Die Rede ist vor allem keine Demonstration unbedingter Allmacht und Allwissenheit; zwar tritt Schwarzhaupt entschieden auf, verzichtet aber darauf, andere Auffassungen abzukanzeln. Der Familie und Ehe spricht sie eine »eigene Ordnung« zu, die weder durch den Staat noch die Kirche, weder durch Religion noch durch Ideologie bedrängt, gezwungen oder gegängelt werden darf, weil sonst deren innere Freiheit zerstört würde.

Schwarzhaupt ist zweifelsohne für die Gleichberechtigung von Frau und Mann, aber sie macht diese nicht zum Hauptargument für ihren Vorschlag, den ehelichen Stichentscheid zu streichen, weil für sie die gesetzlich festgeschriebene Gleichberechtigung eine Folge gesellschaftlicher Prozesse ist und nicht deren Ursache. Diese Haltung, die sie als Realistin ausweist, macht sie für diejenigen Konservativen kaum angreifbar, die sie als »Suffragette« abstempeln wollen. Sie nimmt in ihrer Rede eher ein historisches und soziologisches Plateau ein, einen Standpunkt, der vom Gegner sehr viel schwerer zu erobern ist als eine religiös oder ideologisch fundierte Festung. Damit vollbringt sie das Kunststück, ihren eigenen Parteifreund, den Familienminister Wuermeling, als patriarchalischen Reaktionär und Tagträumer dastehen zu lassen, der glaubt, man könne mit dem Stichentscheid das Rad der Zeit anhalten, zurückdrehen und die Frau – allen gesellschaftlichen Realitäten zum Trotz – als Dienerin des Mannes, der Familie und des Staates gleichsam wie eine Mumie einbalsamieren, um ein abgelebtes Frauenbild für Gegenwart und Zukunft frisch zu halten.

Aufschlussreich ist es, wenn man die unterschiedlichen innerfamiliären Ordnungsprinzipien von Schwarzhaupt und Wuermeling gegenüberstellt. Für den Minister ist der Ehemann ein Amtsträger, dem das Amt als Oberhaupt der Familie die Macht gibt, im ehelichen Streitfall zu entscheiden, zu befehlen. In diesem metaphysisch grundierten Gedankengebäude schwebt das Amt wie eine Art Krone über dem Mann, zu der er greift, wenn es auf dem irdisch-ehelichen Erdboden zu Konflikten kommt. Dieses Amt und seine Bindung an den Mann ergibt sich für den Minister aus der »abendländischen Auffassung«, was so viel heißt, dass Mann und Gott gleichsam einen jahrtausendealten Männerbund bilden, dem Frau sich letztlich unterzuordnen hat. Elisabeth Schwarzhaupt hingegen, die ohne metaphysische Rückendeckung auskommt, stellt fest, »dass das ursprüngliche Ordnungsprinzip nicht die Macht, sondern die Liebe ist«. Nach Schwarzhaupts Auffassung muss sich die Liebe immer neu suchen und finden, immer wieder im Dialog zwischen den Eheleuten gesponnen werden, währenddessen Wuermelings Vorstellung zufolge der Mann gerade dort seine Amtskrone aufsetzt, wo der Dialog aufhört und die Liebe endet.

Aus der Rede des Familienministers spricht auch die Furcht vor der Niederlage im Wettbewerb der gesellschaftlichen Systeme.

Die »totale Gleichberechtigung«, von der er spricht, führe letztendlich in das »Kohlen- und Uranbergwerk« der russischen
Zone, wo die Frau eine Art Zwangsarbeiterin des »Staatssozialis-
mus« sei. Der Feminismus ist aus diesem Blickwinkel dem Kommunismus nur zu ähnlich, da der Gleichberechtigungsanspruch
der Frau als eine zerstörerische Kraft aufgefasst wird, die die
gottgegebene Ordnung und die Unterschiede zwischen Mann
und Frau auslöschen und alles gleichmachen will. Der CDU-
Wahlkampfslogan von 1957 »Keine Experimente« kann daher
nicht bloß als eine Warnung vor dem Kommunismus, sondern
auch als ein antifeministisches Stoppschild verstanden werden.

Marie-Elisabeth Klee, das wird während des Interviews in ihrem
Garten klar, ist nie eine Feministin gewesen. Sie entstammt einer
Generation von Politikerinnen, die einerseits keine Verbindung
mehr zu den Parlamentarierinnen von Weimar oder gar der ersten Frauenbewegung besaß, dazu war sie zu jung. Und andererseits war ihr Platz im Leben zu fraglos der alten Gesellschafts-
und Familienordnung verhaftet. Ihr Vater, Ludwig Freiherr von
Heyl, ist Industrieller und Stadtrat in Worms, wo Marie-Elisabeth
am 13. Januar 1922 geboren wird. Ihre Mutter Eva-Marie stammt
aus einer der ältesten brandenburgischen Adelsfamilien von der
Marwitz. Die Mutter Eva-Marie schreibt 1936 an ihren ältesten
Sohn: »Die stille, selbstverständliche Pflichterfüllung und Vater-
landsliebe, das steckte uns im Blut von den Urvätern her.«
  Diese preußisch-protestantische Gesinnung lässt sich unschwer auf dem Lebensweg der Tochter erkennen. Sie heiratet
1945 den bedeutend älteren Diplomaten Eugen Klee und geht
mit ihm nach Lateinamerika. Nach dem frühen Tod ihres Mannes 1956 beginnt sie sich parteipolitisch zu engagieren. Dabei ist
es nicht so sehr der eigene Antrieb, sondern sie wird gerufen:
»Damals hörte ja überall die Weimarer Equipe auf. Die Männer kamen auf mich zu, denn mein Mann war nach dem Krieg
im rheinhessischen Alzey fünf Jahre lang Landrat gewesen, und

mein Vater war früher in der DVP und Stadtverordneter in der Weimarer Zeit. Und ich war eine junge Frau und evangelisch, und das passte genau ins Bild, denn man wollte immer eine Konzessionsfrau haben.« Sie tritt 1958 in die CDU ein und wird 1961 auf einen aussichtsreichen dritten Listenplatz gewählt. Das ist Kalkül, denn die junge Frau mit dem bekannten Geburtsnamen soll vor allem Frauen und protestantische Wähler binden. Über Frauenthemen hat sie nicht zur Politik gefunden: »Ich war ein Mensch und habe nicht sonderlich ›Ich als Frau‹ gesagt. Ich hab zugepackt, wo zugepackt werden musste, und natürlich war ich durch meine Herkunft ganz anders als die anderen Frauen.«

Zu diesen ganz anderen Frauen, die ihr Ich als Frau stark betonen und dafür streiten, dass Frauen auch in der Öffentlichkeit »Ich« sagen können, gehört Marie-Elisabeth Lüders, die 1961 aus dem Bundestag ausscheidet, als Marie-Elisabeth Klee ins Parlament einzieht.

Maria-Elisabeth Lüders ist eine vielschichtige und widersprüchliche Politikerin und Frau. Von 1919 bis 1932 sitzt sie für die linksliberale DDP, Deutsche Demokratische Partei, im Weimarer Reichstag, von 1953 bis 1961 ist sie für die FDP Mitglied des Deutschen Bundestages. Zwar gibt es zahlreiche kleinere Lebensbilder und Aufsätze zu ihr, aber eine große historisch-kritische Biografie, wie sie etwa Joachim Radkau über Theodor Heuss geschrieben hat, fehlt bislang.

Dass die Politikerin ein »Scharfschütze des Wortes« sein konnte, wie sie einmal von einer politischen Weggefährtin genannt wurde, beweist sie eindrucksvoll in der Gleichberechtigungsdebatte am 12. Februar 1954. Sie beginnt ihre Rede erst einmal damit, den Familienminister wie einen Schüler abzukanzeln, dann knöpft sie sich Justizminister Fritz Neumayer vor, der ihrer eigenen Partei angehört. Mit dem Goethe-Zitat »Du sprichst vergebens viel, um zu versagen!« gibt sie ihm unumwunden zu verstehen, dass sein beträchtlicher Wortausstoß nicht die Sache trifft, um die es geht. Und natürlich spricht sie sich für eine Streichung der Paragrafen 1354 und 1628 aus: »*Wir wünschen keine Generalvollmacht für den Mann – ich wünsche sie jedenfalls nicht.*«

Da spricht unverkennbar eine Frau, die Lust am Sprechen hat, die den Streit liebt, für die das Parlament ein Kampfplatz ist, wo man nicht nur mit Argumenten und Ideen streitet, sondern auch mit expressiver Körperlichkeit und einem großen rhetorischen Repertoire. Wohl bei keinem anderen Redner in diesen Jahren ist der »Unterhaltungsfaktor« so groß. Das Protokoll vermerkt immer wieder »Heiterkeit«, »Große Heiterkeit« oder »Anhaltende Heiterkeit«, wenn sie spricht. Lüders lässt keine Pointe aus und freut sich über Zwischenrufe, die sie souverän retourniert und selbst bissig austeilt, wenn andere reden. Sie spickt ihren Vortrag mit Anekdoten, Anspielungen und humoristischen Versen. So zitiert sie etwa Wilhelm Busch: »Bei eines Strumpfes Bereitung sitzt sie im Morgenhabit, er liest in der ›Kölnischen Zeitung‹ und teilt ihr das Nötige mit!«, um dieses spießbürgerliche Bild der politisch unmündigen, Strümpfe stopfenden Frau ein für alle Mal abzufertigen.

Wie selbstbestimmt und selbstsicher Marie-Elisabeth Lüders auch im Parlament den eigenen Körper definiert, ja, mit ihm als Ausdrucksorgan spielt, zeigt eine Rede vom 14. Juni 1955. In vielen Autobiografien oder Interviews mit Politikerinnen findet man Hinweise, dass die erste Rede im Bundestag, die sogenannte Jungfernrede, sie belastet habe. Wird mir das Lampenfieber einen Streich spielen? Wie kleide ich mich? Spreche ich frei, oder halte ich mich an den fixierten Text? Lasse ich Fragen zu? Und wie reagiere ich auf Zwischenrufe? In männlichen Lebensläufen sucht man nach solchen Selbstzweifeln meistens vergebens. Sie mögen Lüders zu Beginn ihrer parlamentarischen Laufbahn im Weimarer Reichstag auch bekannt gewesen sein, doch im Bundestag agiert sie mit einer leiblichen Souveränität und Freiheit, geradezu mit einer Lust, den Körper ins Sprachspiel zu integrieren, die sie von den männlichen Kollegen unterscheidet. In der eher körperstarren, verkrampften Öffentlichkeit des Parlaments der Fünfzigerjahre fällt Lüders durch liberal-ironische Selbstrepräsentation auf. Sie scheut als Rednerin auch nie davor zurück, das ganz Alltägliche, das Profane mit dem ganz Großen, dem Bedeutenden zu verknüpfen. In ihrer Rede vom 14. Juni 1955 geht es um das Essen in der Kantine des Bundestages, es geht um die Fahrbereitschaft, es geht aber auch um die Gleichberechtigung, ihren »Dollpunkt«, wie sie sagt, ihr Lebensthema:

»Meine Damen und Herren, wenn ich hier im Bundeshausrestaurant bin, so weiß ich niemals, ob ich mich in einem Aquarium befinde (Heiterkeit) oder vielleicht im Wartesaal eines Zentralbahnhofs; (Beifall) vielleicht auch in einer Kreuzung von beiden (Hört! Hört!). In diesem Aquarium wird nun eine Nahrung gereicht, die keineswegs den Preisen entspricht, die gefordert werden. (Beifall im ganzen Hause – Abg. Dr. Greve: Ein Pfund Spargel mit Kartoffeln fünf Mark!) – Was soll ich mit Kartoffeln? (Heiterkeit) Ich esse furchtbar wenig, wie Sie an meiner Figur merken. (Große Heiterkeit – Abg. Brese: Leider!) – Nein, sehr gut! (Erneute Zurufe) – Ich bin Hausfrau.« Die Rednerin – Lüders war ungewöhnlich groß gewachsen und sehr schlank – thematisiert ihre Körperlichkeit und pariert lässig den Zwischenruf des Kollegen, den man heute vermutlich als sexistisch werten würde. Von der folgenden Szene sprach man im Bundestag noch Jahre später, da sie so sehr abwich von der »formatierten Gesellschaft« im Hohen Haus. Lüders spricht über die Servierkräfte:

»Also, hier im Bundeshausrestaurant sind bekanntlich sehr fleißige und sehr angestrengte Kellner, Essensträger. Es sind dort auch drei oder vier jüngere Frauen, die uns ebenfalls die Mahlzeiten bringen. Nun, nach meinen Beobachtungen arbeiten diese keineswegs langsamer als ihre männlichen Kollegen (Beifall). Die männlichen Kollegen gehen meistens so los –, und diese jungen Frauen bewegen sich ungefähr im Düsenjägertempo durch die Landschaft (Erneute Heiterkeit). Nun sagen Sie, wie ist denn das eigentlich?

Ein Grundgehalt oder ein Generalgehalt wird vertragsmäßig zuge-
sagt, den weiblichen Bediensteten von 250 Mark, den männlichen
von 350 Mark! (Hört! Hört! bei der SPD.) Ich möchte bloß wissen,
woher hier der Unterschied kommt. Kann uns einer hier im Hause
oder von der Bundestagsverwaltung nachweisen, dass diese Frauen
nicht die gleiche Arbeit leisten wie die Männer? Ja, sie leisten mehr!
(Beifall.)« Das Protokoll erfasst nicht bzw. deutet es durch den
Gedankenstrich lediglich an, was nur durch Augenzeugen überliefert ist: Lüders parodiert das Gangbild der Männer und der
Frauen, sie »tanzt« deren Bewegung am Rednerpult nach und
schreibt sich damit lange in das Gedächtnis des Hauses. Gäbe
es eine Fernsehaufzeichnung dieser Szene, würde sie unzweifel-
haft zu den ikonischen Momenten der jungen Bundesrepublik
gehören, nicht weil hier ein zentrales Thema wie etwa die Wie-
derbewaffnung oder die Wiedervereinigung auf der Tagesordnung gestanden hätte, sondern weil hier eine Frau den Männern
parodistisch vor Augen führt, dass die Rede vom starken und
schwachen Geschlecht Unsinn ist.

Marie-Elisabeth Lüders gehörte zu den selbstbewussten Frauen
in der Politik, denen Zeitgenossen, männliche Kollegen und Journalisten, gerne nachsagten, sie hätten »Haare auf den Zähnen«.
Diese unrühmliche Redensart leugnet, dass es auch ein weib-
liches Selbstbewusstsein und Machtstreben gibt, das nicht die
Kopie männlicher Aufstiegstechniken ist; dass Frauen sich nicht
vermännlichen müssen, um sich in der Politik zu behaupten.
    Über Marie-Elisabeth Klee hätte niemand gesagt, dass sie
»Haare auf den Zähnen« habe. Sie war keine Machtfrau, sie war
noch nicht einmal eine Politikerin, wenn man die Machterrin-
gung und die Machtbehauptung als den Hauptwesenszug des
Politikers versteht. »Ich bin nicht mit Ellenbogen in die Politik
gegangen, es war die Partei, die Männer kamen auf mich zu, der
Ministerpräsident Peter Altmeier. Und dann hab ich denen vertraut und gesagt: ›Also gut. Mach es, whatever you can.‹«

Fängt eine Politikerin erst da an, wo sie den Männern misstraut? Marie-Elisabeth Klee hatte Adenauer vertraut, und sie vertraute seinem Nachfolger Ludwig Erhard, für den sie 1965 voller Überzeugung in den Bundestagswahlkampf zieht. Wenige Wochen nach der Wahl trifft sie im kleinen Kreis auf den Fraktionsvorsitzenden Rainer Barzel. Er erscheint verspätet, wirft sich in einen Sessel, säbelt einer Zigarre den Kopf ab, streckt sich, raucht und sagt kühl: »Der Kerl muss weg!« Klee hakt nach: »Was meinen Sie?« – »Der Erhard muss weg, der taugt nichts.« Klee ist konsterniert: »Der Erhard? Wir haben doch jetzt überall erzählt, er ist der Beste und Fähigste, den es gibt auf der Welt. Wie stehe ich denn jetzt vor meiner Jungen Union da, die haben sich aufgeopfert?« Barzel antwortet: »Dass Sie so naiv sind und nicht gemerkt haben, dass der Kerl nichts taugt!«

Sofern Politik ein Machtspiel ist, hat Marie-Elisabeth Klee nie mitgemacht. Im Bundestag bleibt sie eine Hinterbänklerin, erst nach neun Jahren hält sie ihre erste Rede, es ist zugleich ihre letzte. Sie stellt schriftlich ein paar kleine Anfragen, spontane Zwischenfragen stellt sie fast nie, und in den zehn Jahren, in denen sie im Bundestag sitzt, verzeichnet das Protokoll nur zwei Zwischenrufe, und die haben keinen kritischen, sondern zustimmenden Charakter: Dem Parteifreund Heiner Geißler ruft sie zu: »Sehr richtig!« und »Hört! Hört!«. Von 1961 bis 1965 ist sie Mitglied im Petitionsausschuss, den die Fraktionen traditionell mit Frauen und Novizen beschicken. Allerdings meldete sich Marie-Elisabeth Klee aus eigenem Antrieb, die Arbeit entsprach ihrer christlich-karitativen Familienprägung. Als Politikerin repräsentiert sie in diesen Jahren den Typus sanfter Mütterlichkeit, der eher im Verborgenen Gutes tut. Da sie keinen machtpolitischen Ehrgeiz entwickelt, wird sie von den Männern nie als Rivalin wahrgenommen. Auf die Frage, wie sie denn als eine der wenigen Frauen in der Fraktion die Männer empfunden habe, antwortet sie: »Die Männer waren höflich und nett, wirklich sehr hilfreich. Natürlich wollten sie auch eine Frau in ihren Gremien haben, so hat mich Richard Jäger in den Vorstand der Atlantic Treaty Association geholt.« Aufgrund ihrer exzellenten Sprachkenntnisse in Französisch, Englisch und Spanisch betrachten die Männer sie als willkommene Komplementärkraft, da ihre eigene Sprachkompetenz selten so ausgeprägt ist.

Bevor Marie-Elisabeth Klee 1961 in den Bundestag einzieht, erregt eine zukünftige Fraktionskollegin von ihr Aufsehen, als Politikerin und Frau. Heute ist sie nahezu vergessen, doch in den Fünfziger- und Sechzigerjahren galt sie als »Starrednerin« im Bundestag, über die Konrad Adenauer befand: »Mehr wert als drei Männer!« Allerdings – wie so oft bei Adenauer – gab es bei ihm auch eine dunkle Seite, was seine Einschätzung betraf. Als ich die 91-jährige Rita Verhülsdonk interviewe, die für die CDU dem Bundestag von 1972 bis 1994 angehörte, erinnert sie sich an folgende Adenauer-Sottise: »Als Frau war es sehr schwer, in den Arbeits- und Sozialausschuss zu kommen, denn da ging es um das große Geld, die großen Finanzsäulen Rente, Gesundheit, Arbeitslosigkeit. Vor mir war es mal einer Frau gelungen, da reinzukommen, und das war Margot Kalinke aus Niedersachsen, die eine große Durchsetzungskraft besaß. ›Die Frau ist gefährlich. Die ist so dick, da sieht man nicht drum rum. Die kann ne volle Kaffeetasse auf ihrem Busen vor sich hertragen, ohne zu schlabbern‹, soll der Alte gesagt haben.« Hanna Neumeister (CDU), die von 1972 bis 1987 Mitglied des Bundestages war, charakterisierte Margot Kalinke in einer biografischen Skizze folgendermaßen: »Die parlamentarische Arbeit würzte sie mit temperamentvollen und manchmal aggressiven Reden. Wegen ihrer Zungenfertigkeit erhielt sie von Fraktionskollegen den Beinamen ›Fraktionslautsprecher‹.«

Auf jeden Fall schreckte die selbstbewusste Kalinke vor niemandem zurück, auch nicht vor Helmut »Schmidt Schnauze«. Während einer Wehrdebatte im September 1966 macht sie einige Zwischenrufe, während der Wehrexperte der SPD spricht, woraufhin Schmidt der Geduldsfaden reißt und er süffisant ins Plenum ruft: »*Ja, wissen Sie, ich weiß zwar, dass die Frau Kollegin weiblichen Geschlechts ist. Aber man vergisst das manchmal, wenn man ihr zuhört.*« Das Protokoll vermerkt: »*Heiterkeit bei der SPD, Zurufe von der CDU/CSU: ›Sie sind kein Kavalier!‹*« Und der Parlamentspräsident tadelt: »*Herr Abgeordneter, diese Bemerkung war unziemlich.*« Der »Spiegel« berichtete am 26. September 1966 über Schmidts Entgleisung: »Einen Tag nach der Debatte, die im Fernsehen übertragen worden war, erhielt die Zwischenruferin mehrere Postkarten aus dem Ruhrgebiet, durch die sie aufgefordert wird, sich um ›Frauenprobleme zu kümmern und Helmut Schmidt nicht zu behelligen‹.« Allerdings war Margot Kalinke keine Parlamentarierin, die sich durch männlichen Chauvinismus beeindrucken ließ. Die Postkarten kommentierte sie kurz und knapp: »Das war sicher eine gelenkte Aktion, denn die Texte auf den Karten waren praktisch alle gleich. So was werfe ich gleich in den Papierkorb.«

Die Abgeordnete war es gewohnt, dass Männer abwehrend auf sie reagierten. So hatte Walter Henkels über sie geschrieben: »Dem ersten Bundestag gehörte eine Frau an – der Name tut nichts zur Sache –, die jedesmal, wenn sie zum Rednerpodium eilte (und sie tat es oft, und sie hatte von allen anderen Frauen des ersten Bundestages die meisten Reden gehalten), einiges Aufsehen erregte. Sie glich einer Fregatte, einem schnell segelnden Kriegsschiff, das vollen Kurses auf die gegnerische Schlachtordnung zusteuerte und sofort etliche Breitseiten abfeuerte. Nicht als ob sie nichts Vernünftiges zu sagen gehabt hätte. Im Gegenteil, sie hatte viele vernünftige, ja ausgezeichnete Gedanken zur Diskussion beizutragen. Aber ihr Erscheinen bereitete jedesmal mindestens den Männern allsogleich Unbehagen. Es war – mit großer schwarzer Hornbrille, die Haartracht als kurzer Herrenschnitt – jener Suffragetten-Typ, den man aus der Zeit des Kampfes für das Frauenstimmrecht kennt.«

Marie-Elisabeth Klee (CDU, Mitglied des Deutschen Bundestags
von 1961 bis 1972) mit Konrad Adenauer, 1961

Was Männern wie Henkels »Unbehagen« bereitete – ein Empfinden, das impliziert, dass Frauen noch als Politikerinnen den
Männern in erster Linie Behagen bereiten sollen –, war ihre
machtbewusste Agilität und Präsenz, die Frau, die sich nicht *da-
menhaft* und bescheiden einordnete, sondern mitmischte in der
Arena. Margot Kalinke wird am 24. April 1909 in Bartschin im
Landkreis Posen in Westpreußen geboren, lebt später in Brom-
berg, wo sie auch zur Schule geht, auf ein Jungengymnasium.
Über ihre Kindheit und Jugend ist kaum etwas bekannt, aber
der Verlust ihrer Heimat, das Aufwachsen in einer Region, deren
Identität durch Jahrhunderte von deutsch-polnischen Konflikten und wechselseitigen Nationalismen geprägt ist, macht sie zu
einer Politikerin, die sich nach 1945 stark für Heimatvertriebene
engagiert und zu sehr konservativen und rückwärtsgerichteten
Positionen tendiert. So gehört sie 1972 zu den 18 Bundestagsabgeordneten, die gegen die Ostverträge der sozialliberalen Koalition stimmen, die anderen CDU-Abgeordneten enthalten sich
ihrer Stimmen.

Ihre Biografie vor 1945 ist nur bruchstückhaft zu haben: Von
1926 bis 1927 arbeitet sie als kaufmännische Angestellte in Goslar,
und ab 1929 leitet sie als Geschäftsführerin die Fabrikniederlas-
sung eines internationalen Konzerns, eine Tätigkeit, der sie bis
1937 nachgeht. Anschließend wird sie von 1937 bis 1952 Bezirks-
geschäftsführerin einer großen Krankenkasse für Angestellte in
Hannover. Wie sie sich im Nationalsozialismus verhalten hat,
ließ sich bislang nicht erhellen. Es ist lediglich bekannt, dass sie
seit 1934 der NS-Frauenschaft angehörte, was aber wenig über
den Grad ihrer Verstrickung im Nationalsozialismus verrät. Auf
jeden Fall – und das ist ungewöhnlich – macht sie bereits Ende
der Zwanzigerjahre als Frau Karriere und kann diese im Nationalsozialismus ohne erkennbaren Bruch fortsetzen. Durch ihre
leitende Stellung im Versicherungswesen erwirbt sie ein enor-
mes Wissen in sozialpolitischen Fragen.

Führungskraft, Sachkompetenz und rhetorische Unerschrockenheit bescheren ihr auch in der Politik nach 1945 einen raschen Aufstieg. Sie wird 1946 in Hannover Mitglied einer regionalen Partei, die sich ab 1947 Deutsche Partei nennt und vor allem Heimatvertriebene, Entnazifizierte und frühere Wehrmachtsangehörige umwirbt. Die Ausrichtung ist nationalkonservativ, man fischt auch am äußersten rechten Rand und versucht, rechtsextreme Wähler demokratisch einzubinden, bevor sie für eine offen neonazistische Partei wie die Sozialistische Reichspartei Deutschlands votieren. Die Deutsche Partei, die die Sozialdemokraten als Erzfeinde betrachtet, koaliert mit der CDU und ist von 1949 bis 1960 an den Bundesregierungen Adenauers beteiligt. Bald nach ihrem Einzug in den Bundestag macht die Splitterpartei Schlagzeilen, denn einer ihrer Abgeordneten, Wolfgang Hedler, hatte sich durch eine Rede in dem schleswig-holsteinischen Gasthof »Deutsches Haus« als antisemitischer Hetzer entlarvt. Zwar wurde Hedler im Januar 1950 aus der Fraktion ausgeschlossen, jedoch ausdrücklich nicht wegen seiner Gesinnung, sondern aufgrund angeblicher Disziplinlosigkeit. Als Hedler am 10. März 1950 versucht, den Bundestag zu betreten, wird er von Herbert Wehner und anderen Genossen aus dem Bundestag geprügelt.

Bereits in den ersten Wochen des neuen Bundestages gehört Margot Kalinke zu den treibenden Kräften ihrer Partei und in den Debatten. Sie ist neben Helene Wessel vom Zentrum die einzige Frau, die am 23. September 1949 auf die Regierungserklärung von Konrad Adenauer antwortet, wobei sie ihre Redezeit deutlich überschreitet, wie das Plenarprotokoll festhält: *»Vizepräsident Dr. Schmid: Meine Damen und Herren! Die Frau Abgeordnete Kalinke hat ihre Redezeit um fast hundert Prozent überschritten. Ich habe sie in ihrer Rede nicht gestört (Heiterkeit) – aus Galanterie. Ich möchte aber die nachfolgenden Redner warnen und sie bitten, sich nicht allgemein auf die Unerschöpflichkeit meiner Langmut zu verlassen (Zuruf von der KPD: Jetzt kommen Männer!).«* Ihre erste Rede zeigt bereits im Kern, welche politischen Leitideen Kalinke vertritt. Die Sozialpolitik soll den Einzelnen, den Bedürftigen nicht unbesehen alimentieren, sondern sehr genau unterscheiden, wer welche Ansprüche anmeldet und ob die gerechtfertigt sind. Während in den Nachkriegsjahren die meisten Politikerinnen die Nöte der Menschen sehr deutlich hervorheben und für stärkere Sozialleistungen plädieren, macht sich Kalinke dafür stark, Sozialleistungen nicht losgelöst von Wirtschaftsfragen zu betrachten. Der Einzelne lebe in der Freiheit, und zu dieser Freiheit gehöre ein eigenverantwortliches Handeln, das der Staat nicht durch »fortschreitende Bürokratisierung« abwürgen solle. Kommunisten und Sozialisten wirft sie Gleichmacherei vor: »*Alle Bemühungen zur Lösung und Meisterung unserer zahlreichen Nöte sollten sich aber nach Auffassung meiner Fraktion von dem so oft falsch verstandenen Grundsatz der Solidarität abwenden und sollten in der Bemühung gipfeln, nicht jedem das Gleiche, sondern jedem das Seine zu geben.*« Als Kalinke das Rednerpult verlässt, ruft ihr der KPD-Abgeordnete Heinz Renner zu: »*Jedem das Seine‹ stand über der Eingangstür des Lagers Buchenwald. Frau Abgeordnete der Deutschen Partei, wo haben Sie die Naziterminologie her? Waren Sie Mitglied der Partei?*«

In einer späteren Rede im Parlament wird Margot Kalinke erwidern, dass sie keine Nationalsozialistin gewesen sei, Belege für die Mitgliedschaft in der NSDAP haben sich nicht gefunden.

Ob die Abgeordnete wusste, dass die Nazis die klassische Gerechtigkeitsformel »Suum cuique« in Buchenwald pervertiert hatten? Und ging es Renner um die kritische Aufarbeitung der Sprache des »Dritten Reiches« oder um eine persönliche Attacke? Kalinke zog, wie schon erwähnt, Aggressionen auf sich, weil sie nicht dem Bild der sanften Frau entsprach. Wenn ihr jemand wie am 23. September 1949 höhnisch zuruft: »Sie haben keine Ahnung!«, dann hält sie sofort dagegen: »Ich glaube, ich habe mehr Ahnung als Sie davon!« Am 30. September 1949 droht ihr ein Redner der SPD: »Sie kriegen wir auch noch ruhig!«

Dass Margot Kalinke Kenntnis davon besaß, dass die Nazis das Lagertor mit »Jedem das Seine« überschrieben hatten, ist eher unwahrscheinlich. Heinz Renner, der während der NS-Zeit selbst in verschiedenen Gefängnissen und Lagern gefangen war, wusste vermutlich davon, da er offenbar Kontakt zu Buchenwald-Häftlingen hatte. Für Margot Kalinke könnte zutreffen, was der Historiker Frank Brunssen zum damaligen kollektiven Wissensstand in dieser Frage geschrieben hat: »Die Kenntnis von der Buchenwalder Todesformel blieb zunächst primär auf die Überlebenden und auf jene rund tausend Weimarer Bürgerinnen und Bürger beschränkt, die nach der Befreiung durch die Anlage geführt wurden. Hanus Burgers Film ›Die Todesmühlen‹, der die Konfrontation der Weimarer Bevölkerung mit den Großverbrechen in ihrer Nachbarschaft dokumentiert und Anfang 1946 eine Woche lang alternativlos in allen Kinos der US-Zone gezeigt wurde, zeigt zwar mehrfach die in Auschwitz und anderen KZs benutzte Torinschrift ›Arbeit macht frei‹, setzt aber die Buchenwalder Sentenz nicht ins Bild. Hinzu kam, dass die Anlage auf dem Ettersberg der Öffentlichkeit jahrelang nicht zugänglich war, weil die Sowjets dort ihr Speziallager betrieben.« Margot Kalinke dürfte die antike Gerechtigkeitsformel eher auf dem Gymnasium kennengelernt haben, in Latein oder Geschichte, denn die Formel war auch der Wahlspruch der Preußenkönige. Zudem verkörperte er ein Prinzip, eine klassische Formel der Selbsterziehung, die die Politikerin selbst verinnerlicht haben dürfte: Sie sah sich als Selfmadewoman, die das, was sie war, vor allem der eigenen Tüchtigkeit und Tätigkeit zuschrieb.

Wie führungsstark und selbstbestimmt sie war, zeigt ein politisches Manöver, bei dem sie voranging und die Männer ihr folgten. Ende der Fünfzigerjahre stand die Deutsche Partei vor der Zerreißprobe: Mit wachsendem Wohlstand und zunehmender Akzeptanz der Demokratie verlor die Partei Teile ihrer angestammten Wählerschaft an die CDU, hinzu kamen innerparteiliche Intrigen und ein Konflikt zwischen der niedersächsischen Parteispitze um Parteichef Heinrich Hellwege und der Fraktion im Bundestag. Während die Mehrheit der Bundestagsabgeordneten der DP auf eine engere Kooperation mit der CDU setzte, glaubte Parteichef Hellwege, man müsse von Niedersachsen aus einen stärkeren Konfrontations- und Abgrenzungskurs zur CDU fahren. Die Bonner bangten um ihr Mandat, Hellwege träumte vom bundesweiten Aufstieg einer Partei, die sich überlebt hatte.

Für den »Spiegel« war Kalinke die »zielstrebige Chefverschwörerin«, die die Verschwörer in ihrer Wohnung versammelt und darauf eingeschworen hatte, mit ihr den Übertritt zur CDU zu wagen. Früher hatte Hellwege seine energische Mitstreiterin Kalinke als »der einzige Mann in der Deutschen Partei« bezeichnet, nun musste er tatenlos zusehen, wie sein »einziger Mann« sich mit kühlem Kopf von ihm lossagte und mit acht anderen Abgeordneten, darunter zwei Ministern, zur CDU wechselte. Mit diesem Schritt besiegelte Kalinke den Anfang vom Ende der Deutschen Partei.

Margot Kalinke soll an die 460 Reden im Bundestag gehalten haben. Als stramme Antikommunistin und restaurative Sozialpolitikerin gehörte sie nach ihrem Parteiwechsel zum rechten Flügel der CDU, andererseits war sie in allen frauenpolitischen Fragen sehr fortschrittlich und in ihrer parlamentarischen Praxis und Rede ungemein machtbewusst. Kaum eine Debatte kommt ohne ihre Zwischenrufe aus, sie ergreift oft das Wort zur Geschäftsordnung, um selbst den Gang der Aussprachen zu beeinflussen. In dieser Lust an der Macht ist sie als Politikerin in ihrer Zeit sehr ungewöhnlich. Sie liefert sich regelrechte Frageduelle mit Ernst Schellenberg, dem Sozialexperten der SPD, und während sich die beiden mit Zahlen, Statistiken und Berechnungen »bekriegen« – ganz offensichtlich mit dem Vergnügen, sich wechselseitig zu Koryphäen ihres Fachgebietes zu stempeln –, können die meisten Abgeordneten den Verästelungen des Dialogduells kaum folgen.

Selbst Walter Henkels, der sie zu Beginn ihrer Abgeordneten-
zeit als »Suffragette« karikiert hatte, streckte schließlich die Waffen vor ihr, nicht ohne – das war auch diesmal das Einfallstor für
seinen Spott – ihr Äußeres zu kommentieren: »Sie, alles andere
als von zierlicher Gestalt, gehörte mit Abstand zu den bedeutendsten Sozialpolitikern des Bundestages. […] Niemals hat ein
politischer Gegner sie außer Gefecht gesetzt.«

In das traditionelle Frauenbild hat sich Margot Kalinke, die
nie heiratete, nicht einsperren lassen, sie beanspruchte die Macht
mit der gleichen Selbstverständlichkeit wie die Männer. Auch ihr
Hobby, an Autorennen teilzunehmen und ein Sportcoupé zu fahren, verband man eher mit dem PS-Geschlecht. Wovon sie sich
jedoch nicht befreien konnte, waren die polarisierenden Prägungen der Adenauer-Ära. Ihre vielen Zwischenrufe sind von einem
klaren Feindbild gekennzeichnet: Den Sozialdemokraten war als
Demokraten nicht zu trauen.

Der Nachmittag mit Frau Klee geht zu Ende. Das mehr als zwei-
stündige Interview hat die 95-Jährige angestrengt, aber sie versucht, sich nichts anmerken zu lassen. Ich frage sie noch, warum
sie 1965 den Frauen empfohlen hatte, sich zurückzuhalten und
wenig zu sagen. Haben Sie sich auch danach gerichtet? Marie-
Elisabeth Klee erinnert sich an Wahlkämpfe in den Sechzigerjahren, wo sie Frauen als Rednerinnen erlebt habe, die mit schrillen
Stimmen »zügellos« gesprochen hätten. Sie selbst stammte aus
einem Milieu, in dem Frauen hinter den Mann zurücktraten, ab-
warteten, zuhörten und ins Gespräch, das gesellschaftliche oder
politische, nur eintraten, wenn man sie aufforderte. Das *Zurück-
stehen*, das *Dienen*, die *Pflicht* waren und sind Schlüsselbegriffe
ihrer Welt.

So wie die Männer sie einst für den Bundestag aufgestellt hatten, so wird sie später von ihnen verdrängt. Helmut Kohls Stern
geht auf. Er hat 1969 ihren Förderer Peter Altmeier als Ministerpräsident abgelöst, und jetzt will er den Bundestag mit seinen

Margot Kalinke
beim Bundesparteitag der Deutschen Partei (DP) 1951,
dahinter Bundesverkehrsminister Hans Christoph Seebohm (l.)
und Parteivorsitzender Heinrich Hellwege

Leuten besetzen, der eigene Weg ins Kanzleramt muss beizeiten planiert werden. Für den Wahlkreis 157, den Wahlkreis von Marie-Elisabeth Klee, hat Kohl offenbar Richard von Weizsäcker vorgesehen. Die Bundestagsabgeordnete kann Kohls Wahl verstehen, da von Weizsäcker als Präsident des Evangelischen Kirchentages protestantische Wähler anziehen könnte und er zudem als äußerst redegewandt gilt. Dennoch würde ihr ein Abschied aus dem Bundestag schwerfallen, und so sucht sie das Gespräch mit von Weizsäcker, um zu erfahren, ob der gewillt ist, Kohls Offerte anzunehmen. In der Biografie von Jörg Koch wird die Begegnung folgendermaßen geschildert: »Sie bot ihren Verzicht an, doch er winkte ab, zeigte kein Interesse. Für sie sei dieser Gang zu Weizsäcker das ›größte Opfer‹ gewesen, das sie damals erbracht habe. Er jedoch habe ihr diesen Verzicht niemals gedankt. Sie fühlte sich ein ›zweites Mal verwitwet‹.« Nach dem gescheiterten Misstrauensvotum 1972 entscheidet sich die CDU in Rheinland-Pfalz gegen Marie-Elisabeth Klee und stellt den aufstrebenden Protegé des nicht minder ehrgeizigen Landesvaters auf.

Kohl beauftragt seinen Kultusminister Bernhard Vogel, einen passenden Ersatzposten für die ausgebootete Marie-Elisabeth Klee zu finden. Zu ihrem 95. Geburtstag erinnert sich Vogel an diese Mission: »Ich bot ihr das Auslandsreferat im Kultusministerium an. Ein Arbeitsfeld, das damals wachsende Aufmerksamkeit fand, weil wir unsere internationalen Verbindungen ausweiten und dabei vor allem die Schulen einbeziehen wollten. Frau Klee brachte dafür schon allein wegen ihrer reichen Sprachkenntnisse die besten Voraussetzungen mit. Sie stimmte zu. Ohne Murren, ohne ein Wort des Widerspruchs oder gar des Protestes übernahm sie diese Aufgabe.« Das klingt noch heute so, als hätte sich der Minister bereits damals über die konfliktfreie Indienstnahme und Folgsamkeit der Politikerin gewundert.

Auf dem Rückweg denke ich über meine Begegnung mit Marie-Elisabeth Klee nach. Es sind Trump-Tage, »Zornpolitik« und

Populismus bestimmen die Schlagzeilen, der Brexit wird verhandelt, Polen baut seinen Rechtsstaat ab. Frau Klee ist über das alles tief besorgt. Als Mitglied der Westeuropäischen Union hat sie sich einst für den Beitritt Großbritanniens zur EU eingesetzt, sie erinnert sich noch an den Jubel, als sie 1972 in London war. Und jetzt? Ein Scherbenhaufen. In diesem Sommer der Verleumdungen und Hetze ist vielleicht gerade die Begegnung mit Frau Klee ein Hinweis darauf, dass Politik nicht immer aggressiv sein muss, nicht immer Duell und Ego-Darwinismus sein darf.

Wenn ich die Bilder in ihrer Biografie betrachte, dann scheint ihr Gesicht stets einen physiognomischen Anflug des Gegenübers anzunehmen und umgekehrt. Im Kreis vieler Herren ist sie oft die einzige Frau. Sie steht neben Adenauer, der lächelt ungewohnt mild. Sie steht neben Kanzler Erhard und allein ihr Zuhören scheint ihn aufzurichten. Sie steht neben Kanzler Kiesinger, der für den Fotografen bescheiden neben ihr posiert, so als hätte sie und nicht er das Amt inne. Sie ist mir fremd und doch nah. Bestand ihr größtes politisches Talent darin, Harmonie zu stiften? Oder war sie eine allzu »friedfertige Frau«?

Was sie als Abgeordnete und Mensch ausgezeichnet hat, war ihre Unvoreingenommenheit, auch ihre Fähigkeit zur interkulturellen Verständigung und ihre Zivilität im Umgang mit dem politischen Gegner, eher Leise- als Lautsprecherin. All das ist an diesem Nachmittag spürbar gewesen – und das Gefühl, was für ein Glück es ist, eine Demokratin zu treffen, die das undemokratische Deutschland noch erlebt, aber in ihrer eigenen Biografie schon so lange hinter sich gelassen hat.

Ein Jahr nach meinem Besuch erreicht mich die Nachricht, dass Marie-Elisabeth Klee gestorben ist. Sie hatte ihren Platz längst gefunden.

3. Konrads Erben

»Vor ein paar Tagen starb Elisabeth Nuphaus, einst die unverzichtbare Mitarbeiterin von Gerhard Schröder. Nicht des früheren SPD-Kanzlers, sondern des CDU-Politikers, der beinahe mal Kanzler geworden wäre. Sie starb mit 98 Jahren. Als die drei Kinder Schröders von ihrem Tod erfuhren, entschlossen sie sich, die Verstorbene mit einer Anzeige zu würdigen: erschienen vergangene Woche in dieser Zeitung, dem Lieblingsblatt von Schröder wie von Nuphaus. Und noch einmal leuchtete darin die frühe Bundesrepublik auf, die Fünfziger- und Sechzigerjahre.

Die ›engste Mitarbeiterin unseres Vaters‹, so schrieben die Schröder-Kinder, habe stets ›hohen Sachverstand, absolute Loyalität, ungewöhnliche Disziplin und unerschöpfliche Energie‹ gezeigt, und sie hätten sie deswegen immer bewundert. Ein ›Juwel‹ sei sie gewesen, eine ›prägende Figur‹, ›irgendwie immer da‹, ›perfekt und schnell‹, erzählt Schröder-Sohn Jan, inzwischen emeritierter Professor der Tübinger Universität. Nuphaus sei in ihrer Arbeit aufgegangen, habe nie geheiratet, auch keine Kinder gehabt.«

Mit diesen beiden Absätzen beginnt in der »Frankfurter Allgemeinen Sonntagszeitung« vom 21. April 2019 unter der Überschrift »Der erste Gerhard Schröder« ein ausführlicher Artikel über den heute beinahe vergessenen Spitzenpolitiker der Adenauer-Ära. Nach den beiden einleitenden Absätzen folgt ein Porträt des früheren Ministers, und Elisabeth Nuphaus wird wieder zur Randfigur in der Erzählung eines großen Mannes. Die dürren Eckdaten ihres Lebens, die der Artikel preisgibt, spiegeln das Schicksal vieler Frauen in den Aufbau- und Nachkriegsjahren wider. Aufgrund des erheblichen Frauenüberschusses bleiben viele Frauen unverheiratet; stattdessen heiraten sie ihren Dienst, ihr Büro, sie stellen sich in den Schatten eines Chefs, dem sie »perfekt und schnell« zuarbeiten, demgegenüber sie stets »Loyalität« wahren, von dessen Seite sie einfach nicht wegzudenken sind. Ihr eigenes Leben besteht aus fremden Leben, sie leisten existenziellen Selbstverzicht. Noch ihre Todesanzeige dient nicht dazu, *sie* in Erinnerung zu rufen, sondern den Mann, der vor ihr stand.

Dabei schien die Geschichte nach Kriegsende zunächst eine ganz andere Richtung einzuschlagen. Deutschland war ein Frauenland geworden. Im Herbst 1946 gab es sieben Millionen mehr Frauen als Männer, und 1950 kam eine erste Volkszählung im Bundesgebiet zu dem Ergebnis, dass auf 1.000 Männer 1.133 Frauen kamen. Der Mann war das geschlagene Geschlecht. Körperlich und seelisch schwer angeschlagen bis ruiniert, existenziell verunsichert. Nicht nur der Krieg hat Lücken und tiefe Wunden geschlagen, sondern auch die einsetzende Erkenntnis, dass die Frauen *ihren Mann gestanden* und viele Arbeiten erledigt hatten, von denen man vorher annahm, sie könnten nur von Männern bewerkstelligt werden. In den meisten größeren deutschen Städten entstehen Frauenausschüsse, die sich für eine friedliche Zukunft, für die Gleichberechtigung von Mann und Frau und eine demokratische Gesellschaft engagieren. Sie fordern eine Änderung des Familienrechts, gleichen Lohn für gleiche Arbeit und höhere Wertschätzung der Frauenarbeit. Und die Frauen wollen es anders und besser machen als die Männer, sie denken überkonfessionell und überparteilich, sie wollen die alten parteipolitischen Grabenkämpfe und Frontlinien hinter sich lassen. Offenbar hat Konrad Adenauer diesen ganz anderen, dezentraleren, nicht an eine Partei gebundenen Politikansatz gefürchtet, denn als der erste CDU-Parteitag im August 1947 in der britischen Zone tagt, bemängelt er, dass nur wenige Frauen aus den Kreisverbänden als Delegierte entsandt worden seien: »Wir Männer müssen uns an den Gedanken gewöhnen und uns damit vertraut machen, dass die Frau ein ganz wesentliches Wort in der Politik mitzusprechen hat.« Doch der Elan der Frauenausschüsse versiegt bald, man ist sich uneins über Ziele und Richtung, die ideologischen Gräben zwischen den verschiedenen Frauengruppen sind doch tief, und die Scheu vor parteipolitischem Engagement ist groß: Die Weimarer Republik und das »Dritte Reich« haben Parteipolitik vor allem bei den Frauen diskreditiert. Den Männern hingegen fällt es leichter, zu traditionellen Formen politischer Arbeit und Öffentlichkeit zurückzukehren oder erstmals in solche einzusteigen. Bei einem Treffen von Frauenausschüssen 1947 in Bad Pyrmont stellt eine Delegierte aus Düsseldorf ebenso resigniert wie kämpferisch fest: »Die Männer in den Parteien haben schon wieder ihre alten Stellungen bezogen und bekämpfen einander in Doktrinen, aber wir Frauen wollen hier nicht mittun.«

Während sich die Männer in die Politik werfen, die Frauen sich selbst ausschließen oder ausgeschlossen werden, ist das Land dennoch in Frauenhand. Die Historikerin Ute Frevert hat eindrucksvoll geschildert, wie Frauen das Überleben sicherten: »Fast vier Millionen Männer waren im Krieg gefallen, 11,7 Millionen befanden sich 1945 in Gefangenschaft, und es sollte mehr als zehn Jahre dauern, bis die letzten deutschen Soldaten nach Hause zurückkehrten. Millionen Frauen mussten sich mit ihren Kindern ohne männlichen ›Ernährer‹ und Familienvorstand durchschlagen. [...] Sie standen Schlange vor Lebensmittelläden und Behörden, tauschten auf dem Schwarzen Markt gerettete Sachwerte gegen Butter und Eier, organisierten Hamsterfahrten und überredeten Bäuerinnen, ein paar Kartoffeln und Speck für gut erhaltene Kleidungsstücke oder Hausrat herauszugeben. Als der Krieg der Männer vorbei war, ging der Kleinkrieg der Hausfrauen und Mütter um Brot und Kohlen weiter und nahm immer schärfere und verzweifeltere Formen an.«

Andererseits entdeckten viele Frauen gerade in dieser Phase, wer sie waren, was sie alles leisten konnten und dass die Abwesenheit der Männer auch ihr Gutes haben konnte. Alte Gewissheiten wurden porös, Frauen lebten selbstbestimmter, auch deshalb stiegen die Scheidungsraten. In seinem Buch »Wolfszeit« hat Harald Jähner die Nachkriegszeit als dynamische, doppelgesichtige Zeit beschrieben, auch und gerade für die Frauen. Es war nicht nur die Zeit des Hungers, der Kälte und Entbehrungen, sondern eben auch eine Zeit des Rausches, der Anarchie, der Tanzlust, der erotischen Freizügigkeit. Viele Kriegsheimkehrer kommen mit ihren verwandelten Frauen nicht mehr zurecht. Ein früherer Angehöriger der Marine-SA beschreibt es so: »Es hat lange gedauert, bis ich begriffen habe, dass sie gelernt hat, ›Ich‹ zu sagen.«

An diesem Punkt der Geschichte, wo Frauen beginnen, »Ich« zu sagen, kommen wieder Elisabeth Nuphaus, Gerhard Schröder und Konrad Adenauer ins Spiel. Im Januar 1950 gibt Elly Heuss-Knapp, die erste First Lady der Bundesrepublik, die Gründung des Müttergenesungswerks bekannt. Die frühere Werbefachfrau, die in den Dreißigerjahren die Rundfunkwerbung durch die Erfindung von Jingles revolutionierte und Marken wie Nivea, Persil, Erdal und Kaffee Hag mit ihren akustischen Kurzhörspielen beworben hatte, schafft nun ihre ganz eigene präsidiale Marke: das Müttergenesungswerk. Bis heute ist die Frau des jeweiligen Bundespräsidenten Schirmherrin des Müttergenesungswerks.

Am 31. Januar 1950 sucht Elly Heuss-Knapp die Radioöffent-lichkeit. Hört man sich ihre Rede heute an, ist man über die Frische und moderne Sachlichkeit dieser Frauenstimme über-rascht, denn sie unterscheidet sich fundamental von den meisten männlichen Sprechern jener Jahre. Ob Politiker, Wochenschau- oder Rundfunksprecher: Sie tönen noch, die Konsonanten krie-gerisch, die Vokale marschieren, die Stimmen haben einen er-zenen Klang. Die Stimme von Elly Heuss-Knapp jedoch ist frei von diesem historisch kontaminierten Pathos, hat aber dennoch Gewicht durch Eindringlichkeit. Es lohnt sich, die etwa sechs-minütige Rede etwas genauer zu betrachten, denn sie liefert nicht nur Anhaltspunkte dafür, warum Frauen sich überwiegend von der Politik fernhielten, sondern sie enthält auch ein familiäres Restabilisierungsprogramm, das dem Mann wieder zu seinem angestammten Platz verhilft:

»Verehrte Hörer, manche Ausländer fragen mich über die Zu-stände in Deutschland aus, und immer wieder wiederholt sich die Frage, warum sich die Frauen so wenig politisch interessiert zeigen. Ich antworte dann jedes Mal: Zu solchem Interesse und seiner Ausübung gehört Zeit. Die hat den deutschen Frauen in den letzten Jahren gefehlt. Das eigentliche Heldentum der Mütter hat sich ganz im Verborgenen vollzogen, es besteht zum Beispiel darin, dass man keine zerlumpten oder vernachlässigten Kinder auf den Straßen sieht. Was das bedeutet, die Kinder an jedem Sonntag sauber anzuziehen, während jahrelang kaum Seife zu haben war, davon ahnt man in Amerika nun wirklich so gut wie nichts. Wir haben viele und großartige Hilfe vom Ausland er-fahren und haben auch in den letzten Monaten ernstlich mit der Selbsthilfe begonnen. Fast immer war der Blick auf die Kinder gelenkt. Jetzt kann man sagen, dass die Not der Mütter größer ist als die Not der Kinder. Immerhin leben auch noch bei uns in Bunkern und Kellern Kinder genug, man schickt sie dann in Er-holung, sie kommen gut ernährt und oft neu eingekleidet zurück, aber sie finden dann in der Familie die Mutter vielleicht ebenso überlastet, überarbeitet, manchmal schlecht gelaunt und reizbar wie vorher. Darin liegt auch eine der großen Schwierigkeiten beim Heimkehrerproblem. Da haben sich die Männer jahrelang gefreut, nach Hause zu kommen, und die Frauen sich nach ihren Männern gesehnt, aber die Heimkehrer dachten an eine junge, fröhliche, gute Kameradin, und nun finden sie oft eine abgehärmte, müde, sehr selbstständig gewordene und in mancher Beziehung schwierige und reizbare Frau vor. Schon deshalb ist jetzt der Moment gekommen, wo man den Müttern helfen muss. […] Ob es in einer Familie licht oder dunkel ist, das hängt wirklich in erster Linie von den Müttern ab. Es gibt wirklich keine andere Form der Unterstützung, die so aufbauend wirkt wie die Arbeit an der Gesundung der deutschen Familie, denn es sind ja bei uns nicht nur die Häuser, sondern auch die Familien zerstört, getrennt, zum Teil vernichtet worden. Wer einer Mutter wieder zur Gesundung, zur Frische, zum Lebensmut verhilft, der bewahrt die deutsche Familie vor dem Untergang.«

Die Mutter muss also genesen, denn sie ist der Stabilitätsgarant der Familie. Weder die Kinder noch die Männer haben Freude an einer »schlecht gelaunten und reizbaren«, »überarbeiteten«, »schwierigen« und »sehr selbstständig gewordenen« Frau. Wo Frau ist, muss wieder Mutter werden. Die neu gewonnene Selbstständigkeit wird in den Katalog der Belastungen und irritierenden Eigenschaften der Frau eingereiht.

Es ist gar keine Frage: Das Müttergenesungswerk ist eine verdienstvolle Institution, und vor dem Hintergrund dessen, was Frauen im Krieg und nach dem Krieg geleistet haben, ist es mehr als nachzuvollziehen, dass es zur Gründung dieser wohltätigen Stiftung kam. Aber zugleich belastete die grundlegende Idee des Müttergenesungswerks die Frauen, weil es half, ein patriarchalisches Familienleitbild zu kurieren, das auch durch das neu gewonnene Selbstbewusstsein der Frau schwer erschüttert war. Die drei- oder vierwöchige Kur war daher nicht nur eine physische und psychische Rehabilitation für die einzelne Frau, sondern zugleich ein Baustein der kollektiven Reprogrammierung traditioneller Familienauffassungen.

Durch ihren frühen Tod 1952 verschwand Elly Heuss-Knapp als souveräne und erfolgreiche Frau aus dem medialen Gesamtbild der jungen Bundesrepublik, und an der Spitze des Staates standen nun zwei Witwer: Bundeskanzler Konrad Adenauer und Bundespräsident Theodor Heuss. Insbesondere Konrad Adenauers doppelte Witwerschaft – seine erste Frau Emma Adenauer starb 1916, seine zweite Frau Gussie 1948 – umgab den Kanzler mit einem Nimbus, der half, ihn als den integrativen Volkspatriarchen zu inszenieren, der über das Schicksal der Deutschen wachte. Von Jahr zu Jahr fanden Adenauers Familienbilder stärkere Verbreitung: der Alte inmitten seiner kaum noch zu übersehenden Enkelschar, die ihm zum Geburtstag gratulierte, der Pfannkuchen wendende Adenauer, der Rosen züchtende Kanzler oder Adenauer an seinem Urlaubsort Cadenabbia am Comer See, wo er sich mit Töchtern und Sekretärinnen umgab und sich als rüstiger Boccia-Spieler zeigte.

Nicht Willy Brandt war der erste Medienkanzler der Bundesrepublik, sondern Adenauer, der alle Instrumente nutzte und selbst schuf: Das von ihm initiierte Bundespresseamt war vor allem auf seine Bedürfnisse zugeschnitten, Adenauer nutzte wie selbstverständlich die Dienste der Demoskopin Elisabeth Noelle-Neumann und ihres Meinungsforschungsinstituts Allensbach, er erkannte frühzeitig die Bedeutung des Fernsehens für die Politik, er versuchte unentwegt, die Rundfunkanstalten für seine Zwecke einzuspannen, und er war ein virtuoser Propagandist in eigener Sache, wenn es darum ging, die Presse zu instrumentalisieren.

Dabei sind die sogenannten Teegespräche (1950 bis 1963) von herausragender Bedeutung. In diesem Gesprächskreis treffen sich die wichtigsten Pressevertreter der Bundesrepublik mit dem Bundeskanzler zum Hintergrundgespräch. Frauen sind seltene

Zaungäste; die Runde versammelt anfänglich zehn, dann bis zu sechzig Herren, ehe die Zahl wieder verkleinert wird. Mitgeschrieben werden darf nichts, nur Stenografen halten die Gespräche für die Nachwelt fest. Die Furcht vor der aggressiven Sowjetunion ist ein durchgehendes Thema Adenauers, der immer wieder die Wachsamkeit, die militärische Stärke und das kulturelle Erbe des Westens als Bollwerk gegen die rote Gefahr anmahnt. Zu diesem Bollwerk gehören die gesunde Familie und die Geburtenziffer. Im Juli 1952 stellt Adenauer in einem der Teegespräche besorgt fest: »In der Zeit, in der hier eine Frau Kinder bekommt, wird die russische Frau Großmutter.« Adenauers Familienminister Franz-Josef Wuermeling geht 1953 noch einen Schritt weiter und erklärt Familien- zur Staats- und Verteidigungspolitik: »Millionen innerlich gesunder Familien mit rechtschaffen erzogenen Kindern sind als Sicherung gegen die drohende Gefahr der kinderreichen Völker des Ostens mindestens so wichtig wie alle militärische Sicherung.«

In den Teegesprächen schwört der Kanzler die Journalisten auf seine Linie ein, er macht sie, wie sich selbst, zu Dienern des Staates, vermittelt ihnen das Gefühl der Exklusivität und Bedeutsamkeit und verführt sie dazu, sich für Staatsmänner der Meinungsbildung zu halten. Die Haltung, die die deutschen Journalisten in erster Linie einnehmen, ist loyal, ergeben, mitunter devot. Was sich in den Teegesprächen ausbildet, ist ein männerdominierter Politikjournalismus, der an seiner eigenen Rehabilitierung ebenso arbeitet wie an der Nobilitierung der männlichen Politik. Frauen mussten da gar nicht bewusst ausgegrenzt werden, man spielte das alte Spiel unter anderen Vorzeichen einfach weiter, Frauen im Parlament und in der politischen Presse waren ohnehin nur Randfiguren.

Viele der Berichterstatter waren in den Journalismus des Nationalsozialismus verstrickt gewesen, und nun bot sich ihnen die Chance, die Demokratie nicht nur zu verteidigen, sondern sich selbst vom Gestern freizuschreiben, indem man daran mitarbeitete, die Männer der Demokratie zu bestätigen und zu befestigen. Marion Gräfin Dönhoff, die Herausgeberin der »Zeit«, hat diese wendigen Journalisten als »Nihilisten mit Bügelfalte« bezeichnet. Den Widerstand, den man gegen Hitler nicht hatte leisten können oder wollen, leistete man nun gegen den Totalitarismus des Ostens und wusste sich darin mit Adenauer einig. Die Männer im Parlament und die Journalisten mit ihnen bildeten vielfach eine maskuline Selbstbeweihräucherungsgesellschaft, in der man sich wechselseitig Unentbehrlichkeit zusprach.

Um nur ein Beispiel zu nennen: Der Chefredakteur der »Süddeutschen Zeitung«, Hermann Proebst, der im »Dritten Reich« menschenverachtende und antisemitische Artikel geschrieben hatte, verfasste 1959 eine hymnische Biografie auf den Bundespräsidenten Heuss. »Die Auszeichnung verdienter Männer – eine der vornehmsten Aufgaben des Bundespräsidenten«, schreibt Proebst. Die Unterschlagung der Frau mag vielleicht kein System haben, aber sie geht in Serie, man stößt überall auf sie. So heißt es in der »Neuen Deutschen Wochenschau« vom 12. Februar 1952: »Das ganze deutsche Volk blickte in den Tagen der Wehrdebatte nach Bonn und auf die Männer, die über sein Schicksal entscheiden.« Obwohl man in der kurzen Szene eine Parlamentarierin sieht, bleibt sie ungenannt.

Dass das »Schicksal« als politische Größe auch 1966 noch en vogue ist, zeigt der folgende Sprechertext der Wochenschau »Zeit unter der Lupe« vom 8. November 1966. Der Bericht über den Bundespresseball streift die Regierungskrise des Kanzlers Ludwig Erhard mit folgendem Kommentar: »Das Schicksal seiner Regierung blieb jedoch auch beim Sekt und heißen Rhythmen vorherrschendes Gesprächsthema.« Im Gespräch sieht man dann ausschließlich Männer, während die Kamera bei den Wörtern »heiße Rhythmen« tief in zwei Dekolletés eintaucht. Ganz ähnlich verfährt die U FA-Wochenschau vom 8. November 1966. Dort heißt es: »Die Präsenz von Damen und dekolletiertem Dekor entschärfte die Diskussionen nur scheinbar.« Auch hier agiert die Kamera als Dekolleté-Späher. Frauen sind lediglich Ornament, Mittel zur atmosphärischen Entkrampfung und Abrüstung der Männer.

Die Wochenschauen der Fünfzigerjahre verloren zwar – je mehr das Fernsehen aufkam und Verbreitung fand – langsam an Bedeutung, doch in der letzten großen Ära des deutschen Kinos besaß die Wochenschau immer noch eine ungemein meinungsbildende Kraft. Da sich die zwei bedeutendsten Wochenschauen zudem in Staatsbesitz befanden – ein Umstand, der vor der Öffentlichkeit geheim gehalten wurde –, waren sie ein hervorragendes Instrument zur Meinungsbeeinflussung für den Patriarchen Adenauer. Kein anderer Politiker war in den Fünfzigerjahren so oft in den Wochenschauen zu sehen wie er. Er wurde – im Gewand der objektiven Nachricht – als souveräner Staatsmann gezeigt, der nicht nur seine Welt, die Bundesrepublik, sondern gleich die ganze Welt zu beherrschen schien. Seine Auslandsreisen kamen zudem dem Unterhaltungsbedürfnis entgegen: Mal erlebt man ihn in New York vor der Skyline, dann sieht man ihn mit der Indianerhaube auf dem Kopf, bald schlendert er durch Paris. Man inthronisierte völlig kritiklos einen Helden und machte ihn mit Worten, Bildern und Musik zu einem großen Führer, konventionelle Erzählmuster, mit denen man schon Hitler glorifiziert hatte. Wie bild- und bewusstseinsprägend die Wochenschau selbst in der Langzeitperspektive wurde, konnte Konrad Adenauer nicht vorhersehen. Zwar wurde die erste Sitzung des Bundestages vom noch ganz jungen Medium Fernsehen übertragen, da es aber noch keine Aufzeichnungsverfahren für Fernsehbilder gab, stützen sich heutige Adenauer-Dokumentationen oder Filme über die Fünfzigerjahre überwiegend auf die 16-mm- oder 35-mm-Filme der Wochenschauen. Es sind daher diese Aufnahmen, die unser Adenauer-Bild weitgehend prägen. Zumal es in den frühen Fernsehredaktionen kaum ein entwickeltes Archivierungsbewusstsein gab, während die Wochenschau systematisch gesammelt und archiviert wurde. Unser Blick auf diese Ära wird also auch heute noch vom Patriarchen selbst gelenkt – und es ist ein Blick, der an Frauen, wenn sie Politikerinnen sind, wenig interessiert ist.

Zunächst bot das Fernsehen, das in den Fünfzigerjahren die Debatten anfänglich live übertrug, auch den Frauen eine Chance, sich ins Bewusstsein der Öffentlichkeit einzuprägen. Die anfängliche Offenheit und Zugänglichkeit des Hohen Hauses für Fernsehkameras wurde aber bald eingeschränkt, weil man um die »Würde« des Parlaments besorgt war, weil man sich unter dauernder Beobachtung fühlte und fürchtete, dass die Abgeordneten nur noch Reden fürs »Schaufenster« hielten. Der Parlamentspräsident Eugen Gerstenmaier sprach daher ab Mitte der Fünfzigerjahre immer häufiger regelrechte Fernsehverbote aus, sodass es aus dieser Phase nur wenig Filmmaterial gibt.

Diese fragmentarische Bildüberlieferung hat zur Folge, dass die Parlamentarierin der Adenauer-Ära eine weitgehend bildlose Frau geblieben ist. Je weiter sich die bundesrepublikanische Öffentlichkeit vom Patriarchen Adenauer entfernte, desto vorherrschender wurde sein Bild, während die Frauen der ersten vier Wahlperioden (1949 bis 1965) immer unsichtbarer wurden. Ihre Existenzen und Identitäten wurden in der sich zunehmend auffächernden Medienöffentlichkeit – 1963 beginnt das ZDF zu senden, es folgen die dritten Programme der ARD – abgeräumt, weil sie ohne Bild in der zunehmend auf Bildpräsenz setzenden Öffentlichkeit keine Anker in die kollektive Erinnerungslandschaft werfen konnten. Herausragende Abgeordnete wie Aenne Brauksiepe (CDU), Elinor Hubert (SPD), Margot Kalinke (DP, später CDU), Irma Keilhack (SPD), Alma Kettig (SPD), Marie-Elisabeth Lüders (FDP), Friedricke Nadig (SPD), Maria Probst (CSU), Luise Rehling (CDU), Marta Schanzenbach (SPD), Louise Schroeder (SPD), Käte Strobel (SPD), Grete Thiele (KPD), Helene Weber (CDU), Helene Wessel (Zentrum) und Jeanette Wolff (SPD) gehören zu dieser unsichtbaren Generation.

Natürlich ist auch der Mann als Hinterbänkler als Individuum bald vergessen, aber als Kollektiv, als Plural, als männlicher Gesamt-MdB schreibt er sich ins Bildgedächtnis ein. Die Frauen der Fünfziger- und Sechzigerjahre hingegen sind in ihren Fraktionen und im Plenarsaal so versprengt, dass auf sie keine Erinnerungstradition gestützt werden kann.

Diese visuelle Leerstelle machte es dann auch späteren Parlamentarierinnen schwer, sich auf Vorgängerinnen und weibliche Vorbilder zu berufen. Die Parlamentarierin hatte noch in den Siebziger- und Achtzigerjahren oft das Gefühl, im Männerbund immer von vorn beginnen zu müssen und wenig auf Traditionslinien setzen zu können. Nur von den späteren Bundesministerinnen Elisabeth Schwarzhaupt (CDU) und Käte Strobel (SPD) gibt es anlässlich ihrer Vereidigungen Filmsequenzen, denen man aber so gut wie nie in aktuellen Dokumentationen über das politische Zeitgeschehen jener Jahre begegnet. Noch 1980 sprach Lenelotte von Bothmer, die von 1969 bis 1980 für die SPD im Bundestag saß, von »Gruppenbildern mit wenigen Damen«, wenn sie über ihre Erfahrungen in Partei und Parlament berichtete.

Diese unsichtbare Generation von Parlamentarierinnen wiederzuentdecken, wäre insgesamt ein Gewinn für eine demokratiemüde oder politikverdrossene Gesellschaft, weil sich hier Menschen trotz größter Hindernisse und Entbehrungen auf einen demokratischen Weg machten, den sie – da dieser Weg noch ganz steinig, nicht kartografiert und ausgetreten war – für uns erst gangbar gemacht haben. Es sind jedoch nicht nur die Bildlosigkeit der Frauen und die Bildfülle der Männer, die diese Wiederentdeckung erschweren. Hinzu kommt, dass wir sie nicht umstandslos als Feministinnen oder emanzipierte Frauen betrachten können, da sie sich selbst oftmals nicht so sahen, selbst wenn sie sich als gleichberechtigt empfanden. Sie sind als bequeme, weil widerspruchsfrei zu konsumierende Heldinnen nicht zu haben.

So ist etwa die CSU-Abgeordnete Maria Probst eine herausragende Politikerin der jungen Bundesrepublik, aber es wäre ihr nie eingefallen, sich als Feministin zu bezeichnen. An ihrer Biografie lässt sich auch studieren, wie die Männer den Frauen Bilder und Symbole verweigerten, mit denen die sich hätten in die Parlaments- und Politikgeschichte einschreiben können. Maria Probst wird 1902 als Maria Mayer in München geboren. Sie ist die Tochter des Zentrum-Abgeordneten im Reichstag, Wilhelm Mayer, und seiner Frau Josefine Mayer, die – mehr wissen wir nicht über sie – die traditionelle Rolle der Hausfrau und Haushaltsvorsteherin übernimmt. Nach der Schule arbeitet Maria Mayer zwei Jahre an der Deutschen Botschaft in Paris, sie beginnt ein Studium und promoviert 1930. Im selben Jahr heiratet sie den Juristen und Regierungsrat Alfons Maria Probst, der für die Bayerische Volkspartei im Landtag sitzt. Als Abgeordneter der BVP wird er von den Nationalsozialisten verfolgt, inhaftiert und mehrfach strafversetzt. Gleich zu Beginn des Krieges wird er eingezogen und fällt kurz vor Kriegsende. Die Nachricht von seinem Tod erreicht seine Frau aber erst 1949.

Maria Probst, Mutter von zwei Töchtern im Alter von vierzehn und vier Jahren, ist nun auf sich allein gestellt, hat keine Wohnung, kein Einkommen. Sie beginnt, als Lehrerin zu arbeiten, wird bayerische Landtagsabgeordnete für die CSU und schließlich 1949 Bundestagsabgeordnete. In einer Wahlkampfveranstaltung führt sie aus: »Meine Frauen, wir haben es erlebt, dass die einseitige männliche Politik eine Quelle des Verderbens ist. Wir stehen heute vor den Ruinen Europas.« Als junge Witwe und alleinerziehende Mutter glaubt sie sich in der Pflicht, soziale Nöte zu lindern. Die Unterrepräsentation von Frauen in den Parlamenten sieht sie vor allem als hausgemacht, die Frauen selbst seien zu passiv. »Der Kampf um die Frauenrechte«, führt sie aus, »ist längst überholt. […] Heute noch einen frauenrechtlerischen Standpunkt einzunehmen und wie die Suffragetten um die Jahrhundertwende Mehltüten auf die Häupter von Ministern und

Parteiführern zu entleeren, das würde lächerlich und komisch wirken, genauso, als wollte einer mit ungeheurer Wucht eine offene Türe einrennen. Die Politik ist heute eine offene Türe für uns, meine Damen.«

Aus dieser wie aus manch anderer Selbstbeschreibung von Politikerinnen jener Jahre klingt die Sorge an, man könnte als lächerliche Suffragette abgestempelt werden, also als historisch erledigte Figur oder als weinerliches Frauenbild, das im harten politischen Geschäft nicht bestehen kann. War das ein Wunsch- oder ein gepanzertes Selbstbild, das für sich selbst in Anspruch nahm, durch jede Tür gehen zu können, auch durch verschlossene?

Wie Männer die Türen zur Politik verschlossen, erlebte beispielsweise die hessische CDU-Abgeordnete Anne Marie Heiler, die ebenfalls 1949 in den Bundestag eingezogen war und sich zum Unmut vieler Kollegen, aber auch konservativer Frauen, für die Abschaffung des Stichentscheids einsetzte. Unter diesem Eindruck schrieb ihr Mann, der Religionswissenschaftler Friedrich Heiler, in einem Brief: »Anne Marie hat in der CDU schwere Kämpfe, da unter dem Druck der katholischen Bischöfe die katholischen CDU-Leute nun stark für das patriarchalische Entscheidungsrecht des Mannes in der Ehe eintreten und die evangelischen CDU-Frauen zu vergewaltigen suchen. Ich bin ja gespannt, wie das weitergehen wird. Helene Weber, die eine fanatische Vorkämpferin dieses männlichen Entscheidungsrechts ist (während sie in Berufsfragen eine Vorkämpferin für das Frauenrecht ist – charakteristisch für eine unverheiratete Frau), suchte überhaupt zu verhindern, dass Anne Marie in der Fraktion und im Bundestag zu dieser Frage spräche … Anne Marie hat es zur Zeit auch sehr schwer in der CDU, da man sie wegen ihrer Gegnerschaft gegen das Patriarchat an die Wand zu drücken sucht. O, die Männer!«

Anne Marie Heiler kandidierte 1953 erneut für den Bundestag, wurde aber wenige Wochen vor der Wahl ohne Begründung vom aussichtsreichen Platz drei auf den aussichtslosen Platz dreizehn versetzt, was einer Abstrafung gleichkam.

Maria Probst hingegen blieb bis zu ihrem frühen Tod Mitglied des Bundestages. Zeitzeugen schildern die Frau mit schmalem Gesicht als äußerst durchsetzungsstark, sie konnte, wenn es sein musste, äußerst robust auftreten. Ihr Engagement galt vor allem jenen Menschen, die an den Kriegsfolgen litten: Alleinerziehende, Kriegsheimkehrer, Versehrte, Witwen, Waisen und Arme. Im Volksmund wurde sie deshalb »Maria Hilf« genannt, die Tausende von Bittgesuchen erhielt und über mehrere Legislaturperioden die Finanzminister mit ihren Forderungen quälte. Im Bundestag trug sie denn auch den Spitznamen »Maria Heimsuchung«; legendär ist ihr Mittagessen mit dem Finanzminister Franz Etzel (CDU), der sich geschworen hatte, ihr kein weiteres Geld zuzusagen, dann aber derart von ihr bearbeitet wurde, dass er die Waffen streckte und den Etat für die Kriegsopfer um eine halbe Milliarde Mark erhöhte. Das sei, sagte Etzel, wohl das »teuerste Mittagessen der Weltgeschichte« gewesen, und Adenauer nannte sie daraufhin »die teuerste Frau des Bundestages«. Als erste Frau überhaupt wurde sie 1965 Vizepräsidentin des Deutschen Bundestages. Walter Henkels hat dazu folgende Szene überliefert: »Adenauer imponiert die Frau. Als er ihr zur Wahl als Vizepräsidentin gratulierte, sagte er ihr, er bewundere sie aufrichtig. Als sie sich erfreut nach dem Grund für diese Bewunderung erkundigte, erwiderte er: ›Weil Sie die Männer gelegentlich verachten, und das mit Recht!‹«

Vielleicht hätte Maria Probst die Männer noch ein bisschen mehr verachtet, wenn sie miterlebt hätte, wie sie sich nach ihrem Tod verhielten. Sie arbeitete, trotz ihrer schweren Krebserkrankung, bis in die letzten Wochen ihres Lebens und starb am 1. Mai 1967. Wegen ihrer großen Verdienste regten Politiker und Freunde ein Staatsbegräbnis an, doch Bundespräsident Heinrich Lübke und Bundestagspräsident Eugen Gerstenmaier lehnten das ohne eingehendere Begründung ab. Daraufhin protestierten zahlreiche Bürger und auch Weggefährten. Als es immer mehr Vorwürfe an die Adresse von Lübke und Gerstenmaier gab, wälzten sie wechselseitig die Verantwortung aufeinander ab.

Auch nach den Trauerfeierlichkeiten hielten die Beschwerden über den respektlosen Umgang an. Annemarie Renger, Liselotte Funcke, Ingeborg Geisendörfer und Marie-Elisabeth Klee schrieben gemeinschaftlich und parteiübergreifend an den Bundestagspräsidenten und forderten Aufklärung: »Mit Befremden haben die Kolleginnen des Deutschen Bundestages zur Kenntnis nehmen müssen, dass für die verstorbene Vizepräsidentin, Frau Dr. Maria Probst, ein Staatsbegräbnis nicht vorgesehen wurde. Wir kennen […] die Maßstäbe nicht, nach denen die Entscheidung gefällt wird, aber wir haben den Eindruck, dass Rang, Arbeitsleistung, Fähigkeiten, Wirksamkeit und die menschlichen Qualitäten von Frau Dr. Probst einem Vergleich mit Männern, denen diese Ehre zuteilwurde, durchaus entsprechen. Ihr erfolgreiches Bemühen um die Versorgung der Kriegsopfer und Hinterbliebenen, ihr Wirken in den europäischen Gremien, ihr weitgespannter politischer Einsatz und die vorbildliche Erfüllung des Vizepräsidentenamtes, dem sie – erstmalig in der Hand einer Frau – in eigener Weise Würde und Stil gab, das alles in einem Zeitraum von zwanzig Jahren unter den besonderen Schwierigkeiten des Beginns, hätte nach unserer Weise die Würdigung in einem Staatsbegräbnis verdient. Die Öffentlichkeit ist nicht leicht geneigt, die politischen Dienste einer Frau gleichrangig zu bewerten, umso mehr sollten diejenigen, die sie beurteilen können, sie anerkennen und sichtbar machen.«

Vielleicht waren der Bundespräsident und der Bundestagspräsident von einer anderen Trauerarbeit zu erschöpft? Maria Probst ist im Schatten eines übermächtigen Mannes aus der Welt gegangen. Elf Tage vor ihr war Konrad Adenauer gestorben, und am 25. April 1967 hatte die Bundesrepublik Abschied von ihm genommen. Eine Trauerfeier wie diese hatte die Bundesrepublik noch nicht gesehen, und es wird keine zweite dieser Art geben, deutsche Seele auf Halbmast. Tatsächlich schien sich ein Land mit allem, was es hat, vor dem Toten zu verneigen: der Rhein trauerumflort, der Kölner Dom eine Grabstele, das Kanzleramt in ein Mausoleum verwandelt, die Starfighter, die über die Flusslandschaft rasten, kondolierten in Formation. Am Fluss standen tattrige Kardinäle und Bischöfe, Ordensschwestern, Kinder, Alt und Jung, Männer in ihren Schützenuniformen, Burschenschaftler im Wichs, Bergleute, Feuerwehrmänner und Polizei, die Kirche, das Heer, die Politik, Staatsmänner von nah und sehr fern, die Wirtschaft. Das Volk, das es eigentlich nicht gibt, weil es in Klassen, Milieus, Schichten, Typen oder Individuen zerfällt, stand jetzt als Volk am Rhein und sah zu, wie der Sarg auf einem Schnellboot der Bundesmarine von Köln nach Rhöndorf gebracht wurde. Millionen saßen vor den Fernsehgeräten, Millionen Hörer an den Radios.

Der Alte lag in einem schlichten Sarg, die Nationalflagge samt Bundesadler bedeckte ihn, nie war seine Macht sichtbarer. Das administrative Genie des Bundeskanzleramtes, Hans Globke, der tief in den Holocaust der Nazis verstrickt war und an der völligen Entrechtung der deutschen Juden mitgearbeitet hatte, hatte die Beerdigung geplant und meisterte auch diese Aufgabe mit Bravour. Als er Adenauers Überführung auf dem Rhein in Szene setzte, stand ihm Churchills Totenfahrt auf der Themse (1965) noch frisch vor Augen. Bundespräsident Lübke, Bundeskanzler Kiesinger und Bundestagspräsident Gerstenmaier hielten Trauerreden, besser: Sie sangen sie mit der ganzen demokratischen Inbrunst, zu der sie fähig waren. Sie sprachen von ihm und meinten auch sich, sie malten sein Bild und stellten sich ins Gemälde, sie beschworen seine Macht, um die ihre zu zeigen. Frauen standen stumm am Ufer und weinten.

Adenauer selbst hatte diesen Mythos zu Lebzeiten geschürt und als Strategie seines Machterhalts genutzt. Bereits 1955 war eine 781 Seiten starke Biografie erschienen, die man ruhig als

Hagiografie, also als Heiligenbild, bezeichnen darf. Die autorisierte Biografie von Paul Weymar inszeniert den Kanzler als die große Wacht am Rhein, als Patriarchen, der das Vaterland vor gottlosem Materialismus und Kommunismus schützt. Dem Buch sind zahlreiche exklusive Fotos beigegeben, die Adenauer erstmals für die Öffentlichkeit zur Verfügung stellte. Sie zeigen auch den privaten Adenauer im Kreis seiner Töchter, mit den Enkelkindern oder als Gärtner. Adenauer, der große Vater für alle.

Wenn Elly Heuss-Knapp das Müttergenesungswerk gegründet hatte, so war es Konrad Adenauer, der den Deutschen das Patriarchen- und Vätergenesungswerk bescherte. Der Alte war der Patriarch schlechthin, und er etablierte eine Familien-, Sozial- und Arbeitsmarktpolitik, die die zu selbstständig gewordene Frau wieder an ihren angestammten Platz in der Familie verwies. Die grauen Männer, die da aus dem Krieg heimkamen, mussten wieder flottgemacht werden, die kontaminierte Maskulinität musste dekontaminiert, also von allen Belastungen gereinigt werden. Adenauers christlich fundierter Konservatismus, seine Leitbilder von Familie, Politik und Arbeit waren die Dekontaminationsschleusen für den allseits beschädigten Mann.

Aber die vielleicht größte Dekontaminationsschleuse war der autoritär regierende Patriarch selbst. Der strenge Vater regierte zunächst mit einer Koalition, deren Parteien erheblich mit nationalsozialistischen Ideen und Akteuren kontaminiert waren, sei es in der CSU, der noch konservativeren Deutschen Partei, der damals noch sehr rechtslastigen FDP oder dem erheblich belasteten Block der Heimatvertriebenen und Entrechteten (BHE). Der Adenauer-Mythos entzog den kleinen Parteien die Wählerschaft und machte sie letztlich überflüssig. Auf der Suche nach Orientierung und Autorität dockten die nun führerlosen, aber führungssuchenden Wähler bei Adenauer an, der 1953 »Wohlstand für alle« versprach und 1957 »Keine Experimente!« forderte. Dass sich die beiden Wahlkampfslogans im Grunde genommen widersprachen, weil der Wohlstand nur durch Modernisierung und Wandel und nicht durch Stillstand zu haben war, wurde erst später sichtbar. Adenauers Kanzlerdemokratie war ein einziges großes Experiment, was aber unter dem restaurativen Familienbild »Der alte Herr im Kreis seiner Familie« verborgen blieb.

Der Triumph des Adenauer-Kults zeigte sich 1957, als die CDU/CSU erstmals und auch bislang zum letzten Mal mit über 50 Prozent Wählerstimmen die absolute Mehrheit erreichte. In diesen Jahren bildete sich nicht nur das hoch integrative Bild von Adenauer als Vaterlandsvater aus, es bildete sich das Bild vom Politiker als zivilem Helden der Demokratie. Zu diesem Helden und seinem Bild gehören der Schreibtisch, der Füllfederhalter, der Bundesadler, das Mikrofon, die Hand, die leutselig winkt oder warnend den Zeigefinger schüttelt. Gegen dieses machtvolle Bilddispositiv des politischen Helden als Mann, als charismatischem Anführer, haben sich seither die Politikerinnen der Bundesrepublik zu behaupten. In seiner Zeit absorbierte Konrad Adenauer alle charismatischen Energien, die man ihm antrug und zusprach, und seither müssen sich Frauen immer wieder die Frage gefallen lassen, ob sie überhaupt charismatisch sein und in die Fußstapfen des großen Alten und seiner Nachfolger, also eines Mannes, treten können.

Im April 1965 ließ sich Adenauer von Oskar Kokoschka malen. Es war ein unverhofftes Vergnügen. Die Männer, der 90-Jährige und der 80-Jährige, fanden Gefallen aneinander, ja, sie befreundeten sich. Der Maler war mit seiner Frau nach Italien gekommen, und hier, in der Villa Collina, ließ sich Adenauer porträtieren. Der Alte stand jeden Tag Modell, drei Wochen lang. Eines Tages, so schildert es seine Sekretärin Anneliese Poppinga, ertönt ein markerschütternder Schrei des Malers. Kokoschka malte in fiebriger Erregung und näherte sich ganz offenbar der Vollendung des Porträts. Die Entourage des Kanzlers versammelte sich um das Bild, und der Maler, immer noch glühend vor Anspannung und Aufregung, gab Hinweise, wie es zu betrachten sei. Die Farben, erklärte der Künstler, würden erst in fünfzig Jahren richtig sein, jetzt könne man das alles noch nicht beurteilen, nur er sehe schon, mit dem Auge des Schöpfers, wie die Farben dereinst wirken würden. Dann stellte er sich in äußerster Konzentration vor sein Bild, so als wolle er hier und jetzt in die Zukunft sehen und die mögliche Wirkung abschätzen. In diesem Moment fällt der Sekretärin auf, dass der Maler leicht schielt, ein Silberblick, als könne er nur durch diese Augenstellung die Zukunft abtasten. Aber warum schielt auch der Bundeskanzler auf Kokoschkas Porträt? In diesem Augenblick wird Poppinga klar: »Er malte nicht nur den Bundeskanzler, er legte auch etwas oder sogar sehr viel von sich selbst in das Bild. Dies geschah gewiss völlig unbewusst. Vielleicht hatte er etwas im Bundeskanzler entdeckt, was auch in ihm war; vielleicht war er durch den Bundeskanzler eines Teiles seiner selbst bewusst geworden.« Auch Poppinga hat Adenauer in zahlreichen Büchern *gemalt*, und ganz sicher hat auch sie etwas in ihn hineingelegt, was sie in sich fand, etwas, was sie suchte und erst in ihm finden konnte. Poppinga, die 29 Jahre alt war, als sie ihre Stellung bei dem 82-jährigen Adenauer antrat, hat nie geheiratet und ein Leben lang in vielfältiger Weise an ihren Adenauer-Bildern gearbeitet. Sie stirbt am 16. April 2015. In ihrer Todesanzeige heißt es: »Anneliese Poppinga stellte ihr Berufsleben ganz in den Dienst des Gründungskanzlers der Bundesrepublik Deutschland, Konrad Adenauer, und hat sich um die Pflege seines Andenkens in herausragender Weise verdient gemacht.«

Fünfzig Jahre später. Erst jetzt, so sah es Kokoschka, leuchten die Farben richtig. Angela Merkel sitzt an ihrem Schreibtisch im Kanzleramt, und hinter ihr hängt Kokoschkas Adenauer-Porträt. Lässt sie ihn in ihr Bild eintreten? Oder tritt sie als Kanzlerin in sein Bild ein? Stellt sie sich in seine Tradition, oder tritt sie selbstbewusst aus seinem Schatten? Hofft sie auf Charisma-Glanz,

macht sie sich zur legitimen Enkelin, oder ist das Porträt ein iro-
nischer Gruß an die Männerpartei CDU, die es Frauen so lange
so schwer gemacht hat? Die Männer in ihrer Partei, ihre Rivalen, haben versucht, dieses Porträt in ihren Besitz zu bringen,
sie wollten sich dem Alten einschreiben und zugleich sein Erbe
antreten – sie haben es nicht geschafft. Dass die CDU 2005 den
Kanzler stellt, hätte Konrad Adenauer vermutlich nicht erstaunt,
dass es eine Kanzlerin ist, sicher schon.

»Was du erbst von deinen Müttern, das musst du bewahren.
Du musst weitermachen, damit es fest ist.«
Ursula Männle

4. Unweiblich

1 Schwester Columba blieb vor ihrem Pult stehen, teilte das blaue Aufsatzheft aus und stieß energisch mit dem Zeigefinger auf das Vorderblatt. »Ursula, Politik ist unweiblich!« Die Schülerin sah zu ihrer Deutschlehrerin auf. »Unweiblich, Ursula, Politik ist unweiblich, das hab ich dir schon so oft gesagt.«

An diese Szene erinnert sich Ursula Männle auf der Suche nach einem Initiationsmoment für ihre politische Laufbahn. Die Schülerin ist eine glühende Anhängerin Konrad Adenauers, und ihr politisches Interesse ist den Schwestern der Klosterschule eher unheimlich. Als Ursula 1964 ihr Abitur macht, schreibt sie im Schulaufsatz über den ein Jahr zuvor ermordeten Kennedy und bekommt eine Eins. Sie ist die einzige Schülerin ihres Jahrgangs, die dieses Abiturthema gewählt hat. Zur Entlassungsfeier gibt man ihr mit auf den Weg: »Werde eine Hamm-Brücher, aber bitte in unserem Sinne!« Politikerin also darf sie werden, aber auf keinen Fall eine Liberale.

2 Das politische Leben der Bonner Republik stockte, als Konrad Adenauer am 19. April 1967 starb. Bundestag und

Kabinett brachen ihre Beratungen ab. Der Landtagswahlkampf in Schleswig-Holstein und Rheinland-Pfalz wurde auf Vereinbarung zwischen den drei Bonner Parteien eingestellt. Die 23-jährige Stipendiatin der Konrad-Adenauer-Stiftung Ursula Männle verfolgt alles am Fernsehgerät. Die Trauerfeier im Dom, die Überführung des Leichnams auf dem Rhein, die Staatsgäste aus aller Welt.

3 »Jung war sie, hübsch, intelligent, das gefiel besonders den Männern in ihrer Partei ausnehmend gut. Schließlich hatte man bis dahin nur die ältere Frauengeneration in den eigenen Reihen gehabt. Und nun kam da mal etwas ›Knuspriges‹. Die Altherrenriege sah's mit Wohlwollen. Umso größer war das Entsetzen im November 1976, als der CSU-Landesvorstand in der bayerischen Hauptstadt München zu einer Tagung zusammenkam. Dieses Mal ging es um Elementares. Die CSU wollte sich aus der Fraktionsgemeinschaft mit der CDU lösen, um als Partei bundesweit antreten zu können. Motor der Trennungsabsichten war kein Geringerer als der Parteivorsitzende Franz Josef Strauß, der die sozialliberale Bundesregierung mit diesem Coup aus den Angeln heben wollte. Und siehe da: Alle Vorstandsmitglieder auf dieser denkwürdigen Sitzung waren für die geplante Abspaltung von den Christdemokraten – bis auf drei, darunter die 32-jährige Nachwuchspolitikerin Ursula Männle, die bis dato doch immer so angenehm aufgefallen war. Der Stern der Ursula Männle, damals wissenschaftliche Assistentin an der Akademie für Politische Bildung in Tutzing, sank plötzlich ganz tief.« (Aus: Sigrid Latka-Jöhring: Frauen in Bonn, 1988)

4 Sie ist eine Sarghüpferin. So nennt man Abgeordnete, die den Platz eines verstorbenen Kollegen einnehmen. Am Ende einer Legislaturperiode ist der Frauenanteil in den Parlamenten immer höher als zu Beginn. Männer sterben, Frauen, die zuvor auf eher aussichtslosen Listenplätzen gelandet waren, rücken nach. Plötzlich und unerwartet kam der Tod für Heinrich Reichold (CSU). Und nur deshalb zog Ursula Männle als vierte Nachrückerin im Oktober 1979 in den Bundestag ein. Die Abgeordnete bilanzierte sarkastisch: »Die Frauen werden nur was über die Leichen der Männer.«

5 Am 24. Januar 1980 hält die Bundestagsabgeordnete Ursula Männle (CSU) ihre erste Bundestagsrede, ihre sogenannte Jungfernrede. Sie hat sich mit Bedacht ein knallrotes Kleid ausgesucht. Die Debatte wird live im Fernsehen übertragen, zwanzig Minuten zur besten Sendezeit. Dieser lebendige Auftritt in einem Heer in Grau erstarrter Herren schadet ihr nicht. Am nächsten Tag liest sie in der »Süddeutschen Zeitung«: »Die Abgeordnete mit dem roten Kleid« habe »witzig und selbstbewusst« gesprochen. Mit dieser Rede katapultiert sich die Hinterbänklerin nach vorn, ins Bewusstsein.

6 *»Wir müssen doch sehen, dass im politischen und im gesellschaftspolitischen Raum, in Parteien, im Parlament, in den Verbänden, in den Vorstandsetagen und in den Aufsichtsräten von Banken, von Unternehmen, aber auch in den Medien die Herren heute ihre Bastionen mit allen Regeln der Kunst und ganz massiv verteidigen.*

Ich möchte dies vorwegstellen und sagen, dass alle traditionellen politischen Parteien mit ihrer hierarchisch strukturierten Welt, mit den Machtstrukturen, aber auch Machterhaltungsstrukturen, die sich gerade heute sehr verfestigt haben – seien wir doch ehrlich –, für uns als Frauen eigentlich nur kleine Nischen lassen: für uns als Proporzfrauen, als Alibifrauen und manchmal als – auch das soll es geben – schmückendes Beiwerk. Aber da merken wir, dass das eigentlich alle betrifft. Das war nie anders. Das war bei den Sozialdemokraten in Kabinetten nicht anders; das ist bei uns in Kabinetten nicht anders; das ist in den Ländern nicht anders. Wohin Sie auch schauen, es sieht gleich aus. Die Grünen haben dieses Prinzip jetzt erstmals durchbrochen. Das ist sicherlich eine Meisterleistung der Taktik.« (Ursula Männle, 67. Sitzung. Bonn, Donnerstag, den 12. April 1984)

7 Franz Josef Strauß, Edmund Stoiber, Horst Seehofer oder Markus Söder: Ursula Männle blieb stets das unbequeme Fragezeichen hinter den lautverstärkten, baumlangen Ausrufezeichen. Ein bayerischer Landesvater hatte zugleich immer auch der stärkste Mann der Welt zu sein. So sprachen sie, so dachten sie. Für ihre Partei war diese Abgeordnete eine untypische Frau: Sie stritt, aber sie baute auch Brücken, sie nahm ihre Ohren mit in den Plenarsaal und hörte auch dann zu, wenn der Redner rot war oder grün. Sie sprach zu allen Seiten und knüpfte Fäden in rechte oder linke Ecken. Sie schreckte auch nicht davor zurück, »rote« Lyrik einzusetzen. So zitiert sie in einer Debatte das Gedicht »Zugeständnis« der Genossin Karin Hempel Soos:

Du hast ja recht
mit Deinen Frauenfragen
Und sicher ist,
Ihr werdet ungerecht behandelt
und alle Tage, alle Nächte
unterdrückt.
Doch sag, mein Kind,
was soll die Rebellion?
Nehmt Eure Weiblichkeit,
setzt Euren Charme ein.
Eure Sanftheit, Eure Liebe,
und alle Welt wird Euch zu Füßen liegen.

Die CDU/CSU-Abgeordneten klatschen ihrer Abgeordneten zu. Aber die wehrt sich, sie will diesen Beifall nicht. Sie will Gleichberechtigung – und Männer, die ein Gedicht zu deuten verstehen.

Ursula Männle (CSU), 1979/80 und 1983 bis 1994
Mitglied des Deutschen Bundestags, von 1994 bis 1998 Bayerische
Staatsministerin für Bundesangelegenheiten, 1995

8 Anke Martiny-Glotz (SPD) attackiert die Abgeordnete Ingrid Roitzsch (CDU) im Bundestag: »*Ach, Frau Roitzsch, Sie sehen ja niedlich aus und tragen das auch nett vor, und Sie haben sicherlich auch keine Schwierigkeiten, das in Ihrer Partei einigermaßen akzeptiert zu bekommen, weil Sie nicht so schrecklich viel Widerstand wecken.*«

Ursula Männle wendet sich daraufhin an die Kollegin von der SPD: »*Herr Präsident! Meine Damen und Herren: Frau Martiny, darf ich ganz kurz auf Sie eingehen. Wenn ich unsere Diskussionen unter den Frauen recht verstehe, wenden wir uns eigentlich immer geschlossen gegen den sogenannten Sexismus. Was Sie gerade eben in der Reaktion auf meine Kollegin getan haben, war auch Sexismus. Ich weiß nicht, ob es sinnvoll ist, dass wir die gleichen Muster übernehmen. Haben Sie nicht gerade in Ihrer Rede die Anpassung an die männlichen Diskussionen, an die männliche Rolle, an männliche Denkmuster ganz gezielt vorgenommen? Bei Ihnen kam mir gerade eben der Eindruck: Ist Gleichberechtigung Gleichstellung mit dem Mann mit all den negativen Aspekten, die wir unter uns Frauen in einer ganz anderen Weise diskutieren? Sie haben hier die Sprache der Männer übernommen. Sie fordern: mehr Frauen in die Parlamente. Richtig. Ich verspreche mir aber durch mehr Frauen in den Parlamenten, durch das eigene Einbringen auch der Frauen eine Änderung im Stil. Das, was Sie gerade eben praktiziert haben, ist keine Stiländerung, sondern die glatte Übernahme dessen, was wir seit fast einhundert Jahren jetzt hier praktizieren und was wir bedauern.*«

(10. Wahlperiode – 181. Sitzung. Bonn, Donnerstag, den 5. Dezember 1985)

9 Mathilde Berghofer-Weichner war 1986 die erste Frau an der Spitze eines bayerischen Ministeriums. Als Edmund Stoiber sie 1993 nicht mehr ins Kabinett berief, weinte sie vor Wut: »Der Ministerpräsident wird schon wissen, ob das gut ist, wenn er keine Ministerin mehr hat.« Für Ursula Männle war die »bayerische Löwin« eine echte Mentorin, die immer wieder darauf hinwies, dass die CSU mehr Frauen fördern müsste. »Kein Mensch«, sagt Ursula Männle und echauffiert sich noch heute darüber, »kein Mensch hat sich über den Stiernacken von Franz Josef Strauß aufgeregt, aber über Frau Berghofer-Weichners Oberweite haben sich die Herren mokiert, das war ein beliebtes Gesprächsthema. Da musste man als Frau dagegenhalten. So sprachen wir etwa auch mit einzelnen Männern der Fraktion, wenn deren Äußerungen oder Zwischenrufe gar zu sexistisch oder nur auf das Aussehen der Frauen bezogen waren. Verwundert stellten die Kollegen fest, dass wir uns auch vor die Kolleginnen anderer Fraktionen stellten – und einige nahmen sich durchaus in ihren Artikulationen zurück.«

10 »Ein weiterer wichtiger Punkt war das Zusammenspiel der frauenpolitischen Sprecherinnen der Fraktionen in einigen frauenrelevanten Fragen. Es begann eher zaghaft. Renate Schmidt (SPD), Waltraud Schoppe (Die Grünen) und ich (CDU/CSU) trafen uns gelegentlich abwechselnd zum Frühstück im Büro, um anstehende Anträge zu beraten und Unterstützungsmöglichkeiten auszuloten. Erst Monate später trafen wir uns auch öffentlich in der Cafeteria oder im Bundestagsrestaurant – wurde doch jede ›Ansammlung‹ von Frauen kritisch beäugt und insbesondere eine fraktionsübergreifende. Natürlich mussten auch die eigenen Frauen überzeugt werden von dieser möglichen Kooperation. Erster Erfolg war eine ›Große Anfrage zu Menschenrechtsverletzungen an Frauen‹, bei der auch die FDP-Frauen mitmachten. Sie wurde im Bundestag öffentlich diskutiert und ein gemeinsamer Entschließungsantrag verabschiedet. Diese Erfolge schmiedeten zusammen und brachten uns bei den Männern Respekt, aber auch Furcht ein.

Manchmal war es durchaus hilfreich, dann in Einzelfragen voneinander abzuweichen – ich habe noch den Satz von Renate Schmidt im Ohr: ›Soll ich Dich mal wieder beschimpfen, damit deine Männer dir wieder vertrauen?‹ (Ursula Männle. In: Außerschulische Bildung, 4/2018)

11 »Später, als ich im Bundestag saß, hab ich Schwester Columba nach Bonn eingeladen. Sie kam dann mit einer Besuchergruppe. Ich begrüßte alle, wir saßen in einem bayerischen Bierkeller, und ich erzählte, wer mein Leben geprägt hätte. Alle schauten mich erwartungsvoll an. Unter uns, sagte ich, sitze eine Frau, die sei schuld daran, dass ich in die Politik gegangen bin, und das sei die Schwester Columba. Alle Köpfe drehten sich zu ihr um. Ich bin aus Trotz in die Politik gegangen, fuhr ich fort, weil sie immer gesagt hatte: ›Politik ist unweiblich!‹ Sie können sich kaum vorstellen, wie erschüttert sie war. Es war ihr überhaupt nicht bewusst, was sie in mir ausgelöst hatte. Sie war wirklich am Boden zerstört. Wir haben uns sehr lange ausgesprochen und richtig miteinander versöhnt, denn ich bin ja durch sie einen guten Weg gegangen. Wir haben bis zu ihrem Lebensende einen freundschaftlichen Kontakt gehalten, und ich habe sie immer mit Bildungsmaterialien aus Bonn versorgt.«

»Guten Tag, meine Damen und Herren,
hier ist wieder der ›Internationale Frühschoppen‹
mit sechs Journalisten aus fünf Ländern.«
Egon Hoegen

5. Der »Internationale Frühschoppen«

Ihre Verlobung hielt sie lange geheim vor ihm. Werner Höfer war ein eifersüchtiger Chef und liebte es nicht, wenn er sich die Aufmerksamkeit seiner Sekretärinnen mit anderen Männern teilen musste. Sie waren doch seine fleißigen Helferinnen, sein Publikum, seine Mitternachtsgesellinnen. Bis tief in die Nacht gab er mitunter den Conférencier, Entertainer und glänzenden Moderator, der es durch seine virtuosen Formulierungskünste vollbrachte, die entferntesten Themen und Sätze glücklich zu verbinden. Ein Monolog von ihm war kein Monolog, sondern ein Geschenk. Und da wollte jemand nicht zuhören? Aus reiner Notwehr erfanden seine Mitarbeiterinnen bisweilen abendliche Frisörtermine oder Familienfeste, um dem Chef und seinen Arien zu entkommen.

Kaum eine andere Fernsehsendung hat die Bundesrepublik so geprägt und geeicht wie der »Internationale Frühschoppen«, der ab dem 6. Januar 1952 zunächst im Radio zu hören und ab dem 30. August 1953 dann auch im Fernsehen zu sehen war. Die sonntägliche Sendung lief bis 1987, und Werner Höfer, der Akrobat der politischen Plauderei, moderierte sie 1.875-mal. Zur tausendsten Sendung stellte sich sogar Willy Brandt zur Gratulation im Studio ein.

Als Werner Höfer es in den Anfangsjahren einmal gewagt hatte, die Sendung aus Urlaubsgründen ausfallen zu lassen, stapelten sich Wäschekörbe voller Protestbriefe. Fortan hielt sich der fanatische Zeitungsleser selbst für unentbehrlich und richtete sich danach. Selbst eine Sturmflut konnte ihn nicht mehr aufhalten. Zwar gelang es der tobenden Nordsee zu verhindern, dass Höfer den samstäglichen Nachtzug von Sylt nach Köln nehmen konnte, aber mundtot ließ er sich nicht machen. Der Fernsehmann stellte sich am Sonntag einfach unerschrocken in eine Telefonzelle auf der Insel und moderierte von dort aus die Sendung. Selbst als Geisterstimme aus dem Off gab er seinen Gästen noch parlierend den Takt vor.

Bereits Ende der Fünfzigerjahre war die Sendung so erfolgreich, dass sich der »Spiegel« mit einer Titelgeschichte an dem Journalisten abarbeitete. Die Hauptvorwürfe waren, dass der Gastgeber der »sechs Journalisten aus fünf Ländern« sich selbst in den Mittelpunkt stelle, zu viel rede, eher seicht plaudere als politisch analysiere, teutonisch-undiplomatisch sei, dass er die Gäste zu Stichwortgebern degradiere, die Themen im rasenden Galopp wechsele und eher mittelmäßige Köpfe einlade, damit sein blank polierter Intellektuellenkopf umso heller strahle. Dass Höfer NSDAP-Mitglied und ein fleißiger Journalist in NS-Gazetten gewesen war, kam nur am Rande vor. Immerhin musste auch der »Spiegel« zugeben, dass der »Internationale Frühschoppen« »ein fester Bestandteil des öffentlichen Lebens in der Bundesrepublik« sei (Spiegel, Nr. 50/1959).

Die Sendung blieb durch die Jahre immer gleich: Zumeist saßen die Herren um einen keilförmigen Tisch, dabei handelte es sich in der Mehrzahl um die Auslandskorrespondenten des Bonner Pressekorps; es überwogen britische, französische und amerikanische Journalisten, auch russische Gäste waren hochwillkommen. Ein Spezialität des Gastgebers war es, den Frost des Kalten Krieges aufzutauen: Solange die Russen und die Amerikaner bei Werner Höfer miteinander sprachen, schossen sie wenigstens nicht aufeinander. Ganze Generationen wurden durch die Sendung sozialisiert, an Politik herangeführt, von ihr abgeschreckt oder für sie begeistert.

In den Fünfziger- und Sechzigerjahren waren Frauen sehr seltene Gäste, und selbst wenn eine vereinzelte Frau unter den Männern saß, sprach der Gastgeber die Runde gerne mit »Meine Herren« an. Ausnahmen von der männlichen Regel waren die Engländerin Hella Pick, Hilde Purwin von der »Neuen Ruhr Zeitung«, die spätere Chefredakteurin des WDR Julia Dingwort-Nusseck und die Publizistin Carola Stern. Im Jahr 1969 beispielsweise lag der Frauenanteil der eingeladenen Journalisten knapp unter fünf Prozent.

Das lag auch daran, dass die Sendung männliche Rituale kopierte: den Stammtisch und den Frühschoppen. Den Journalisten wurde Rheinwein gereicht und im Bedarfsfall reichlich nachgeschenkt. Wie im Gasthaus waren es Schürzen tragende Frauen, die den Herren den Wein servierten. Ein weiteres maskulines Requisit des Stammtisches war die Zigarette, die Pfeife oder die Zigarre. Die Rauchschwaden waren bisweilen so dicht, dass der Gastgeber oder einzelne Gäste für Minuten hinter der blaudunstigen Nebelwand verschwanden.

Auch in den meisten Familien vollzog sich spiegelbildlich der Ausschluss der Frauen aus dem Männerkreis. Während die Männer zu Hause im Fernsehsessel politisierten, sich als imaginäre Gäste fühlten und die Sendung mit Zwischenrufen würzten, standen die Frauen in der Küche und bereiteten das Mittagessen zu. Die Journalistin Renate Faerber-Husemann, die später selbst zu Gast im »Internationalen Frühschoppen« war, erinnert sich daran, wie sie den Polittalk zu Hause erlebte: »Als wir noch kein Fernsehgerät hatten, haben wir den »Internationalen Frühschoppen« im Radio gehört. Und in dieser knappen Stunde mussten wir zu Hause alle still sein, es durfte nicht geredet werden. Und natürlich war es mein Vater, der den »Frühschoppen« gehört hat, nicht meine Mutter, die arbeitete in der Küche, denn gleich nach dem »Frühschoppen« gab es Mittagessen. Als älteste Tochter hab ich manchmal mitgehört, anstatt in der Küche zu helfen. Und nach der Sendung wurde dann beim Mittagessen weiter diskutiert.«

Ganz ähnlich denkt die Grünen-Politikerin Christa Nickels an die Sendung und ihre Bedeutung zurück: »Mein Vater war politisch sehr interessiert, und ich habe mich oft mit ihm, als ich noch sehr jung war, über Politik unterhalten. Und für meinen Vater war der »Internationale Frühschoppen« der Gottesdienst nach dem Gottesdienst. Zunächst einmal war dieser Stammtisch ja ein absoluter Männerraum, jedenfalls erinnere ich nur ganz wenige Frauen, die dort mal zu Gast waren. Und was der Weihrauch in der Katholischen Kirche war, das waren die Pfeifen- und Zigarettenkringel der Herren, die ja offenbar den Eindruck verstärken sollten, dass sie geistreich waren. Man hatte ja den Eindruck – und vermutlich sollte der auch vermittelt werden –, dass diese Herrenrunde eigentlich viel besser wusste, wie Politik zu sein und wie man sie zu machen hätte.«

In den Siebziger- und Achtzigerjahren nahm der Anteil von Journalistinnen zwar deutlich zu, aber die Frau blieb dennoch eine exotische Figur im Männerclub. In doppelter Weise machten diese Erfahrung die indische Journalistin Navina Sundaram und ihre Kollegin Roshan Dhunjibhoy, die eine der seltenen weiblichen Stammgäste wurde. In einem Artikel für die »taz« beschrieb Navina Sundaram, welche Rolle ihr zugewiesen wurde: »Die pakistanische Journalistin Roshan Dhunjibhoy und ich wechselten uns als die vorzeigbaren Repräsentantinnen der anderen Welt ab. Da konnten wir nicht fremd genug aussehen. Ich kann mich erinnern, dass ich grundsätzlich nur in europäischer Kleidung erschien, zur ewigen Enttäuschung des Gastgebers Werner Höfer.«

Oben: Der »Internationale Frühschoppen« mit dem Moderator Werner Höfer (2. v. l.) und seinen Gästen während der 1.500. Sendung am 19.10.1980.

Unten: Mit der pakistanischen Journalistin Roshan Dhunjibhoy

Wenn man über Werner Höfer und seine weiblichen Gäste nachdenkt, muss man einen Augenblick bei Roshan Dhunjibhoy verweilen, denn an ihrer intellektuellen Biografie wird deutlich, was den deutschen Welt- und medialen Frauenbildern damals noch fehlte. Journalistisch lässt sich außerdem kaum ein größerer Gegensatz zum teutonischen Gastgeber denken. Während Höfer ein manischer Zeitungsleser war, das Reisen aber scheute und die Welt von seinem Schreibtisch aus durchdrang, war Roshan Dhunjibhoy eine frühe Kosmopolitin und Globetrotterin.

Geboren wurde sie 1931 in Kalkutta, damals noch Britisch-Indien. Da ihr Großvater einige Jahre in Berlin als Professor für persische Geschichte gearbeitet hatte, besaß ihre Mutter die deutsche Staatsangehörigkeit. Auch die Teilung des indischen Subkontinents 1947 und seine Dekolonialisierung schärfte früh ihren Blick für Nationalismen und Klassengesellschaften. Die junge Frau wird Marxistin und geht zum Studium in die USA. Es ist die Zeit der McCarthy-Ära, die Zeit der Gesinnungsschnüffelei, in der man die »rote Flut« und Unterwanderung fürchtet, in der Kommunisten verfolgt und mit Berufsverboten belegt werden. Diese antikommunistische Hysterie politisiert die junge Frau noch mehr, die schließlich aufgefordert wird, das Land zu verlassen, weil sie als politische Aktivistin unangenehm aufgefallen sei.

Eigentlich will Dhunjibhoy Schauspielerin werden, doch als sie nach Frankreich übersiedelt, studiert sie dort politische Wissenschaften an der Sorbonne. Ihre Vielseitigkeit zeigt sich nicht zuletzt darin, dass sie für ihre Promotion ein literaturgeschichtliches Thema wählt. In Paris beginnt sie ihre Arbeit als Filmemacherin, sie spezialisiert sich auf Dokumentationen aus schwer zugänglichen, medial oft wenig beachteten Ländern in Asien und Afrika. Dabei gilt ihr besonderes Augenmerk Kriegs- und Krisensituationen und der Rolle der Frauen in der Dritten Welt.

Durch diese Arbeiten wird sie auch in Holland und Deutschland bekannt. Da die öffentlich-rechtlichen Sendeanstalten diesen weltläufigen Blick suchen und Roshan Dhunjibhoy als Frau in diesem Feld eine attraktive Anomalie darstellt, zieht sie Anfang der Sechzigerjahre in die Medienstadt Köln. Sie wird zum gern gesehenen und oft eingeladenen Gast im »Internationalen Frühschoppen«. Sie ist meinungsstark, polyglott, sie pflegt wie nur wenige einen globalen Blick und besitzt unbestrittene politische Kompetenz. Als marxistisch geschulte und links denkende Frau aus Pakistan ist sie im deutschen Fernsehen jener Jahre nicht nur eine Exotin, sie ist auch eine lebhafte Gegenspielerin zum liberal-konservativen Gastgeber Höfer. Ihre Widerspruchsfreude ist groß.

Das lässt sich gut an einer Sendung aus dem Jahr 1975 studieren, das von der UNO-Generalversammlung zum »Internationalen Jahr der Frau« ausgerufen wurde. Aus diesem Anlass hatte Werner Höfer seine sonstige Einladungspraxis auf den Kopf gestellt und vier Frauen und nur einen Mann an seinen Stammtisch gerufen. Die Gäste der Sendung waren Julia Dingwort-Nusseck, Helmut Lölhöffel von der »Süddeutschen Zeitung«, Sushilar Nazir, eine indische Journalistin, Els Taverne, eine holländische Kollegin, und eben Roshan Dhunjibhoy. Und wie beginnt der Zeremonienmeister Höfer diese Sendung zum Thema Gleichberechtigung?

Höfer: »Ja, bunte Reihe, das ist auch so ein Urväterausdruck aus dem Wörterbuch des Stammtisches und ist nur noch zu übertreffen von einem anderen Klischeewörtchen, das heißt da wohl ›Hahn im Korb‹ … Es fällt mir schwer, das Wort über die Lippe zu kriegen, das ist die atavistische Vorstellung von Männern dieser kompakten Minorität, wenn sie sich in der charmanten Majorität von Frauen befinden. In dieser Rolle befinden sich ein Mann und noch ein Mann, aber wir werden uns hüten, uns wie Hähne im Korb aufzuführen, uns zu spreizen, es würde uns übel bekommen, weil die vier Damen, die wir eingeladen haben, mit denen wir uns auseinanderzusetzen haben – jetzt will ich das dritte schiefe Bild herunterschlucken, sonst hätt ich es auf der Zunge zu sagen, die haben Haare auf den Zähnen, aber sie wissen, was sie wollen, und das, was sie wollen, das wissen sie auch zu sagen. Ich selber habe mir den heißesten Stuhl ausgesucht zwischen zwei Damen, die aus Indien kommen.«

Man muss nicht besonders sprachsensibel sein, um den performativen Widerspruch zu entdecken: Der Mann will sich nicht wie ein Hahn im Korb spreizen, aber er spreizt sich gleichwohl mit unübersehbarer Begeisterung über sein Sprachvermögen und seine vermeintlich ironische Souveränität. Dabei, das ist hier im Schriftbild kaum zu vermitteln, schmeckt Höfer jedes Wort wie eine besondere Zutat ab, er setzt lange Pausen und spricht mit gutturaler Emphase. Herablassung tönt aus dem Wort »Damen« bzw. der Art und Weise, wie Höfer es einsetzt und rahmt. Es soll galant klingen, tönt aber schlüpfrig, es soll den Gentleman zeigen, markiert aber den Gent. Dass die »Damen« »Haare auf den Zähnen haben«, will er nicht sagen, sagt es dann ironisch abgefedert aber doch – und der »heißeste Stuhl« provoziert unweigerlich sexuelle Assoziationen.

Während Höfer so spricht, lächelt Roshan Dhunjibhoy an der ein oder anderen Stelle vor sich hin, hebt amüsiert die Augenbrauen, sie kennt diesen Mann und sein selbstbezogenes Sprechen. Als der Gastgeber Julia Dingwort-Nusseck an einer Stelle recht barsch unterbricht, weil sie sich skeptisch zeigt gegenüber den Erfolgsaussichten einer UNO-Frauenkonferenz zum Thema »Gleichberechtigung in der Dritten Welt«, wird Dhunjibhoy unruhig.

Höfer: »Aber Frau Dingwort, meinen Sie nicht, dass Frauen wie Sie und die Millionen in Amerika und Europa, die wirklich alles haben, was sie brauchen, auch Selbstbewusstsein, dass es für Frauen in der Dritten Welt, ich sage nicht sogenannten, dass es für diese Frauen doch auch schon etwas ist, wenn die Welt sich mit ihnen beschäftigt. Ist das nicht eine Steigerung ihres Selbstwertes?«

Dhunjibhoy: »Entschuldigung, lieber Herr Höfer, darf ich hier einhaken? Ich finde das ein bisschen hochmütig, was Sie da sagen!«

Höfer: »Männlicher Hochmut oder europäischer Hochmut?«

Dhunjibhoy: »Männlich und eurozentristisch, ich finde das richtig europäisch hochmütig.«

Höfer:«Dann holen Sie mich runter!«

Dhunjibhoy: »Ich probier's. Ich finde, Frau Dingwort-Nusseck und eine ganze Menge anderer Frauen sind wirklich selbstbewusst, aber das ist bei Weitem nicht der große Teil der Frauen in Europa und Amerika. Die sind genauso unterdrückt, nur auf eine ganz andere Weise.«

Höfer: »Frau Dhunjibhoy, für Millionen Männer in diesem Teil der Welt behaupte ich, dass wir nichts mehr wünschen als eine Frau, die nicht nur von Gleichberechtigung schwätzt, sondern sie sich wirklich verschafft.«

Dhunjibhoy: »Aber das ist doch nicht wahr, Herr Höfer!«

Höfer: »Wir wollen doch nicht ausgebeutete, unterdrückte, gedemütigte willenlose Wesen um uns!«

Dhunjibhoy: »Das ist nicht wahr, Herr Höfer, das möchten Sie am liebsten haben.«

Höfer: »Nein!«

Dhunjibhoy: »Jede Frau in jedem Land, das ist auch so in den Ländern, wo die Gleichberechtigung viel weitergegangen ist als in Europa, trifft in ihrem Kreis, ihrer Umgebung auf Schwierigkeiten, […] wenn sie ihren Mann übertrifft oder …«

Höfer: »Na und?«

Dhunjibhoy: »Es gibt kein ›Na und?‹. Es ist sehr schwer, und die Emanzipation der Frau sollte eigentlich mit den Männern anfangen.«

So viel Paroli bekamen Männer Mitte der Siebzigerjahre in politischen Sendungen nur sehr selten geboten. Dass Männer Frauen damals grundsätzlich als exotische Spezies betrachteten, wenn sie sich als Journalistinnen auf das politische Terrain begaben, lässt sich an einer Vielzahl von Biografien ablesen. Eines der bekanntesten Beispiele ist die helle Aufregung um Wibke Bruhns, als sie 1971 als erste Nachrichtensprecherin im deutschen Fernsehen antrat, exakt am 12. Mai 1971 um 22.14 Uhr in der »heute«-Sendung im ZDF. Es hagelte Beschimpfungen, die Zuschauertelefone liefen heiß, es gab wütende Zuschauerpost, in den Leserbriefspalten der Zeitungen wurden Erregung und Ekel ausgedrückt. Es waren auch Frauen, die sich lautstark empörten. Eine Frau solle sich gefälligst um Kinder und Mann kümmern. Eine Frau verstehe rein gar nichts von Politik. Unmögliche Frisur, schreckliche Bluse! Schließen Sie die Bluse! Gott wird die Frauen strafen, die ihren angestammten Platz verlassen! Die Ausrufezeichen hinter solchen Sätzen sahen in diesen Zuschriften aus wie Knüppel.

Auch Karl-Heinz Köpcke, in den Siebzigerjahren »Mr. Tagesschau« und Nachrichtenautorität schlechthin, hielt nichts von Frauen als Nachrichtensprecherinnen: »Eine Nachricht verlangt vom Sprecher sachlich unterkühlte Distanz. Frauen aber sind emotionale Wesen.« In dieser Aussage steckte das noch dominierende Repräsentations- und Verhaltensmuster der öffentlich-rechtlichen Medien: Die Frau galt als unpolitisch, sie war als Gefühlswesen für das politische Geschäft, aber auch dessen Repräsentation ungeeignet; der Sprecher, verfügte ein damaliger »Tagesschau«-Redakteur, müsse eine »Sprechmaschine« sein und sonst nichts.

Wie unsinnig und widerspruchsvoll solche Wesenseinteilungen und Hymnen auf die vermeintliche sachliche Kälte des Mannes waren, bewies der Starkult um den Nachrichtensprecher Köpcke selbst. Als er 1991 starb, widmete der »Spiegel« ihm einen Nachruf: »Bis zu 300 Fanbriefe erhielt der Gentleman mit dem fein gekämmten Toupet am Tag, die meisten von einsamen Frauen, die ihren Seelenschutt bei ihm abluden.« Die Geringschätzung der Frau und Zuschauerin troff auch aus diesen Zeilen.

Auch die Journalistin Sibylle Krause-Burger, die später zahlreiche politische Biografien vorlegte, machte Anfang der Siebzigerjahre demütigende Erfahrungen im politischen Journalismus. Der Ressortchef Innenpolitik der »Stuttgarter Zeitung« herrschte sie an: »Was wollen Sie eigentlich hier? Sie haben doch ein Kind. Gehen Sie nach Hause in Ihre Küche!« Als Krause-Burger 1980 ihre Biografie über Helmut Schmidt veröffentlichen wollte, wehrte sich der Verleger zunächst dagegen, ihren Vornamen auf das Titelbild zu setzen. Er fürchtete, eine Kanzlerbiografie würde nicht gekauft, wenn die Leser entdeckten, dass sie von einer Frau verfasst worden war.

Bis heute haben sich viele solcher Ressentiments und stillschweigenden Vorannahmen gegenüber Frauen in der politischen Arena gehalten. Zu diesen ständig weitergetragenen Ressentiments gehört auch die Ablehnung der weiblichen Stimme im politischen Feld. Die weibliche Stimme, lauten die Verdikte, sei nicht machtgeeignet, sie entbehre der Autorität, sie sei von Emotionen durchtränkt, sie könne nicht führen, sich nicht beherrschen und schlage – wenn es hart auf hart komme – um in Hysterie und Heulerei. Bis heute werden in politischen Fernsehdokumentationen die Texte sehr viel seltener von Frauen gesprochen, weil die Sender und Redaktionen sich lieber auf die Gravität männlicher Sprecher verlassen. Und wenn man den Rücktritt von Andrea Nahles und die Reaktionen darauf betrachtet, kann man sich des Eindrucks kaum erwehren, die Frau hätte sich ins Abseits »gebrüllt«, »gekreischt«, »gesungen« und »gezetert«. In den sozialen Netzwerken werden Häme und Hass über die Politikerin ausgegossen, weil sie sich nicht rollenkonform verhalten und stattdessen versucht hat, auf dem Energie- und Leidenschaftslevel der Männer mitzuspielen. Die gleichen Kritiker, die Angela Merkel ihren wenig nuancierten, kühl wirkenden Sprechstil vorwerfen, verübeln es nun Nahles, dass die sich als Oppositionsführerin von der oft beklagten Leidenschaftslosigkeit der Kanzlerin auch rhetorisch absetzen wollte.

Politische Journalistinnen, die mit ihrer Stimme arbeiten, hatten lange Zeit mit denselben tief wurzelnden Aversionen und Antipathien zu kämpfen. Ada Brandes, die viele Jahre als politische Korrespondentin in Bonn arbeitete, zunächst für Associated Press (AP), dann auch für die »Stuttgarter Zeitung« und den »Kölner Stadtanzeiger«, hat von den anfänglichen Vorbehalten gegen weibliche Stimmen berichtet. Sie bewirbt sich 1969 beim Hessischen Rundfunk, die einen Korrespondenten für das Bonner Studio suchen. Ein Kollege von Ada Brandes stellt einen Kontakt her und reicht für sie die Bewerbungsunterlagen beim Sender ein. Kurz darauf erhält der Kollege einen Anruf vom Hessischen Rundfunk. Ja, die Arbeitsproben seien ja sehr vielversprechend und verheißungsvoll, der Herr möge sich doch einmal persönlich vorstellen. Daraufhin muss der Vermittler erwidern: »Es handelt sich nicht um einen Herrn, sondern um eine Kollegin!« Es folgt ein entsetzter Aufschrei am anderen Ende der Leitung: »Wir machen Politik! Wir können doch unseren Hörern keine Frauenstimme in einem politischen Kommentar zumuten!«

Auch im Bonner Büro von AP ist man zunächst nicht begeistert, dass eine Kollegin aus Berlin die Redaktion verstärken soll. Der damalige Redaktionsleiter knurrt abweisend: »Mer wollen keene Weiber in Bonn.« Doch trotz dieser ablehnenden Haltung wechselt Ada Brandes an den Rhein und ist fasziniert von der euphorischen Reformstimmung der sozialliberalen Koalition unter Willy Brandt. Sie lässt sich auch im Alltag von anfänglicher diskriminierender Geringschätzung nicht abschrecken: »Wenn jemand in der Redaktion anrief – wir hatten keinen Empfang, daher landeten die gleich bei den Redakteuren – und ich mich meldete, hieß es immer: ›Kann ich mal bitte einen Ihrer Herren sprechen?‹ Dann antwortete ich: ›Worum geht es denn? Sie sind mit der Redaktion verbunden.‹ Der Anrufer: ›Ich möchte einen Ihrer Herren sprechen!‹ Dann musste ich dem erst mal darlegen, dass ich Redakteurin bin. Manche haben dann tatsächlich aufgelegt.«

Auch die Publizistin Carola Stern, die Anfang 1970 beim WDR arbeitete, erlebte Diskrimierendes: »Von bestimmten Tätigkeiten im WDR blieben Frauen auch weiterhin ausgeschlossen. Der Leiter der Nachrichtenabteilung ließ uns wissen, eine von ihm in Auftrag gegebene wissenschaftliche Untersuchung habe einwandfrei ergeben, dass die weibliche Stimme für das Nachrichtensprechen ungeeignet sei. Der Leiter des populären Mittagsmagazins weigerte sich, in das Team der Moderatoren auch eine Kollegin aufzunehmen. Das änderte sich erst 1986.«

Einzelne Journalistinnen erfuhren im persönlichen Umfeld viel Wertschätzung und Anerkennung, doch das grundlegende Misstrauen gegen Frauen auf diesem Feld blieb in der Gesellschaft noch viele Jahre erhalten und führte dazu, dass Frauen hier bis heute unterrepräsentiert sind. Durch prominente TV-Journalistinnen wie Anne Will, Caren Miosga, Marietta Slomka, Maybrit Illner, Dunja Hayali und Sandra Maischberger im Bereich der prominent platzierten Polittalkshow wird dieser Mangel lediglich verdeckt.

Werner Höfers »Internationaler Frühschoppen« war die Mutter aller heutigen politischen Talkshows, denn ihm gelang es über drei Jahrzehnte, politische Konflikte in ein unterhaltendes Körper-, Köpfe- und Sprechschauspiel zu übersetzen. Im Zentrum der Macht saß er und beanspruchte nach zeitgenössischen Messungen etwa ein Drittel der Redezeit für sich. Was Höfer vollführte, war eine Rehabilitation der Deutschen am Tisch der Besatzungsmächte; so wie Konrad Adenauer 1949 auf dem Petersberg gegen das Protokoll verstieß und sich zu den Hohen Kommissaren auf den Teppich stellte, so thronte Höfer inmitten der alliierten Journalisten und gab den politischen Lehrmeister. Er antizipierte sprachlich und symbolisch die Souveränität der Deutschen und gab dem Zuschauer das Gefühl, erst durch deutsche Brillen könne die Welt wirklich begriffen werden. Da nicht alle seine Gäste ein fließendes, fehlerfreies Deutsch sprachen und man dem Gastgeber ohnehin zumeist höflich die Steuerung überließ, fiel es Höfer zumeist nicht schwer, die Deutungshoheit zu behalten. Seine bisweilen umständlichen, selbstverliebten Sprachgirlanden wurden von den Zuschauern goutiert, von den Gästen jedoch bisweilen nicht verstanden.

Nicht zuletzt deshalb war der »Internationale Frühschoppen« von einer eigentümlichen Ambivalenz geprägt: Er machte das deutsche Publikum mit der Welt und internationalen Konflikten bekannt, er öffnete ein Fenster nach außen – und zugleich schien der Gastgeber die ganze Welt jederzeit aus dem Ärmel schütteln zu können, was ein kulturelles Überlegenheitsempfinden etablierte. Höfer politisierte, interessierte für Politik, nahm den Konflikten aber die Spitze (durch Wein und harmoniesüchtige Formulierungen), wenn das muntere Gespräch den kameradschaftlich-geselligen Ton zu verlassen drohte. Für den Gastgeber war es leichter, Männer in die Kameraderie einzubeziehen. Den meisten Frauen gegenüber nahm Höfer eine joviale, bisweilen galante Haltung ein; wenn sie aber aufmüpfigere Töne hören ließen, wurden sie seltener in das Gespräch einbezogen oder aber geschulmeistert. Er blieb immer der Patriarch, Gottvater.

Der unfreiwillige Abgang Werner Höfers und das Ende der Sendung kamen 1987. Dass der Talkmaster ein viel beschäftigter Feuilletonist in Nazizeitungen gewesen war, wusste man schon lange. Auch dass er am 15. September 1943 im »12-Uhr-Blatt« die Hinrichtung des 27-jährigen Pianisten Karlrobert Kreiten wegen »Feindbegünstigung« und »Wehrkraftzersetzung« begrüßt hatte. Nun griff der »Spiegel« den Fall noch einmal auf und nannte Höfer einen »Schreibtischtäter«. Diesmal konnte sich der Starjournalist nicht mehr herausreden und wie so oft behaupten, man habe ihm die Passage in den Text hineingeschrieben.

Werner Höfer wäre gerne mit einem Glas Wein in der Hand während der Sendung gestorben. Dieser Wunsch blieb unerfüllt.

Aber wie endete die Sendung aus dem Jahr 1975 zum Thema Gleichberechtigung?

Julia Dingwort-Nusseck: »Selbstbewusste Männer sind diejenigen, die keine Angst vor emanzipierten Frauen haben.«

Werner Höfer: »Das ist ein Wort an mich, denn das Meinige hat etwas gelitten in den letzten 43 Minuten. Ich werde es mit einem männlichen Schluck wieder aufzufrischen versuchen, aber da entdecke ich mich schon wieder bei konventionellen Atavismen. War das nicht früher so in den feinen bürgerlichen Kreisen, dass ein Mann geziemend auf eine Dame trank, und die musste dann züchtig unter sich blicken und durfte dem Mann nicht ins Auge und schon gar nicht ins Glas blicken? (An dieser Stelle blickt Höfer Roshan Dhunjibhoy lange an.) Vielleicht können wir jetzt mal die Sitte einführen, emanzipiert, wie wir sind, und gleichberechtigt, wie wir zu sein haben, dass wir nicht auf jemanden trinken, sondern miteinander trinken, auf das Jahr des Menschen!«

Höfer hebt das Glas, die anderen folgen.

6. Die Hose

Der Zug war pünktlich. Die Dame sitzt im Intercity »Walhalla«, wie so oft in den letzten elf Jahren. Von Hannover nach Bonn, das ist ihre Strecke. Sie hat nur wenig Gepäck, ein kleiner brauner Koffer, eine schwarze Aktentasche. Dem Schaffner zeigt sie ihren Abgeordnetenausweis. Der Bart unter der blauen Mütze nickt. Sie ist bonnmüde, parteimüde, fraktionsmüde, sie ist Mitglied des Deutschen Bundestages, sie fährt ein letztes Mal auf diesem Ticket ins Provisorium. Sie ist 65 Jahre alt, seit 22 Jahren Mitglied in der SPD und doch nie ganz angekommen in dieser Partei und ihren Ritualen. Es ist ihre letzte Sitzungswoche vor der Sommerpause. Sommer 1980. Helmut Schmidt und Franz Josef Strauß werden sich in diesem Wahlkampf duellieren, beleidigen, verletzen, herabsetzen. Es wird nicht mehr ihr Wahlkampf sein, sie macht Schluss. Stattdessen wird sie ihr Büro im 16. Stock des »Langen Eugen« ausräumen, sie wird sich von allen verabschieden und am Ende dieser Woche ihr möbliertes Appartement verlassen und ein letztes Mal die Tür hinter sich zuziehen.

Die Hose, genauer gesagt der Hosenanzug, ist Lenelotte von Bothmers Markenzeichen geblieben. Sie hatte befürchtet, dass es so kommen würde, sie hat recht behalten. Hätte sie 1970 mit dem Hosenanzug im Parlament nicht Aufsehen erregt, wäre sie heute weitgehend vergessen, eine Hinterbänklerin, die unendlich fleißig ihre Themen bearbeitete, die bis tief in die Nacht Akten studierte, sich Sachkenntnis erwarb, aber nie ein Spitzenamt innehatte, nie eine bedeutende Entscheidung lenkte, auf kein Gesetz nachweisbaren Einfluss nahm, was nicht heißt, sie hätte nichts Gutes bewirkt, sie hätte nicht versucht, Menschen in aller Welt zu helfen.

In dieser letzten Woche im Sommer 1980 begleitet sie ein Fernsehteam. Das passt so gar nicht zu ihr, sie ist keine laute Frau, sie drängt nicht nach vorn. Vielleicht haben die Fernsehleute gerade das gesucht. Ihre Bilanzen sind melancholisch. Wir sehen sie in ihrem Büro, in ihrem Appartement und im Plenarsaal. Der Bundesadler ist von einem Baugerüst verdeckt. Wie oft sie denn im Bundestag gesprochen habe? Sie überlegt. Drei- oder viermal in elf Jahren. Ob sie frustriert sei? Ja, das könne man wohl sagen, aber das gehe wohl den meisten Parlamentariern so. In der nächsten Szene steht sie im leeren Fraktionssaal ihrer Partei. Von der Wand blicken strenge Herren in Schwarz-Weiß: Kurt Schumacher, Erich Ollenhauer, Fritz Erler, Helmut Schmidt, die ehemaligen Fraktionsvorsitzenden.

Welche Rolle spielen Frauen in der Bonner Politik, wird sie gefragt. »Frauen spielen eine Rolle, wenn sie sich eingeordnet haben, wenn sie sich eingefügt haben, wenn sie über das normal menschliche Maß an Loyalität hinaus dem Fraktionsvorstand sehr, sehr loyal sind.« Eine laute Frau ist Lenelotte von Bothmer nie gewesen, aber eben auch keine Leisetreterin. Mehrfach stimmte sie gegen den verordneten Fraktionswillen, so etwa beim Kontaktsperregesetz, mit dem 1977 die Kontaktsperre für die in Stammheim einsitzenden RAF-Häftlinge nachträglich legalisiert werden sollte, oder beim Radikalenerlass. Sie blieb unbequem und saß oft zwischen den Stühlen. In der Partei war sie auf dem linken Flügel zu finden, die rechten Kanalarbeiter waren ihr zu autoritär, Verwalter des Bestehenden, Skat dreschende Anwälte der Macht, folgsame Soldaten. Sie leistete sich einen eigenen Kopf.

Als sie 1969 hoffnungsvoll in den Bundestag einzieht, liegt eine mühevolle Postenkletterei hinter ihr. Lenelotte von Bothmer, Jahrgang 1915, hat sechs Kinder und erst mal wenig mit Politik am Hut. Als ihr Mann in den Fünfzigerjahren in die SPD eintritt, nimmt sie Tuchfühlung mit der ihr fremden Sphäre auf. Bei einer Veranstaltung ist sie derart berührt von älteren Arbeiterinnen, die in der Frauenbewegung aktiv waren, dass sie spontan in die Partei eintritt. Sie engagiert sich zunächst im Ortsverein, wird in den Vorstand des Unterbezirks gewählt, 1964 in den Vorstand des Bezirks und wird schließlich 1966 Landtagsabgeordnete in Niedersachsen. Damals sind in ihrer Fraktion 73 Männer und drei Frauen. Weil sie auf der Landesliste weit hinten liegt, rückt sie erst in den Landtag nach, als andere Kollegen wegziehen oder sterben. Ein Genosse klärt die junge Nachrückerin auf: »Ihr Frauen seid eben Sargspringer!« Dieses Schicksal teilt sie mit vielen Frauen, die auf meist aussichtslose Listenplätze abgeschoben werden.

Auf ihrem Weg ins Parlament macht sie immer wieder die Erfahrung, dass Kandidatinnen von den Männern regelrecht auseinandergenommen werden. Ist sie nicht zu alt? Oder zu jung? Ist sie nicht zu hübsch? Ist sie hübsch genug? Warum ist sie nicht bei den Kindern? Ist sie klug? Ist sie vielleicht zu klug? Ist sie etwa unverheiratet? Geht sie auf Männerfang aus? Ist sie so frustriert, dass sie in die Politik gehen muss? Welche Qualifikationen bringt sie überhaupt mit? Nimmt sie nicht dem verdienten Genossen MüllerHuberSchmidt den Platz weg? Männer beziehen sich auf Männer, Männer stimmen für Männer, niemand muss ihnen die Solidarität der Geschlechtsgenossenschaft beibringen. Auch Lenelotte von Bothmer registriert, dass sie in einer maskulinen Machtlandschaft aufgewachsen ist, einer Erinnerungslandschaft, die von männlichen Ikonen und Symbolen jenseits des Parlaments regiert wird. In einer biografischen Skizze für das Buch »Frauen ins Parlament?« schreibt sie 1976: »Und das war immer so: Bronzene und steinerne Herren auf hohen Denkmalsockeln in jeder Stadt machen das schon den Kindern deutlich. Der mutige Blick in die Ferne, der unerschrockene Schritt bis zur Vorderkante des Steines, die entfaltete Papierrolle in der Hand, alles das zeigt, wie ein Mann aussieht, der für das Allgemeinwohl gewagt und gewirkt hat. Und Lesebuchgeschichten haben uns schon früh darüber aufgeklärt, was männlicher Mut, männliche Kühnheit und Entschlossenheit für uns, für unser Leben getan haben. Diese Männer sind Beispiel und Vorbild.«

Als Lenelotte von Bothmer 1969 in den Bundestag gewählt wird, beträgt der Frauenanteil im Parlament 6,6 Prozent, das sind 34 von 518 Abgeordneten; bei der Bundestagswahl 1972, der sogenannten »Willy-Wahl«, wird dieses beschämende Ergebnis sogar noch einmal »überboten«, denn mit 5,8 Prozent Frauenanteil ist das der niedrigste Anteil in einem deutschen Parlament seit der Einführung des Frauenwahlrechts 1919.

Es ist übrigens das erste Mal in der Geschichte der Bundesrepublik, dass mehr Frauen SPD wählen als CDU, denn bis dahin hatten die Wählerinnen mit deutlicher Mehrheit für die konservativen Parteien gestimmt. Aber diese Fraueneuphorie, die überwiegend auf den charismatischen Kandidaten Willy Brandt zurückzuführen ist, schlägt sich kaum in der Fraktion der SPD, der Programmatik oder im Personaltableau der Regierung nieder. Mit Käte Strobel als Ministerin für Jugend, Familie und Gesundheit findet sich lediglich eine Ministerin im Kabinett von Willy Brandt, der zwar »Mehr Demokratie!«, aber offenbar doch nicht »Mehr Frau!« wagen konnte. Immerhin wird im Dezember 1972 mit Annemarie Renger (SPD) das erste Mal eine Frau zur Bundestagspräsidentin gewählt. Doch ist das wirklich eine frauenpolitisch bedeutsame Etappe? Manche Kritiker sehen darin nur ein Machtmanöver, bei dem die murrenden Frauen mit einem repräsentativen Amt ruhiggestellt werden. Andere sehen Rengers Amtsantritt, die früher als »Miss Bundestag« tituliert wurde, durchaus als Etappe der Emanzipation, die deutlich macht, wie männerfixiert die Politik noch ist.

Das lässt sich auch am publizistischen Echo ablesen. Der »Tagesspiegel« gibt sich besorgt: »Die jugendlich wirkende Fünfzigerin mit dem hellen Blondhaar und der schlanken Figur ist immer noch eine auffallende Erscheinung. Das wird ihr sicherlich auch im Scheinwerferlicht der Parlamentsbühne zugutekommen. Aber wird nicht die Emanzipation in ihr Gegenteil verkehrt, wenn die Zugehörigkeit zum schwachen Geschlecht und nicht Gesichtspunkte der fachlichen Leistungsfähigkeit in den Vordergrund rücken?« Auch die »FAZ« verbirgt frauenfeindliche Ressentiments hinter parlamentarisch-publizistischer Vormundschaft: »Frau Renger hat den unschätzbaren Vorteil, dass sie gut aussieht. Aber eine Kapazität, was das Geschäft der Repräsentanz des Parlaments und die Handhabe der Geschäftsordnung angeht, kann Frau Renger wohl kaum sein.« Lenelotte von Bothmer selbst sieht die Besetzung des Präsidentenamtes kritisch, jedoch nicht, weil sie es ihrer Kollegin nicht zutraut. Vielmehr sieht sie darin einen strategischen Schachzug der Männer, um die aufstrebenden Frauen mit einem repräsentativen, aber letztlich machtlosen Posten abzuspeisen.

Obwohl Annemarie Renger (Jahrgang 1919) und Lenelotte von Bothmer (Jahrgang 1915) einer Generation angehören, unterscheiden sie sich fundamental in ihren politisch-biografischen Prägungen. Während Renger aus altem SPD-Adel stammt und in die SPD hineingeboren wurde, stößt von Bothmer erst spät zur Partei, sie ist eine »gelernte Genossin«. Renger ist rechts, von Bothmer links, Renger stammt aus einem proletarischen, von Bothmer aus einem bürgerlichen Elternhaus, Renger ist den Parteimännern gegenüber absolut loyal, von Bothmer probt den Aufstand, Renger hat die Partei als Über-Ich gleichsam verinnerlicht, von Bothmer ist Genossin auf Distanz.

Annemarie Rengers Parteimentalität, überhaupt die Stellung der Frau in den Fünfzigerjahren, lässt sich anschaulich an einem Bild studieren: Als sich der erste Bundestag am 12. September 1949 konstituierte, war es sie, die den Oppositionsführer Kurt Schumacher, der schwer von seiner KZ-Haft gezeichnet war, auf dem Weg ins Bundeshaus stützte. Ein ikonisches Bild der jungen Bundesrepublik. Der Mann: einarmig, beinamputiert, ausgemergelt. Die Frau: jung, stark, fürsorgliche Begleiterin. Ihre Schulter seine »zweite Hälfte«.

Renger hatte den legendären Parteiführer schon aus der Ferne bewundert und sich ihm verpflichtet. Als Mitarbeiterin, als Gefährtin. Nach Schumachers frühem Tod 1953 wurde sie Bundestagsabgeordnete und machte den steinig-schmerzlichen Weg der SPD von der Arbeiter- zur Volkspartei mit. Sie erlebte die unversöhnliche Feindschaft der Lager in der Adenauer-Ära und war die gute und treue Kameradin der Genossen auf dem Weg zur Macht. Um dieses Ziel zu erreichen, um die SPD in Regierungsverantwortung zu bringen, musste die Partei alle marxistischen Ideen abstreifen, das war wie eine Häutung bei lebendigem Leib. Und nun kamen die Achtundsechziger in die Partei, Jusos, Progressive, bürgerliche Salonsozialisten und Feministinnen, alles Schreckgespenster der Realpolitik, und gefährdeten die Macht.

Lenelotte von Bothmer war keine Marxistin, keine Traumtänzerin, aber sie zählte doch zum progressiven Lager. Sie hatte sich schon an den sturköpfigen Genossen in Niedersachsen und ihrem autoritären Gebaren gerieben, jetzt, 1969, sah sie sich ähnlicher Erstarrung in der Bundestagsfraktion, überhaupt im Parlament, gegenüber. Vielleicht wurde sie deshalb zur textilen Rebellin, vielleicht hat Liselotte Funcke (FDP) sie deshalb ausgewählt. Der CSU-Abgeordnete Dr. Richard Jaeger, Vizepräsident des Bundestages, hatte mehrfach verlauten lassen, er werde keine Frau mit Hose im Bundestag dulden, erst recht keine Frau in

Hose am Rednerpult. So eine Aufrührerin würde sofort des Saales verwiesen. Jaeger, der als »CSU-Ultra« und »Scharfmacher« galt, hatte als Befürworter der Todesstrafe von Herbert Wehner den Spitznamen »Kopf-ab-Jaeger« verpasst bekommen, ein Etikett, das er nicht mehr loswurde. Als Verteidiger eines reaktionären Weltbildes präsentierte sich der frühere SA-Mann auch in der Hosenfrage. Die Hose, argumentierte er, beschädige die Würde des Hohen Hauses und verletze den gebotenen Anstand. Liselotte Funcke fand Jaegers Standpunkt empörend und bat Lenelotte von Bothmer stellvertretend für alle Frauen um einen Rebellendienst: Sie solle die erste Hosenträgerin im Parlament sein.

Lenelotte von Bothmer, die nie Hosen trug und auch gar keine besaß, akzeptierte den Auftrag, da ein lächerlicher Zopf einfach abgeschnitten gehört. Sie kaufte sich einen eleganten hellen Hosenanzug, ein »ausgesprochen züchtiges Kleidungsstück«, so von Bothmer, und erschien damit am 15. April 1970 im Plenum. Da sie an diesem Tag aber keine Rede hielt, musste sich Jaeger damit begnügen, ein grimmiges Missbilligungsgesicht aufzusetzen.

Am 14. Oktober 1970 folgte dann der zweite Akt: Die Hosenträgerin von Bothmer trat ans Pult und hielt eine Rede zur Bildungspolitik, zugleich ihre erste Rede im Parlament. »Der ganze Saal geriet in Bewegung, fröhliche Zurufe und Lachen in allen Reihen. Vom Balkon herunter richteten sich die Kameras der Presse auf mich.« Der CDU-Abgeordnete Berthold Martin ruft belustigt: »Die erste Hose am Pult!« und versucht, die Rednerin durch zahlreiche Zwischenrufe aus dem Konzept zu bringen. Man möge doch, krakeelt er dazwischen, das Licht ausmachen! Vizepräsident Jaeger, der an diesem Tag vorsitzt, hat kapituliert, allerdings verzichtet er darauf – wie sonst guter parlamentarischer Brauch –, der Rednerin zu ihrer ersten Rede im Plenum zu gratulieren. Abends wird der Hosenanzug in den Nachrichten mit einem Schmunzeln erwähnt.

Doch damit war die Affäre keineswegs ausgestanden. Die Abgeordnete erhält eine Flut von Briefen, es gibt durchaus anerkennende Stimmen, Gratulationen, aber vor allem jede Menge Beschimpfungen und Drohungen. »Sie sind ein unanständiges, würdeloses Weib!« – »Sie sind eine ganz disziplinlose Person! Hoffentlich werden wir Sie im nächsten Bundestag nicht mehr sehen.« – »Eine Dame sind Sie nicht!« – »Armes Deutschland! So tief bist du gesunken mit den roten Parteiweibern.« Einer knallt nur drei Worte auf die Postkarte: »Sie Schwein Sie!« Und ein strenger Sittenwächter fürchtet: »Nächstens kommen Sie wohl oben ohne!« Lenelotte von Bothmer kehrte zu ihren gewohnten Kleidern und Kostümen zurück, der Hosenbann war auf jeden Fall gebrochen.

Sehr viel schwieriger waren die innerparteilichen Konflikte mit den Genossinnen zu bewältigen. In der größten SPD-Fraktion, die jemals im Bundestag saß, gab es lediglich dreizehn Frauen, doch das führte keineswegs zu fraulicher Geschlossenheit. Über die Arbeitsgemeinschaft Sozialdemokratischer Frauen (ASF) machten sich die Genossen gerne lustig und bezeichneten sie als »Hühnerhaufen«, in dem zwar viel gegackert, aber nur kopflos hin und her gerannt würde. Frau war sich maximal uneins, weil in der kleinen Gruppe zu viele gesellschaftliche Identitätskämpfe und Konflikte stellvertretend repräsentiert und ausgetragen werden mussten.

Lenelotte von Bothmer bewarb sich 1973 um den Vorsitz der ASF, der erstmals gewählt und nicht wie sonst vom Parteivorstand ernannt werden sollte. Ihre Gegenspielerin war Annemarie Renger, die die amtierende Vorsitzende Elfriede Eilers favorisierte. Im Vorfeld der Wahl galt von Bothmer als Favoritin, doch als die Parteilinke ihr die Unterstützung entzog und für Herta Däubler-Gmelin stimmen wollte, zog sie ihre Kandidatur zurück.

Doch auch die junge Däubler-Gmelin passte dem Establishment nicht, und so setzte sich schließlich wieder Elfriede Eilers durch, eine – wie sie selbst scherzhaft meinte – »Mutti aus dem

Lenelotte von Bothmer (SPD) im Bundestag, 1970

Ruhrgebiet«. Hinter den Konflikten schwärten Macht- und Identitätsfragen. Nach den Wahlsiegen 1969 und 1972 wollte die SPD »mehr Demokratie« wagen, was natürlich auch seinen Niederschlag im Ehe- und Familienrecht finden sollte. Ehefrauen sollten zukünftig auch ohne die förmliche Zustimmung ihres Mannes arbeiten dürfen, das Zerrüttungsprinzip sollte bei Ehescheidungen das alte Schuldprinzip ersetzen, der Paragraf 218 sollte reformiert und der Stichentscheid des Vaters in Erziehungsfragen endlich abgeschafft werden. In diesen Fragen bestand bei allen Frauen in der Partei weitgehend Einigkeit.

Doch die jüngeren Politikerinnen wollten das Verhältnis von Mann und Frau, Frau und Arbeit und Frau und Familie radikal neu denken, um das Patriarchat endlich in seinen Grundfesten zu erschüttern. Durch diesen revolutionären Anspruch sah die Parteispitze zukünftige Wahlerfolge gefährdet. Man fürchtete, der CDU dadurch zu viel frauenpolitischen Sprengstoff in die Hand zu geben, mit dem die SPD als Familien zerstörende Partei dargestellt werden könnte. Während die jüngeren SPD-Abgeordneten das Modell der »Hausfrauenehe« als frauenfeindlichen Käfig betrachteten und neue Lebens- und Arbeitsformen entwickeln wollten, fürchteten die älteren Politikerinnen, derart radikale Denkansätze würden Wählerinnen und Wähler verschrecken. Die etablierten Frauen wie Annemarie Renger warfen den jüngeren Frauen vor, das politische Geschäft des Gegners zu betreiben, und die Jüngeren hielten dagegen, die Etablierten seien aus eigensüchtigem Machtinteresse willfährige Handlangerinnen der mächtigen Männer. Politikerinnen wie Annemarie Renger fanden: Wir haben als Frauen doch schon verdammt viel erreicht. Die Jüngeren meinten: Es gibt verdammt viel, was wir noch nicht erreicht haben. Während die Jungen sich vom Elan der neuen Frauenbewegung anstecken ließen, war den Älteren diese Art von kämpferischem Feminismus äußerst suspekt.

Und die neue Frauenbewegung selbst? Viele ihrer Vertreterinnen betrachteten die Parlamentarierinnen als Gefangene eines autoritären Systems, angepasste, dressierte Frauen, unmündig im Hohen Haus des Mannes. Barbelies Wiegmann, frauenbewegte Rechtsanwältin und Mitinitiatorin der autonomen Frauengruppe »Frauenforum Bonn«, erinnert sich: »In den Jahren 1974 bis 1976 hielt ich der Arbeitsgemeinschaft Sozialdemokratischer Frauen Vorträge über Feminismus. Bei Worten wie ›Patriarchat‹ und ›Frauenunterdrückung‹ lief den Genossinnen die Gänsehaut über den Rücken. Die eigenen Genossen konnten doch nicht damit gemeint sein, ihre Kampfgefährten seit alters her. Besonders bei diesen Frauen sträubte sich alles gegen die feministische Vorstellung: Der Mann im Patriarchat – und sei er noch so liebenswert – ist für die Frau auch politischer Gegner.«

Dieser homogenisierende Blick der Frauen von außen übersah das komplizierte Innenleben des Parlamentarismus, die Fraktionsbildungen im Lager der Frauen und deren ganz unterschiedliche Biografien. Auf Annemarie Renger, die Kameradin, mochte diese feministische Einschätzung halbwegs zutreffen, aber auf Lenelotte von Bothmer sicher nicht – und erst recht nicht auf eine linke SPD-Abgeordnete wie Anke Martiny, die solche Sichtweisen als »Totschlagargument« empfand. In ihrer ungemein berührenden und lesenswerten Autobiografie schreibt sie: »Aus dem Kreis der linken Frauenorganisationen, mit denen ich durch die ASF-Arbeit zu tun, hieß es: Es sei absolut inakzeptabel, als linksgesonnener Mensch weiblichen Geschlechtes in diesem Parlament zu arbeiten. Dort säße ein Haufen angepasster, mehr oder minder machohafter männlicher Gesellen, denen man nicht über den Weg trauen könne. Frauenpolitisch – etwa Paragraf 218, Familienrechtsreform, Nichtehelichenrecht, Leichtlohngruppen – wäre da überhaupt nichts zu erwarten. Nur von außerhalb des Parlamentes könne die Veränderung der Gesellschaft angestoßen werden.«

Die neue Frauenbewegung und die Parlamentarierinnen mochten durch sehr viele Punkte getrennt sein, aber in einem Punkt stimmte man doch überein. Man wollte seine eigene

Stimme finden, überhaupt zur Stimme finden, man wollte Ich sagen und gehört werden. Und beide – die Feministin draußen und die Politikerin drinnen – litten daran, dass ihr Sprechen allzu oft resonanzlos blieb, abgewürgt wurde. Draußen konnte man zu Gleichgesinnten sprechen, drinnen konnte jeder, selbst die Genossen und Genossinnen, zum Gegner werden. Draußen konnte man seine Subjektivität radikal darstellen, drinnen hätte man sich so den eigenen Scheiterhaufen errichtet. Draußen konnte man den Mann ausschließen und symbolisch stürzen, drinnen musste man mit ihm kooperieren. Draußen konnte man radikal Nein sagen zum Bestehenden, drinnen war man stets zum Jein verpflichtet.

Lenelotte von Bothmer, die sich selbst nicht für eine glänzende Rednerin hielt, hat geschildert, wie es ihr einmal gelang, »einen ganzen Saal derart in Bewegung zu bringen, dass ich fast selbst erschrak. Ich hörte staunend meine eigene Stimme.« Doch das sind euphorische Augenblicke, der Alltag ist zäh und oft stimmlos. In elf Jahren im Parlament spricht sie nur dreimal, eine frustrierende Bilanz. Das liegt auch daran, dass sie mit ihren Themen der Zeit voraus ist. Lenelotte von Bothmer ist eine der ersten Afrika-Expertinnen und setzt sich vor allem für die Überwindung der Apartheidpolitik ein, auch mit dem Nahostkonflikt beschäftigt sie sich. Doch in der Fraktion nimmt sie anfänglich kaum jemand ernst. Afrika ist sehr weit weg, und die deutsche Wirtschaft hat kein Interesse daran, dass offenkundig wird, wie man vom dortigen Apartheidsystem profitiert. Zudem, Außenpolitik gilt als Männersache und bleibt den ganz großen Tieren vorbehalten.

Diese ernüchternde Erfahrung macht sie auch, als im Bundestag eine Südafrika-Debatte ansteht. Die Rednerin will die Chance nutzen, um das Regime wegen seiner Menschenrechtsverletzungen anzuprangern. Zur ihrer eigenen Überraschung räumt ihr die Fraktion sogar Redezeit ein, zwar nur fünf Minuten, aber immerhin, zwar ist sie nur die letzte Rednerin des Tages, aber besser, als überhaupt nicht zu Wort zu kommen. Vor ihr sprechen prominentere Kollegen; deren Sachkenntnis ist zwar nicht so fundiert, aber das Fernsehen lockt sie, es gilt, das eigene Image zu festigen. Kurz bevor Lenelotte von Bothmer aufgerufen wird – sie hat schon zu ihren Notizen gegriffen –, erhebt sich der Außenminister mit der vollen Gravität seines Amtes. Laut Geschäftsordnung kann ein Regierungsmitglied jederzeit in die laufende Debatte eingreifen. Der Außenminister ist ein eloquenter Mann, und so fällt es ihm nicht schwer, so viele Worte aneinanderzureihen, dass die Hoffnung der Rednerin, selbst noch zu Wort zu kommen, von Minute zu Minute schwindet. Der Mann da vorne ist ein Filibuster, das heißt, er stiehlt anderen die Redezeit durch eigenes fortgesetztes Reden. Als der Außenminister endlich das Mikrofon freigibt, schließt der Bundestagspräsident die Debatte, und die Rednerin hält nutzloses Papier in den Händen. Der Mann wusste, was er tat.

Lenelotte von Bothmer packt. Ihr letzter Bonn-Tag. Sie faltet die Kleider, Kostüme und Röcke – Hosen waren einfach nicht ihr Ding. Die Hose am Pult war ein Akt weiblicher Emanzipation und gar nicht so weit entfernt von den symbolischen Aktionen der neuen Frauenbewegung. Als Machtzeichen hat Lenelotte von Bothmer die Hose den Mannsbildern entwendet. Frauen, das ist die Lehre, lassen sich nicht länger vom Mann vorschreiben, was sie zu tragen haben.

Und sie hat den Bann gebrochen für andere Kleidungs- und Darstellungsstile im Parlament. Die Textilhistorikerin Gundula Wolter bilanziert in ihrer »Kulturgeschichte der Frauenhose«: »Durch das Tragen von Hosen veränderte sich das Repertoire weiblicher Körpersprache, sie wurde raumgreifender, natürlicher, expressiver. Weibliche Kultur gewann durch Hosen an Stärke«.

Auf dem Weg ins Bundeskanzleramt hat Angela Merkel die Röcke hinter sich gelassen. Heute ist sie ohne den Hosenanzug, ihre Uniform der Macht, nicht zu denken.

»Diese Besprechungen endeten regelmäßig mit einem ausweichenden, die Dinge ins Lächerliche ziehenden Walter Arendt, der in etwa behauptete, ich mache mir völlig falsche Vorstellungen von den Frauen, für die ich Kreuzzüge unternähme. In Wahrheit wollten sie ja doch alle nur, dass man ihnen unter die Röcke griffe.«
Katharina Focke über Walter Arendt (SPD),
1969 bis 1976 Bundesminister für Arbeit und Sozialordnung

7. Sie auch

Nachdem im Oktober 2017 mehrere Frauen dem Hollywood-Produzenten Harvey Weinstein vorgeworfen hatten, sie vergewaltigt, sexuell genötigt oder belästigt zu haben, brach sich die MeToo-Bewegung Bahn. Innerhalb weniger Monate machten Millionen von Frauen unter dem Hashtag #MeToo öffentlich, dass auch sie von Männern sexuell attackiert worden waren.

Wie alle Bewegungen und medialen Phänomene wurde auch diese soziale Bewegung schnell problematisiert und kontrovers diskutiert. Die einen fanden sie zu laut, die anderen zu leise. Es gab Männer, die sich zu Unrecht angeprangert und unter Kollektivverdacht gestellt fühlten, und es gab Frauen, die nicht zu Opfern gemacht werden wollten. Für die einen war MeToo eine modische Ressentiment-Lawine, für andere ein wichtiger Beitrag zur fortschreitenden Emanzipation. Für die einen handelte es sich um ein berechtigtes Fanal, die andauernde Unterdrückung der Frau zu beenden, während andere nur ein sattes und wenig differenzierendes Blöcken der Lämmer vernahmen. Es waren in erster Linie starke und stimmgewaltige Frauen, die kritisierten, dass Frauen sich durch diesen kollektiven Aufschrei selbst zum

Opfer stempeln und sich freiwillig dem männlichen Machtanspruch fügen würden.

Für die Soziologin Eva Illouz hingegen steht außer Frage, dass die MeToo-Bewegung ein berechtigtes Anliegen transportiert und diesem sehr viel mehr nützt als schadet. Als mediales Werkzeug erlaube die digitale Kampagne vielen Frauen, auch solchen, die keine starke Stimme oder gesellschaftliche Position haben, sich zu Wort zu melden und ihre einzelne Geschichte in einen Strom notwendigen Widerstands einzuspeisen. Darüber hinaus hat MeToo noch einmal (und das wird immer wieder nötig sein) das Bewusstsein dafür geschärft, dass männliche Machtkulturen und sexuelle Gewalt korrespondieren. Wo soziale und ökonomische Macht ungleich verteilt sind, gedeiht auch sexuelle Aggression. Nur wenn Frauen und Männer gemeinsam diese gewachsenen Mentalitäten männlicher »Unantastbarkeit« und machistischer Selbstbedienung angreifen, kann es gelingen, die asymmetrischen Machtbeziehungen zwischen Frau und Mann nachhaltig zu verändern.

Was der MeToo-Debatte mitunter zu fehlen schien, war ein historischer Resonanzraum. Ältere Frauen fanden mitunter, die jüngeren übertrieben und sollten sich mal *nicht so anstellen.* Auch früher schon habe sich Frau zur Wehr setzen müssen und dabei spitze Ellenbogen entwickelt, überhaupt seien die Verhältnisse heute mit denen von damals gar nicht zu vergleichen. Manche jüngere Frau hingegen war so sehr in ihrem Gegenwartshorizont gefangen, dass sie wenig von früheren Erfahrungen wissen wollte. Ein solidarischer, sich um Erfahrungen bereichernder Dialog zwischen den Generationen kam kaum in Gang.

Nicht zuletzt vor diesem Hintergrund habe ich mich gefragt, ob in einem Buch über Politikerinnen der Bonner Republik ein Kapitel seinen Platz haben sollte, in dem von sexistischem Verhalten und sexueller Gewalt erzählt wird. Sind nicht gerade diese Politikerinnen die besten Beispiele dafür, dass Frauen sich zur

Wehr setzen und Macht erringen konnten? Wem ist damit gedient, *alte* Geschichten *aufzuwärmen?* Wenn ich hier dennoch einige Beispiele und Berichte anführe, dann vor allem deshalb, weil diese Geschichten nicht alt sind. Sie sind nicht alt, weil sie auch noch nach Jahrzehnten ein demütigendes Potenzial haben und die Frauen bewegen und beschäftigen. Sie sind nicht alt, weil machtgespeister Sexismus nicht aus der Welt ist. In der politischen Arena, im Parlament, hat sich sicher vieles zum Guten gewendet, auch dank der Frauen, von denen hier die Rede sein soll. Der heutige Bundestag ist ein sehr transparenter Ort, wo Sexisten und Machos alter Prägung im politischen Betrieb kaum mehr Überlebenschancen haben; doch für andere Institutionen gilt diese Kontrolle durch Öffentlichkeit nicht. Die alten Geschichten sind aber auch deshalb nicht alt, weil sie uns Jüngeren eine Ahnung davon vermitteln, wie schwer es war, sich als Parlamentarierin durchzusetzen, welch dickes Fell sich die Frauen wachsen lassen mussten und wie vielfältig die Formen sexistischer Herabsetzung waren und sind.

Wirklich alt sind diese Geschichten aber auch deshalb nicht, weil es einen unausgesprochenen Kodex der Bonner Republik gab: Man spricht nicht drüber! Das Private war noch nicht politisch, noch kein Kampfinstrument; auch der Boulevardjournalismus der Sechziger- und Siebzigerjahre machte vor den Amouren und Affären der Politiker halt. Und dieser Kodex hält – aus verschiedenen Gründen – bis heute. Es gilt immer noch, Rücksicht zu nehmen. Auf das eigene Image, auf die Partei, ja, selbst auf den politischen Gegner, auf die Familie, die Karriere und auch auf den Ruf der Politik insgesamt.

Fast alle weiblichen Abgeordneten bekamen, sofern sie sich exponierten und selbstbewusst Stellung bezogen, sexistische Schmähbriefe, die mit obszönen Sprüchen gespickt waren. Häufig genug war diese Post mit realen Absenderadressen versehen. Helga Schuchardt etwa erinnert sich an Sprüche wie: »Das einzige Weibliche an der Politikerin ist die Legislaturperiode.«

Mehrere meiner Interviewpartnerinnen gaben im Gespräch zu erkennen, dass auch sie sexuell belästigt oder sexistisch diskriminiert worden waren, darüber aber keinesfalls in der Öffentlichkeit sprechen wollten.

Einer der gravierendsten Fälle war die Geschichte einer Abgeordneten, die von ihrem Mann in der Ehe vergewaltigt worden war. Anfänglich war ihr Mann ein verlässlicher Unterstützer ihrer Karriere, der sich um die Kinder und den Haushalt kümmerte; doch nach einigen Monaten kam er immer weniger mit ihrem politischen Aufstieg und ihren längeren Abwesenheiten von zu Hause zurecht. Mit Gewalt nahm er sich, was sie ihm wegen der enormen Arbeitsbelastung nicht geben konnte und wollte. Dieser Gewaltakt war schockierend, ja, traumatisierend für sie; dennoch machte die Abgeordnete zunächst weiter: wie ein »Automat«, wie eine Pflichtmaschine, wie ein »Roboter« habe sie weiter funktioniert. Den Kindern wollte sie nicht das Bild vom liebevollen Vater zerstören, und vor den Fraktionskollegen wollte sie nicht als Opfer dastehen. Zwar leben die Eheleute heute getrennt, doch im Hinblick auf die gemeinsamen Kinder würde die Abgeordnete niemals in der Öffentlichkeit von ihrer Erfahrung sprechen.

Eine andere Politikerin schweigt aus Respekt. Sie sei einmal einem sehr prominenten Politiker gleichsam auf dem »Silbertablett präsentiert«, ja, regelrecht »zugeführt« worden, doch sie habe so viel Achtung vor dieser Persönlichkeit, dass sie die Geschichte niemals offiziell zu Protokoll geben würde.

Wie schwer es damals war, etwas als Frau zu Protokoll zu geben, wenn es um sexuelle Belästigung ging, zeigt auch ein Vorfall, den Helga Schuchardt berichtet. Die Hamburgerin zog 1972 für die FDP in den Deutschen Bundestag ein und wurde schnell eine der profiliertesten Bildungspolitikerinnen der Bundesrepublik. Sie war eine markante Rednerin, schlagfertig, stets sachkundig und selbstsicher. Die Linksliberale trat 1982 aus der FDP aus, als Hans-Dietrich Genscher die Koalition mit der SPD verließ und so Helmut Kohl zum Kanzler machte. Im Sommer 1976, so erzählt es Schuchardt heute, sprach sie während einer bildungspolitischen Debatte. Es war ein brütend heißer Tag, und die Abgeordneten saßen schwitzend hinter ihren Pulten. Nach ihrer Rede will die Abgeordnete zu ihrem Platz gehen. Da tritt zwischen den Sitzreihen unvermittelt Richard Stücklen (CSU) an sie heran und fährt ihr mit dem Daumen über den Rücken. Der spätere Präsident des Deutschen Bundestages hebt dann seinen Daumen strahlend in Richtung seiner Parteikollegen. »Was war das denn?«, will die Abgeordnete wissen. »Wir haben gewettet! Trägt sie einen BH, oder trägt sie keinen?« – »Ja, und?«, erwidert Schuchardt. »Trägt keinen!«, freut sich Stücklen, der seine Wette gewonnen hat.

Zwar berichtet die Abgeordnete Kollegen davon und macht so ihrem Ärger Luft, doch auf die Idee, die Geschichte der Presse zu stecken, wäre sie niemals gekommen. Irgendjemand trägt die Szene aber weiter, und so findet sich in der »Zeit« vom 13. August 1976 unter der Überschrift »Tragen sie BH?« folgende Analyse: »Die Alibifrau ist noch lange nicht tot, dafür sorgt das schlechte Gewissen der männlichen Politiker, die den Wählerinnen gegenüber im Wort sind. Aufschlussreich für ihre Gefühle gegenüber den neuen Banknachbarinnen in Bonn sind denn auch die Abwehrmechanismen. Sie reichen von hämischen Zwischenrufen, sobald eine Frau ans Rednerpult geht, über nachsichtiges Wohlwollen bis zur unverhohlenen Nachstellung. Erst neulich kam Richard Stücklen auf Helga Schuchardt zu und bat um Aufklärung: Er habe mit seinen Parteifreunden gewettet, dass sie keinen BH trage. Als die Dame dies kühl bestätigte, trollte er sich zufrieden.«

Helga Schuchardt war sehr unangenehm berührt, ja, beschämt, als sie die Meldung las. Man glaubt es heute kaum, dass die Frau sich als Beschämte fühlte und nicht der Mann. Nach der Sommerpause versucht die Abgeordnete mit Diplomatie, den Vorfall aus der Welt zu schaffen, so als sei sie in der

Defensive. Sie sucht Stücklen auf und entschuldigt sich bei ihm, dass daraus eine Schlagzeile geworden sei. »Herr Stücklen, ich habe das nicht an die Presse gegeben!« Ein barockes Grinsen läuft über den fülligen Schädel. »Ach, wissen Sie, Frau Schuchardt, Sie müssen sich nicht entschuldigen, das hat mein liberales Image gestärkt.«

Die Antwort des Mannes charakterisiert ziemlich gut, was Männer sich noch in den Siebzigerjahren gegenüber Frauen in aller Öffentlichkeit herausnehmen konnten, ohne Gefahr zu laufen, dafür irgendwelche Nachteile hinnehmen zu müssen. Im Gegenteil, Richard Stücklen konnte sich nun bei seinen CSU-Kollegen in dem Ruf sonnen, ganz unverkrampft, draufgängerisch und »liberal« zu sein. Diese und ähnliche Eskapaden haben Stücklen nicht geschadet: Er wird 1976 zunächst Vizepräsident des Deutschen Bundestages und 1979 gar dessen Präsident.

Mehrere Frauen erinnern den Bayern als übergriffig und hemmungslos, insbesondere dann, wenn Alkohol geflossen war. Ursula Männle (CSU), die 1979 erstmals in den Bundestag einzieht, erlebt Stücklen als rohen Sprücheklopfer. Auf einer Veranstaltung wundert er sich in ihrem Beisein lauthals darüber, dass die junge Politikerin noch ledig ist: »Warum ist denn die nicht verheiratet? So schlecht sieht die doch gar nicht aus?« Ja, sie hätte ihn gerne geohrfeigt, bekennt Ursula Männle, aber die Furcht vor einem Skandal habe sie zurückgehalten. Stücklens Bemerkung kränkt die Politikerin auch deshalb, weil sie sich in den Siebzigerjahren ganz bewusst gegen Ehe und Familie entscheidet, um als Sozialwissenschaftlerin und Politikerin Karriere zu machen. Die Vereinbarkeit von Beruf und Familie ist für Ursula Männle noch nicht gegeben.

Die Ehe- und Kinderlosigkeit wird ihr immer wieder von traditionell denkenden Männern vorgehalten. Sie sei doch irgendwie eine unvollständige, eine halbe, eine nicht wirklich ihrer Bestimmung entsprechende Frau. Selbst im Bundestag schrecken die eigenen Fraktionskollegen nicht vor »galanten« Anspielungen zurück. In einer familienpolitischen Debatte ergreift Männle am 24. Januar 1980 erstmals im Bundestag humorvoll und selbstironisch das Wort: »Mir wurde schon häufig in der Presse vorgeworfen, ich sei ein familienpolitischer Versager, weil ich nicht verheiratet bin und keine eigenen Kinder habe.« Der CDU-Abgeordnete Albrecht Hasinger ruft ihr laut Protokoll zu: »Was nicht ist, kann noch werden!« Die Rednerin fährt fort: »Unverheiratete können auch als potenzielle Anwärter für eine neue Familie gelten, und es kann ihnen von daher nicht gleichgültig sein, was in der Familienpolitik geschieht.« Der CDU-Abgeordnete Heinrich Franke witzelt: »Frau Kollegin, die Sitzung wird live übertragen!« Mit diesem Zwischenruf erntet Franke große Heiterkeit und Gelächter, weil er die Rede der Parlamentarierin als Partnergesuch diffamiert.

Heute sieht Ursula Männle das Verhalten ihrer Generation durchaus auch selbstkritisch. »Man hätte früher darüber reden sollen, man hat viel zu lange darüber geschwiegen und seine Erfahrungen nicht eingebracht. Die MeToo-Debatte wird ja heute bisweilen verniedlicht, doch wenn man früher gesprochen hätte, hätten wir heute sicher eine größere gesellschaftliche Sensibilität.« Tatsächlich finden sich in den Autobiografien deutscher Politikerinnen, sofern sie überhaupt geschrieben wurden, kaum Beschreibungen von sexistischem Verhalten oder sexueller Belästigung. Eine Ausnahme bildet Anke Martiny, die in ihren Erinnerungen mit dem Titel »… und vor allem muss man jederzeit als voller Mensch leben« einige Beispiele anführt, allerdings verfährt sie dabei sehr diskret. Zwar erwähnt sie, dass ein CSU-Kollege ihr einst im Plenum zurief: »Sie sehen aber besser aus, als Sie reden, Frau Kollegin!« Sie erwähnt aber nicht, dass es sich dabei um Michael Glos, den späteren Minister für Wirtschaft und Technologie, handelte, der seinen Zwischenruf gleich noch einmal wiederholte, weil er damit einen großen Heiterkeitserfolg erzielte. Anke Martiny erzählt auch von einem bayerischen Landrat und späteren Kultusminister, der ihr und einer

Kollegin »beim Tanzen am Busen herumgefummelt« hatte, aber den Namen Hans Zehetmair nennt sie mit Bedacht nicht.

Wie übergriffig Politiker bisweilen agierten, mit welcher bornierten Selbstverständlichkeit sie selbst öffentlich damit prahlten, Frauen sexuell zu belästigen, zeigt eine Szene aus der Autobiografie des früheren Innenministers Friedrich Zimmermann (CSU). Als Verhandlungsführer der Arbeitgeber des öffentlichen Dienstes musste sich Zimmermann ab 1983 mit Monika Wulf-Mathies, der ersten Frau an der Spitze einer großen Gewerkschaft, auseinandersetzen. Wulf-Mathies war Nachfolgerin des legendären ÖTV-Chefs Heinz Kluncker, ein 270-Pfund-Mann, der seine Macht auch durch seine Körperlichkeit inszenierte, der die Faust auf den Tisch hieb, für die Kameras den Bizeps zeigte und ein so finsteres Gesicht schneiden konnte, dass die Bundesrepublik wackelte. In seinen 1991 veröffentlichten Erinnerungen beschreibt Zimmermann das erste Zusammentreffen mit Wulf-Mathies so: »Schließlich glückte uns ein Rendezvous in einem Restaurant, das gar nicht geöffnet hatte, aber uns beide hereinließ. So saßen wir an einem Tischchen zusammen, und nachdem der Kellner sich zurückgezogen hatte, legte ich ihr spontan die Hand aufs Knie und fragte: ›Also Madl, sag: Wie weit kannst du denn gehen?‹ Bei Gott, sie ist richtig rot geworden.«

Als Monika Wulf-Mathies von dieser Passage erfährt, dementiert sie die Szene umgehend als blühende Fantasie, aber die sexistische Angeberei bleibt unverändert in der Welt.

Erst im August 1983 kommt es in der deutschen Öffentlichkeit zu einer ersten breiteren Debatte über Sexismus, als der Fall eines Grünen-Politikers Schlagzeilen macht. Klaus Hecker war Mitglied der ersten grünen Bundestagsfraktion. Ein Ökobiedermann auf den ersten Blick. Verheiratet. Drei Kinder. Vollbart. Norwegerpulli. Eher Leisetreter als Lautsprecher. Durch ein Flugblatt, das sie an die Türen der Fraktionsräume klebten, machten drei betroffene Mitarbeiterinnen der Grünen den Fall

intern publik. »Ein männliches Mitglied der grünen Bundestagsfraktion«, erklärten die Frauen, »hat seine vermeintlichen Direk-
torenansprüche bei mehreren weiblichen Mitarbeiterinnen der
Fraktion geltend gemacht.« Ein paar Sätze später folgte die un-
missverständliche Präzisierung: »Er grabscht plötzlich nach den
Brüsten der Frauen.« Auf dem Flugblatt wurde der Name des
Betroffenen nicht genannt, aber die »Bild am Sonntag« ließ sich
die Chance nicht entgehen (»Wieder ein Grüner! Sex-Skandal in
Bonn!«) und gab den Namen des Mannes bekannt.

Die Häme der Schlagzeile teilten viele Bundestagsabgeordnete,
die von dem hohen moralischen Anspruch der Grünen genervt
waren. Schließlich war es die selbstbewusste grüne Abgeordnete
Waltraud Schoppe gewesen, die am 5. Mai 1983 dem Parlament
zugerufen hatte: »Wir fordern Sie alle auf, den alltäglichen Sexismus hier im Parlament einzustellen.« Der grünen Abgeordneten waren daraufhin üble Sachen zugerufen worden, sexistische
Sprüche wie »Mit dir will ja sowieso keiner pennen«, »Hexe«
oder »hässliches Weib«. Nun rieben sich nicht wenige der Abgeordneten, die bei Waltraud Schoppes Rede in schallendes Gelächter ausgebrochen waren, genüsslich die Hände: *Das geschieht
diesen Emanzen recht! Die wollen uns Mores lehren! Sollen sie
doch vor ihrer eigenen Haustüre kehren!* Die Debatte über Sexismus und sexuelle Gewalt am Arbeitsplatz sollte beendet werden,
bevor sie überhaupt begonnen hatte.

Doch auch wenn sich in die öffentlichen Erörterungen nun
mancher spöttische oder sexistische Unterton mischte, wurde
das Thema doch erstmals in einer breiteren Öffentlichkeit diskutiert und auch als politische Aufgabe erkannt. Entscheidend
dafür war, dass das Parlament selbst als ein Ort sexueller Beläsi-
gung am Arbeitsplatz beschrieben wurde und damit auch andere
Institutionen und Arbeitgeber ins Blickfeld gerieten. In Sachen
Sexismus wurde Waltraud Schoppe eine viel gefragte Ansprech-
partnerin der Medien. Wenn man heute einige dieser Auftritte
in Talkshows, Nachrichtensendungen und politischen Formaten

anschaut, dann lassen sich gerade an den männlichen Reaktionen das ganze Unverständnis und die Unwilligkeit vieler Männer studieren. So trifft Waltraud Schoppe in der WDR-Sendung »Aktuelle Stunde« auf einen Moderator, der unschwer erkennen lässt, dass er den Elefanten Sexismus allenfalls für eine Mücke hält und Sexismus nicht als weitverbreitetes Phänomen, sondern eher als singuläres *Kavaliersdelikt* einstuft.

Moderator: »Der grüne Abgeordnete Klaus Hecker aus Kronberg ist in die Schusslinie geraten, er soll Fraktionsmitarbeiterinnen der Grünen die Busen begrapscht haben, wenn ich das mal so salopp ausdrücken darf. Mit diesem Fall hat sich nun heute die Fraktion der Grünen befasst, und ich habe hier im Studio Frau Schoppe, sie ist Abgeordnete der Grünen. Frau Schoppe, was ist denn nun an den Vorwürfen gegenüber Herrn Hecker überhaupt dran?«

Schoppe: »Ja, es ist tatsächlich so gewesen, dass Herr Hecker drei Frauen an die Brust gefasst hat.«

Moderator: »Glauben Sie nicht, dass es besser ist, solche Konflikte menschlich zu lösen, als gleich die politische Keule zu schwingen?«

Schoppe: »Ich denke, wir haben den Konflikt menschlich gelöst, wir sind dabei, ihn menschlich zu lösen, es hat keinen Zweck, so etwas zu verschweigen, und es hat auch keinen Zweck, solche Fälle zu individualisieren und …«

Moderator: »Eine Ohrfeige wäre doch beispielsweise auch angebracht?«

Schoppe: »Aber dann wäre es ein Einzelfall gewesen, dann wäre es sozusagen der Konflikt zwischen Klaus Hecker und einer Frau gewesen, und so ist es einfach nicht, es ist gesellschaftliche Realität, und die wollen wir damit aufdecken.«

Auch die Autorin Marielouise Janssen-Jurreit erfährt im Zusammenhang mit dem Fall Hecker wieder verstärkt Aufmerksamkeit. Sie hatte bereits 1976 eine bahnbrechende Studie unter dem Titel »Sexismus. Über die Abtreibung der Frauenfrage«

veröffentlicht. Das äußerst materialreiche und angriffslustige, jedoch keineswegs ideologische Buch wurde insbesondere in der Frauenbewegung stark rezipiert und machte den aus den USA eingewanderten Begriff »Sexismus« in der Bundesrepublik überhaupt erst bekannt. Zusammen mit Waltraud Schoppe kommt Janssen-Jurreit nun häufiger in der Öffentlichkeit zu Wort. Dabei wird recht deutlich, dass der Begriff »Sexismus« für die meisten Deutschen (und die meisten Politiker in Bonn) ein unbekanntes Wort ist, mit dem man sehr diffus Sex und Geschlechtsverkehr verbindet, aber keineswegs eine jahrhundertealte soziale Praxis der Unterdrückung, Bevormundung und Deklassierung der Frauen durch Männer. Die auch heute noch sehr lesenswerte (leider vergriffene) und bedrückend aktuelle Studie verbindet globale mit lokalen Perspektiven, sie verknüpft individuelle Biografien mit kollektiven Geschichtsverläufen, und sie entlarvt politische Sonntagsreden, in denen Mann sich gnädig mit den Interessen der Frau befasst. Janssen-Jurreit definiert ihren Schlüsselbegriff folgendermaßen: »Sexismus war immer mehr als das, was in der nichts sagenden Geschmeidigkeit politischer Rhetorik ›die Benachteiligung der Frau‹ heißt oder was Soziologen verharmlosend mit ›traditioneller Rollenverteilung‹ bezeichnen. Sexismus war immer Ausbeutung, Verstümmelung, Vernichtung, Beherrschung, Verfolgung von Frauen. Sexismus ist gleichzeitig subtil und tödlich und bedeutet die Verneinung des weiblichen Körpers, die Gewalt gegenüber dem Ich der Frau, die Achtlosigkeit gegenüber ihrer Existenz, die Enteignung ihrer Gedanken, die Kolonialisierung und Nutznießung ihres Körpers, den Entzug der eigenen Sprache bis zur Kontrolle ihres Gewissens, die Einschränkung ihrer Bewegungsfreiheit, die Unterschlagung ihres Beitrags zur Geschichte der menschlichen Gattung. Wenn es auf dem Grabstein heißt ›Eheleute Heinrich Schulze‹, dann ist der Lebenslauf einer Frau endgültig gelöscht.«

Der Fall Hecker blieb die Ausnahme, Sexismus im Parlament wurde so gut wie nie öffentlich bekannt, weil Politikerinnen sich immer der Gefahr ausgesetzt sahen, damit ihre Karriere zu gefährden. Bisweilen schlossen sich Frauen unterschiedlicher Fraktionen zusammen, um Verhaltensänderungen zu bewirken. In einem Interview mit der Journalistin Katja Mensing gab Claudia Roth von den Grünen ein Beispiel: »Ich erinnere mich noch an eine Rede von Hannegret Hönes. Sie hat im Bundestag zum Thema Tschernobyl und der Frage der radioaktiven Belastung von Muttermilch gesprochen. Diese Debatte wurde spät in der Nacht im Bundestag geführt. Dafür haben die Frauen unterschiedlicher Fraktionen gesorgt, weil viele Menschen nach der Katastrophe sehr unsicher waren und nicht wussten, ob man seinem Kind überhaupt noch die Brust geben sollte. Was in dieser Debatte im Bundestag ablief, war so unsäglich. Teilweise wurden von angetrunkenen Kollegen unterschiedlicher Fraktionen Witze gemacht, die so unwitzig waren, dass es dann sogar hinterher tatsächlich eine gemeinsame Intervention gegeben hat.«

Es ist kein Zufall, dass die meisten Spitzenpolitikerinnen in der Bonner Republik öffentlich fast niemals über das Thema Sexismus in der Politik sprachen oder sich über selbst erlebten Sexismus beklagten. Es gab wenig zu gewinnen, aber viel zu verlieren. Für Politikerinnen wie Renate Schmidt, Ingrid Matthäus-Maier, Renate Hellwig, Helga Schuchardt, Herta Däubler-Gmelin, Carola von Braun, Ursula Männle oder Heide Simonis wäre es karrierehemmend gewesen, sich während ihrer aktiven Zeit über sexistische Vorfälle auszulassen. Wer Karriere machen wollte, ließ sich nicht auf angeblich weiche Frauenthemen wie Frauen, Familie, Jugend, Gesundheit oder Soziales reduzieren, sondern versuchte, auch in klassischen Männerressorts wie Finanzen, Justiz oder Wirtschaft Fuß zu fassen. Mit dem Frauenthema »Sexismus« hätte man im Männerbund keinen Blumentopf gewinnen können, denn schließlich brauchte man die überall dominierenden Männer, um voranzukommen. Schnell hätte man als »wehleidig« und »weinerlich« gegolten, als »nicht belastbar«, »zimtzickig« und »kratzbürstig«, wenn man den Sexismus der eigenen Kollegen öffentlich gemacht hätte. »Man musste«, so Carola von Braun (FDP), »das Baggern so abwehren, dass der Herr nicht tödlich beleidigt und fortan dein Todfeind in der Fraktion war. Das war ein schwer zu beherrschendes Spiel, eine komplizierte Gratwanderung, abwehren, aber den Mann nicht als Mann beleidigen, weil man sich sonst Feinde gemacht hätte.« Hätten Politikerinnen den persönlich erlebten und erfahrenen Sexismus thematisiert, wäre er als Stigma eher an ihnen als am Mann hängen geblieben, denn damit begaben sie sich unweigerlich in die Opferperspektive und gefährdeten ihren Nimbus als starke Frauen.

Weil also Sexismus als Thema für Spitzenpolitikerinnen bis weit in die Achtzigerjahre eine Falle und ein Karrierehindernis war, eigneten sich viele eine gewisse Unempfindlichkeit an, gaben sich eine Aura der Unerschütterlichkeit und robusten Wehrhaftigkeit. Allerdings barg auch dieser Habitus Gefahren, dann nämlich, wenn sich Frauen Männern ebenbürtig auf dem Feld der Durchsetzungskraft, der energiegeladenen Präsenz und der lautstarken Ich-Behauptung zeigten. Dann sahen sich diese Politikerinnen nicht selten mit journalistischem Sexismus konfrontiert, einer Rhetorik offenkundiger Frauenfeindlichkeit, die gezielt gesetzt wurde, um die Sachkompetenz einer Frau zu diskreditieren. Ein gutes Beispiel für diese Art misogyner Verurteilungsschreibe liefert der ehemalige »Spiegel«-Journalist Gabor Steingart in einem Porträt über Ingrid Matthäus-Maier (Spiegel, Nr. 9/1993). Mit den ersten Absätzen wird die SPD-Abgeordnete als zickige Nervensäge abgestempelt, die kleine Leute kujoniert und piesackt:

»Diese Frau nervt. Warum hat sie ihr lila-weißes Häkelkissen mit ins Auto geschleppt, wenn sie doch nicht schläft? Warum quatscht sie selbst nach stundenlanger Autofahrt unermüdlich weiter?

Der Mann von der Fahrbereitschaft des Bundestages, den sein Schichtplan zwingt, die SPD-Politikerin Ingrid Matthäus-Maier durch den hessischen Kommunalwahlkampf zu chauffieren, hat seit heute Morgen, 8.20 Uhr, das Recht auf Ruhe verloren.

Die Sozialdemokratin, die da so mädchenhaft munter auf seiner Rückbank herumrutscht, untersagte ihm gleich zu Beginn der 17-stündigen Tour das Musikhören. Hier lärmt nur eine, und das ist sie.

›Nie sind auf diesen Wahlkampfreisen richtige Pausen eingeplant‹, nörgelt sie den Fahrer von hinten an. ›Man kommt zu nichts, nicht zum Essen, nicht zum Pinkeln. Eigentlich blöd.‹

Und eigentlich egal. Denn vor jedem Auftritt eilt sie ohnehin zum Klo, um ihre Haare neu zu kämmen. Üppige Mittagessen, das hatte sie vor einer Stunde noch verkündet, kann sie sowieso nicht leiden. ›Das macht doch nur müde.‹«

Nach dieser Einführung wird die SPD-Finanzexpertin als unaufrichtige, sich anbiedernde Karrieristin karikiert, die nicht einmal davor zurückschreckt, mit den eigenen Brüsten Politik zu machen. Die Wahlkampfrede der Politikerin wird so beschrieben: »Bevor die ›Kleinstverdiener über die Wupper gehen‹, will diese Frau mit der Glasperlenkette und der braven Prinz-Eisenherz-Frisur lieber selbst Erste Hilfe leisten. Rate um Rate scheint sie bereit, ihre Staatsschuld zu tilgen. ›Keiner kann mir doch erklären‹, ruft sie, ›warum ich bei meinem Einkommen keinen Steuerzuschlag zahle.‹

So viel Opfermut verblüfft die Zuhörer, ratlos pufft der eine den anderen in die Seite. Steht da eine, die es ernst meint? Oder sind das die üblichen Bonner Sprüche?

Ganz weit reißt sie jetzt die Augen auf, gerade so, als wolle sie die Zweifel wegglotzen: ›Entschuldigung, dass ich zum Schluss so emotional war‹, sagt sie, streckt den Busen vor und lächelt in die Runde: ›Ich musste das mal loswerden.‹

Die Rolle der Spartante spielt sie perfekt. Selbst der Aktenkoffer, den sie sich im Auto gleich wieder geschäftig auf die Knie zieht, dient als Requisite. Das blaue Kunstleder ist an den Kanten abgewetzt. Am Griff lösen sich schon die ersten Fetzen.«

Dieses Porträt über Ingrid Matthäus-Meier ist bestimmt von vulgärem Sexismus, denn während der Mann die Frau schildert, vorführt und sprechen lässt, insinuiert der Beobachter doch unentwegt, es wäre besser, die Frau hielte endlich die Klappe und schwiege. Alles, was frau sagt, wird gegen sie verwendet. Alles, was frau ausspricht, dient nur ihr selbst. Alles, was frau weiß, weiß sie nicht, sie hat es nur entwendet. Alles, was frau verspricht, wird sie nicht halten. Alles, was frau will, ist Macht um der Macht willen. Mit einem Wort: die falsche Schlange.

Müssen Politikerinnen ihr Frausein kaschieren, um im Männerbund Erfolg zu haben? Um vor sexistischen Beurteilungen sicher zu sein? Heide Simonis (SPD), die 1993 in Schleswig-Holstein die erste Ministerpräsidentin eines deutschen Bundeslandes wurde, empfiehlt Politikerinnen in ihren Erinnerungen »Unter Männern« grundsätzlich eine Art männlicher Mimikry, um nicht auf ihr Äußeres reduziert zu werden und um keine körperlichen Angriffsflächen zu bieten: »Also: Nicht zu aufdringlich geschminkt sein! Nicht in zu engen Kleidern oder zu kurzem Rock erscheinen! Am besten sind das klassische unauffällige Kostüm, noch besser der Hosenanzug, gedeckte Farben, keine geblümten Kleidchen, nur ja keine Spitze und Rüsche. Das bedeutet leider tatsächlich eine Annäherung an den langweiligen Kleidungsstil der Männer.«

Es sind seit Mitte der Achtziger vor allem die Frauen der grünen Fraktion, die diese defensive Taktik der grauen Unauffälligkeit beenden. Die grünen Frauen gehen in die Offensive. Durch ihre Kleidung, ihre bisweilen expressiv-emotionale Sprache, ihre Aufkündigung des Schweigens, ihre mitunter unverblümten Attacken. Auch aufgrund dieser Gegenwehr werden die grünen Abgeordneten besonders oft sexistisch angegriffen, so wie etwa Gabriele Potthast, die 1983 als bis dahin jüngste Abgeordnete in den Deutschen Bundestag eingezogen war. »Die ist auch besser im Bett als hier im Parlament«, wird ihr aus den Reihen der Regierungskoalition zugerufen. Als sie am 12. April 1984 im Bundestag über den sexistischen »Alltagskrieg des Patriarchats« gegen die Frauen spricht und ihr aus dem Unionslager wütende Proteste entgegenschlagen, weicht sie unvermittelt von ihrem Redetext ab und wendet sich zornig an die Zwischenrufer: »Sie müssen ganz aufhören. Wir haben uns mit Ihren Sekretärinnen unterhalten, und wir haben hier erfahren, dass Frauen entlassen werden, weil sie nicht mit ihren Chefs schlafen, dass Frauen entlassen werden, weil sie mit ihren Chefs schlafen, weil ihnen die Ehefrauen dann nämlich aufs Dach steigen. Wir haben unsere Informationen von Ihren weiblichen Arbeitskräften geholt. Hören Sie bloß auf!«

Der Fall Klaus Hecker und die Sexismusdebatte zeitigten also Folgen. Die Grünen gaben 1984 eine INFAS-Studie über sexuelle Belästigung am Arbeitsplatz in Auftrag, die u. a. zutage förderte, dass jede vierte Frau ein- oder sogar mehrmals am Arbeitsplatz in entsprechender Weise belästigt worden war. Daraufhin erarbeitete die grüne Fraktion den Entwurf eines Antidiskriminierungsgesetzes, in dem der Tatbestand der sexuellen Belästigung erstmals juristisch definiert werden sollte. Auf diesen Druck reagierte schließlich auch die neue Bundesfrauenministerin Rita Süssmuth und gab 1986 bekannt, ebenfalls eine entsprechende Studie in Auftrag geben zu wollen.

Es blieb ihrer Nachfolgerin Angela Merkel vorbehalten, die Ergebnisse dieser Untersuchung 1991 vorzustellen. Danach berichtete jede zweite Frau über anzügliche Bemerkungen, jede fünfte wurde schon einmal an den Busen gefasst, und jede zehnte wurde von Chefs oder Kollegen zum Geschlechtsverkehr aufgefordert. Als Angela Merkel ein Jahr später den Entwurf eines Gesetzes gegen sexuelle Belästigung vorstellt, schlägt ihr neben Lob auch viel Häme entgegen. Die »Bild am Sonntag« etwa zeigt ein sehr unvorteilhaftes Foto der damaligen Ministerin und fragt

mit sexistischem Unterton: »Würden Sie diese Frau einstellen?«
Schließlich tritt am 1. September 1994 das Gesetz zum Schutz
von Beschäftigten vor sexueller Belästigung in Kraft.

Der geraffte Rückblick zeigt, dass die MeToo-Debatte keine
Augenblickskampagne sein kann, sondern eine Aufgabe ist, die
stets aufs Neue bewältigt werden muss, eine Aufgabe, die ihren
langen Atem für die Zukunft in der Vergangenheit findet.

8. Das Liebesparlament

Sie staucht das Mikrofon zusammen, macht es sich stimmgerecht, ein Mal, zwei Mal und ein drittes Mal. Sofern man das Mikrofon im Bundestag als phallokratisches Requisit betrachtet, also als Ausdruckszeichen und Hilfsmittel männlicher Herrschaft, dann ist Waltraud Schoppes entschlossenes Zurechtbiegen des Mikrofons ein deutliches Signal an das Plenum, dass sie sich mit den herrschenden Machtverhältnissen anzulegen beabsichtigt. Das Mikrofon ist auf die durchschnittliche Körpergröße eines Mannes ausgerichtet, und jetzt tritt eine Rednerin ans Pult, die weder durchschnittlich ist noch gewillt, sich an Männern messen zu lassen. Schon auf dem Weg zum Mikrofon hat die Abgeordnete der Grünen sich nicht klein gemacht, sondern aufgerichtet und dabei ihre Haare schwungvoll über die Schulter geworfen. Der Bundesadler klebt würdevoller denn je an der Stirn des Hohen Hauses, Bundestagspräsident Rainer Barzel, der unter ihm thront, steht ihm in nichts nach. Der Präsident ist die Geheimwaffe des Parlaments gegen die ungebärdigen Kinder-Spinner-Chaoten-Öko-Faschisten-Emanzen-Pazifisten, von denen man nicht weiß, wie sie auftreten werden.

Rückblickend schilderte Barzel die Befürchtungen gegenüber den Grünen in seiner Autobiografie so: »In Bonn – auch in unserem Fraktionsvorstand – grassierte die Sorge, nun würde das Parlament zum Ort von Obstruktion und Randale. Viele erinnerten daran, dass der Verfall der Weimarer Republik mit der Zerstörung der guten Sitten im Deutschen Bundestag begonnen habe.« Helmut Kohl hatte seinen langjährigen Gegenspieler Barzel gebeten, das Amt des Bundestagspräsidenten zu übernehmen, um die Grünen zu disziplinieren. Niemand schien das besser zu können als Barzel, denn der war nicht nur einer der dienstältesten, sondern auch einer der leidgeprüftesten Parlamentarier, ein echter Hiob. Er war als Glücks- und politisches Wunderkind der Bonner Republik gestartet, Adenauer sah in ihm den nächsten Kanzler, nichts schien ihm zu misslingen – bis zum 23. April 1972. An diesem Tag – Barzel sah sich schon als Kanzler und hatte schon als solcher Termine vereinbart – verlor er das Misstrauensvotum gegen Willy Brandt, er verlor, weil die DDR Abgeordnete aus den Reihen der CDU/CSU bestochen hatte. Barzel, der Herausforderer, saß da, als hätte ihm das Schicksal einen schweren Knock-out verpasst. Das Glückskind stürzte und schien fortan verflucht. Er verlor die Neuwahl gegen Brandt 1972, ein Jahr später drängte ihn Helmut Kohl rüde aus dem Amt des Parteivorsitzenden. Es folgt Niederschlag auf Niederschlag – seine einzige Tochter nimmt sich 1977 das Leben, seine Frau stirbt 1980 an Krebs.

Am 5. Mai 1983, als Waltraud Schoppe ans Mikrofon tritt und der bestellte Grünen-Bändiger Barzel in gepflegter Würde dem Bundestag vorsitzt, ist das nächste Unglück schon auf dem Weg, der Präsident weiß es nur noch nicht. Insofern könnte man die ersten Sätze der Rede von Waltraud Schoppe als Prophetie verstehen, denn bevor er ein Jahr später abtreten muss, weil ihn die Ausläufer der Flick-Affäre erreichen, übernimmt die Rednerin selbst das Amt der inoffiziellen Bundestagspräsidentin und gibt Barzel zu verstehen, dass er seinen Job nicht gemacht hat: »*Ich möchte kurz etwas zu gestern Abend sagen, verehrte Damen und Herren, liebe Freundinnen und Freunde. Gestern Abend ist hier in unqualifizierter Weise gepöbelt worden. Sie müssen noch an sich arbeiten, meine Herren, damit die Würde dieses Hauses nicht ganz auf den Hund kommt.«*

Zum Auftakt also ein Präsidentensturz. Barzel, dem Anwalt der Würde, wird beschieden, er habe versagt, und den »Herren« – wohlgemerkt nicht den »Damen« – wird als Hausaufgabe eine Art parlamentarischer Benimmkurs empfohlen. Das ist frech! Die Newcomerin Schoppe tadelt das Hohe Haus, noch bevor sie überhaupt zu ihrer »Jungfernrede« angesetzt hat. Dass die dann auch zum »Spektakel« wird, kann kaum verwundern.

Waltraud Schoppes Hinweis auf die Pöbeleien bezog sich vor allem auf die Abgeordneten der CDU/CSU, die am Vortag den neu ins Parlament eingezogenen Grünen-Abgeordneten mit großer Aggression begegnet waren, wobei sich einige Konservative zu gezischten Beleidigungen, Beschimpfungen und Anfeindungen hatten hinreißen lassen. Auch die grünen Rednerinnen und Redner waren mit Hohn und Spott bedacht worden. Insbesondere Petra Kelly hatte regelrechten Hass auf sich gezogen, diese militante Pazifistin, eine Extremistin der Menschenliebe, die in gedrängter, leidenschaftlicher, Leiden verkörpernder Sprechweise die Konservativen provozierte. Petra Kelly hatte der Regierung, hatte Kohls Politik jede Moralität abgesprochen und sich selbst in die Traditionslinie des gewaltfreien Widerstands eines Mahatma Gandhi, einer Bertha von Suttner und einer Rosa Luxemburg gestellt. Ja, Kelly hatte den Konservativen selbst die »Bibel« entwendet und mit Blick auf die Nachrüstungsfrage empfohlen, die »Bergpredigt« zu studieren. Kelly war die Fleisch und Wort gewordene Provokation für die Unionspolitiker, weil die Grüne, die Heidin, sie wie eine missionierende Christin ansprach und der christlichen Partei ganz und gar unchristliches Verhalten vorwarf. So rief denn auch Philipp Jenninger (CDU/CSU) empört dazwischen: »Heilige Kelly, kann ich da nur sagen!« Und schließlich hatte sie die Regierungserklärung von Helmut Kohl empfindlich gestört, in der er seine »geistig-moralische Wende« darlegen wollte. Zusammen mit der Grünen-Abgeordneten Gabriele Gottwald hatte Kelly plötzlich ein Plakat entrollt, das an die Ermordung des Freiburger Entwicklungshelfers Albrecht Pflaum durch Contra-Rebellen am 1. Mai 1983 in Nicaragua erinnerte. Das polemische Plakat warf dem Kanzler eine Mitschuld an der Ermordung des Arztes vor, weil die Bundesregierung die Lateinamerikapolitik der USA kritiklos unterstütze. Mit einem Wort: Die Grünen waren unglaubliche Nervensägen und wandelnde Infragestellungen der Parlamentsroutine. Sie, die mit toten Tannenzweigen und Blumen in den Bundestag einzogen, wollten Stacheln, Störungshelfer und Dornen sein im Bewusstsein des Parlaments.

Und jetzt, einen Tag, nachdem die Grünen die ersten Kostproben ihres Talents zur Widerborstigkeit, zur kommunikativen Reanimation gegeben hatten, erfolgten die nächsten schmerzlichen Stromstöße für die Parlamentarier, die sich in ihren Bänken schüttelten und nicht wohin wussten mit ihren attackierten Körpern. Denn das war Waltraud Schoppes erste Bundestagsrede in erster Linie: eine Attacke auf den patriarchalischen Körper.

»*Die Diskussion um den Paragrafen 218 ist neu aufgebrochen.*« Mit diesem Satz beginnt Schoppe ihre Rede und nimmt damit direkt Bezug auf Helmut Kohl, der tags zuvor gesagt hatte: »Wir müssen mehr tun für den Schutz des ungeborenen Lebens.« Mit dieser Aufforderung wurde eine grundsätzliche Revision der Familienpolitik in Angriff genommen, die Norbert Blüm im Unionslager schon 1981 mit seinem Programm »Die sanfte Macht der Familie« auf den Weg gebracht hatte. Die darin enthaltenen Familien- und Frauenbilder wurden selbst von führenden CDU-Politikerinnen wie Renate Hellwig heftig attackiert, sie sprach von einem »Rollback in eine Mutterkreuzideologie«. Mit dem Regierungswechsel verbanden vor allem die konservativen

Waltraud Schoppe (Grüne) bei der Konstituierung
des 10. Deutschen Bundestags, 1983

Unionsmänner und die katholische Kirche, dass man das soziale Indikationsmodell aushebeln und Frauen den Abbruch der Schwangerschaft wieder erschweren könne. Überhaupt die Frau, die Mutter: Sie wurde in Helmut Kohls Denken erneut zur gesellschaftsheilenden Stabilitäts- und Zukunftsgarantin, wenn sie sich wieder auf ihre angestammte Rolle als Hausfrau und Mutter konzentriere. Gegen diese Wende in der Familien- und Frauenpolitik stieg Schoppe in den Ring.

Sie schildert zunächst einen Einzelfall, bei dem eine Frau sich aus wirtschaftlicher Not gegen das vierte Kind entscheidet. Dann prangert sie an, dass die Regierung offenbar plane, die Kostenübernahme einer Abtreibung durch die Krankenkassen zu streichen. Sie liest ihre Rede ab, nervös, aber auch selbstbewusst, sie verliest sich, lässt sich aber dadurch weder aus der Bahn werfen noch verliert ihre Stimme das Volumen, das ihr Autorität und Würde verleiht: Sie ist bei sich.

Und dann stößt sie zur ersten Passage ihrer Rede vor, die die Männer auf die Barrikaden treibt. Schoppe zeichnet ein großes Verfalls- und Entfremdungsgemälde der Gesellschaft, und während der Kanzler zu neuen optimistischen Ufern der »Lebensfreude« aufbrechen will, hält Schoppe ihr Panorama dagegen, das den Frauen schlechten Sex und ungewollte Schwangerschaften beschert:

»Wir bewegen uns in einer Gesellschaft, die Lebensverhältnisse normiert, auf Einheitsmoden, Einheitswohnungen, Einheitsmeinungen, auch auf eine Einheitsmoral, was dazu geführt hat, dass sich Menschen abends hinlegen und vor dem Einschlafen eine Einheitsübung vollführen, wobei der Mann meist eine fahrlässige Penetration durchführt (Zuruf von der CDU/CSU: Was ist das denn?), fahrlässig, weil die meisten Männer keine Maßnahmen zur Schwangerschaftsverhütung ergreifen.« Die Zwischenrufe steigern sich, die Unruhe steigt, Empörung wallt auf. *»Die Männer sind gleichwertig an der Entstehung einer Schwangerschaft beteiligt. Dennoch entziehen sie sich ihrer Verantwortung.*

Mit Strafe bedroht sind bei einem Abbruch nur die Frauen. Erst später greifen Männer als Hüter der Moral wieder ein, indem sie Strafgesetze aufstellen, indem sie als Kirchenfürsten gegen den Abbruch wettern, indem sie als Ärzte, je nach moralischer und politischer Überzeugung, den Frauen helfen oder sie demütigen (Beifall bei den Grünen und vereinzelt bei der SPD). Am Ende einer Schwangerschaft steht die Geburt. Und das bedeutet eine Verantwortung und Sorge für einen Menschen für die nächsten 18 bis 20 Jahre.«

Waltraud Schoppe wusste an diesem Punkt, wovon sie sprach. Geboren wurde sie 1942 in Bremen-Aumund, ihre Eltern sterben früh. Die Tochter ist 15, als die Mutter an einer offenen Lungentuberkulose stirbt, und sie ist 23 und hat gerade ihren ersten Sohn geboren, als der Vater seiner Frau folgt. Die Söhne, 1965 und 1967 geboren, fesseln die junge Frau zunächst an den Haushalt, das Haus. Ihr Mann und sie führen eine »normale« Ehe, er verdient, sie bleibt zu Hause. Das Gymnasium hatte die junge Waltraud nach der zehnten Klasse verlassen müssen, da die Eltern in finanzielle Nöte geraten waren. In den unruhigen Sechzigerjahren wird sie selbst unruhig, fühlt sich als Mensch reduziert. Als der Große in die Schule und der Kleine in den Kinderladen kommt, beginnt sie eine Ausbildung zur Erzieherin in Bremen. So lernt sie Mütter kennen, denen es ähnlich geht wie ihr.

Die Frauen fühlen sich zurückgesetzt, benachteiligt gegenüber den Männern, die ihren Platz im Leben und der Berufswelt mit großer Selbstverständlichkeit beanspruchen. Auf Kosten der Frau. Schoppe und ihre neuen Freundinnen tun sich zusammen, motivieren sich und melden sich schließlich nach der Ausbildung zu einer Begabtensonderprüfung an, um studieren zu können. In dieser Zeit trennen sich Schoppe und ihr Mann, er kommt mit den neuen Aufbrüchen und Ansprüchen seiner Frau schlecht zurecht. Fortan ist sie als Alleinerziehende unterwegs.

Während des Studiums entdeckt Waltraud Schoppe ihre Stimme, ihre politische Stimme. Bei einer Uni-Vollversammlung ergreift sie das erste Mal das Wort. Über diesen Moment der Selbstbefreiung berichtete sie der Journalistin Sigrid Latka-Jöhring 1988: »Meine Scheu, mich zu melden, war immer groß gewesen. Das können die jüngeren Frauen heute oft gar nicht verstehen, weil sie ein anderes Gefühl von sich haben, während meine Generation noch ganz traditionell erzogen wurde. Da gab es bestimmte Themen, über die Frauen sich nicht zu äußern hatten. Und dazu gehörten vor allem politische Fragen. Wenn bei uns zu Hause über Politik geredet wurde, sprach mein Vater. Damals an der Bremer Uni wollte ich diesen Teufelskreis durchbrechen. Es kam mir nicht darauf an, eine inhaltlich zündende Rede zu halten, sondern den Durchbruch zu kriegen. Als ich es dann geschafft hatte, war ich stolz und erleichtert.« Von dieser Rede aus – Waltraud Schoppe war damals zehn Jahre älter als ihre Kommilitoninnen – führt sie der Weg des selbstermächtigenden Redens über die Frauenbewegung und Antiatomkraftbewegung zu den Grünen.

Es sind die Impulse der neuen Frauenbewegung, die Waltraud Schoppe am 5. Mai 1983 im Bundestag aufnimmt: die Parole »Mein Bauch gehört mir!« und die von Alice Schwarzer initiierte »Stern«-Titelbildaktion »Wir haben abgetrieben!« von 1971, als sich 374 Frauen, prominente und nicht prominente, dazu bekennen, abgetrieben zu haben. Schoppe geht aber über die Geschichte des Paragrafen 218 hinaus und formuliert anklagend einen patriarchalen Gewaltzusammenhang, der sich überall austobt, in der Familie, der Gesellschaft und der großen Politik. Ja, es sei die Politik als Steuerungsinstanz, der Politiker als Steuermann, als Mann, dessen Politik Gewalt auf der Mikroebene evoziere, weil der Familien- und Beziehungsmann glaubt, er dürfe sich in der Ehe und Familie so verhalten, wie es hochgerüstete Staaten zueinander tun. Die Unionsmänner, die den NATO-

Doppelbeschluss mittragen und die Politik der Abschreckung befürworten, fühlen sich also in doppelter Weise angegriffen: als Politiker und als Männer.

Waltraud Schoppe spricht vor dem Hintergrund einer langen Empörungsgeschichte. Seit 1871 war es Frauen unter strengster Strafe verboten, abzutreiben. Dieser Strafrechtsparagraf stürzte viele Frauen in unsägliches Elend und Isolation, Hunderttausende kamen bei illegal vorgenommenen Abtreibungen ums Leben. In den Fünfziger- und Sechzigerjahren wurde der Paragraf 218 öffentlich kaum thematisiert, erst Anfang der Siebzigerjahre beendeten die Frauen das Schweigen, zumal die sozialliberale Koalition unter Kanzler Brandt eine umfassende Strafrechtsreform in Angriff nehmen wollte. Die Frauenproteste schwollen gewaltig an, aber auch die Gegner der Abtreibung machten mobil und übten Druck auf die Regierung aus.

Erst im Zuge dieser Debatten erkannten viele Frauen, die bis dahin nicht politisiert waren, welche Verfügungsmacht Männer über ihren Körper beanspruchten, mit welcher Selbstverständlichkeit die Autoritäten in den intimsten Lebensbereich von Frauen eingriffen und ihnen Biografien und Identitäten von oben verordneten. Die große Parlamentarierin der FDP Liselotte Funcke, Vizepräsidentin des Deutschen Bundestages und erste deutsche Ausländerbeauftragte einer Bundesregierung (1981 bis 1991), war eine klare Befürworterin von Fristenlösung und Straffreiheit. Im Zuge der Reformdebatten war sie in den Siebzigerjahren eine der fortschrittlichsten Stimmen. Im Hinblick auf Schoppes Furor ist gerade Funckes Wortwahl interessant, denn auch sie hatte im Bundestag bereits einen Zusammenhang zwischen männlicher Kriegführung und männlicher Gesetzgebung hergestellt: »Frauen werden nie begreifen, warum eine Frau bestraft wird, wenn sie im zweiten Monat ein Kind abtreibt, nicht aber der Pilot, der über einer Wohngegend eine ganze Bombenladung ausklinkt.«

Die Liberale und Synodale der evangelischen Kirche wurde

für ihre emanzipative Haltung extrem angefeindet. Sie bekam Morddrohungen von Abtreibungsgegnern und musste zeitweilig Polizeischutz in Anspruch nehmen. Dennoch ließ sie sich von ihrer Haltung nicht abbringen. Sie – die sonst betont gefasste Frau – klang deshalb auch empört und bitter, als das Bundesverfassungsgericht die 1974 vom Bundestag beschlossene Fristenlösung ein Jahr später als verfassungswidrig ablehnte: »Die Frauen leben in einer Welt, die nach Maßstäben der Männer regiert wird. Männer machen die Gesetze, und Männer legen sie aus. Am Richtertisch in Karlsruhe sitzen sieben Männer und eine Frau. Sie verfügen über das Ureigenste der Frau: die Schwangerschaft.«

Als sich Liselotte Funcke Mitte der Siebzigerjahre derart enttäuscht über die patriarchale Gesetzschreibung äußerte, erschien das schon erwähnte Buch, dessen Schlüsselbegriff zur wirkungsvollsten Postwurfsendung von Waltraud Schoppes Rede werden sollte: »Sexismus: Über die Abtreibung der Frauenfrage« (1976) von Marielouise Janssen-Jurreit. Das Wort Sexismus, das aus dem amerikanischen Women's Liberation Movement stammte und dort in Anlehnung an den Begriff *racism* zu *sexism* gebildet worden war, definierte Janssen-Jurreit als »die Diskriminierung und Ausbeutung der Frau aufgrund ihres Geschlechtes«. In feministischen Kreisen fand ihre Studie weite Verbreitung, weil sie die Unterdrückung der Frau historisch präzise nachzeichnete und den Frauen ein offensives Begriffsarsenal zur Selbstverteidigung und Machteroberung an die Hand gab. Wie unbekannt das Buch und damit auch der Kampfbegriff »Sexismus« jedoch einer breiteren Öffentlichkeit Anfang der Achtzigerjahre war, lässt sich an den Reaktionen der männlichen Abgeordneten im Parlament ablesen.

Nachdem Waltraud Schoppe die Ehe als Schauplatz gewaltsamer Unterdrückung der Frau geschildert und den Unionsparteien politische Mittäterschaft bescheinigt hat (anschwellender Protest auf der rechten Seite des Hauses), steuert sie auf ihren Forderungskatalog zu, den sie zügig und ohne rhetorische Akzentuierungen abspult: »*Wir fordern die Bestrafung bei Vergewaltigung in der Ehe. Wir fordern Sie auf, endlich zur Kenntnis zu nehmen, dass auch die Frauen ein Selbstbestimmungsrecht über ihren Körper und ihr Leben haben. Wir fordern Sie alle auf, den alltäglichen Sexismus hier im Parlament einzustellen.*«

An dieser Stelle der Rede – und dieser Ausschnitt hat es ins mediale Langzeitgedächtnis der Republik geschafft – biegen sich die Abgeordneten in ihren Bänken, Männer und Frauen in allen Lagern. Aber die Konvulsionen im christlich-sozialen Lager, bei den dortigen Männern, fallen bedeutend heftiger aus als auf der anderen Seite des Parlaments. An den Zwischenrufen der Unionsmänner wird auch deutlich, dass sie den Begriff »Sexismus« völlig falsch deuten: »*Das Liebesparlament! – Bastian-Kelly!*«, schallt es mehrfach von rechts nach links. Die Abgeordneten denken an Sex zwischen Mann und Frau und glauben, sie könnten den Vorwurf abwehren und zurückwerfen, indem sie das einzige bekannte Paar im Bundestag, Petra Kelly und Gerd Bastian, attackieren. Auch der Zwischenruf »*Das Liebesparlament!*« zeugt von einer – sagen wir mal – wenig reifen Vorstellungswelt, die den Eros zwischen Menschen nur als sexuelle Anziehungskraft deutet.

Zu jeder Rede gehört auch die Gegenrede, und das meint nicht nur die auf Wörter gestützte Erwiderung, sondern auch die Sprache der Körper, die da anfangen zu sprechen, wo Wörter sich nicht auf die Bühne trauen oder keine gefunden werden, mit denen sich das Gewünschte ausdrücken ließe.

Der Präsident, Rainer Barzel, verkörpert präsidiale Gelassenheit, seine gesamte »Bühnenpräsenz« steht für die formvollendete, geschäftsordnungssichere, erfahrungssatte, stabile, ja, sich selbst genug seiende Demokratie. Während Schoppe spricht, agiert Barzel im Hintergrund möglichst unbeeindruckt, man sieht das leicht ungeduldige Trommeln seiner Finger, Papierstücke werden kurz überflogen, die Hand stabilisiert das Kinn, ein Kugelschreiber wird gestreichelt, hin und her gewendet, da residiert der parlamentarische Gentleman in tadelloser Uniform. Der Mann ist ganz Anzug, ganz Glanz und Politur. Wenn er – als die CDU/CSU-Parlamentarier die Fassung verlieren – die Glocke bemüht, um zur Ordnung zu rufen, dann läutet er so zartfühlend – es ist ein geradezu homöopathisches Bimmeln – als wisse er, welche Pein die Männer dort unten plagt. Sei es, weil er diese Pein selbst spürt, oder sei es, weil er das blamable Bild, das sie während Schoppes Rede bieten, besser vor Augen hat als jeder andere im Hohen Haus. Sie schütteln die Köpfe, ringen um Fassung, die Gesichter biegen sich unter Gelächter und Grinsen, man wirft einander vielsagende Blicke zu, haut auf die Pulte und die eigenen Schenkel: Mann weiß nicht, wie ihm geschieht.

Dieses Bild – das kollektive Grinsen der Männer – offenbart genau das, was Schoppe beklagt: den Alltagssexismus in der Gesellschaft, der Frauen ausgrenzt, benachteiligt, marginalisiert, bevormundet. Die öffentliche Resonanz auf diese Szene ist groß, es sind vor allem die Frauen, die die Reaktionen als Selbstentlarvung feiern. Elisabeth Haines, die damals als Referatsleiterin für Frauenfragen im Bundesfamilienministerium arbeitete, erinnert sich daran, wie sie Waltraud Schoppes Rede zunächst im Radio und später im Fernsehen erlebte: »Diese Rede war ein großes Fest für alle Frauen, für alle Frauen, die fraueninteressiert und frauenbewegt waren. So hatte noch nie jemand im Bundestag gesprochen. Und dieses Gegröle und Gefeixe der betroffenen Männer, das war ja peinlich für sie. Man hatte wirklich Mitleid mit ihnen, als sie bei bestimmten Passagen so grölen mussten, weil sie in ihrem innersten Sein angegriffen und nicht mehr als die natürlichen Herrscher der Welt akzeptiert wurden. Es war wunderbar.«

Auch Renate Schmidt (SPD) spendet der Rede damals Beifall, sie ist eine der wenigen in ihrer Fraktion. Daraufhin echauffiert sich der Kollege und Sitznachbar Paul Hoffacker von der CDU und fragt sie: »Warum klatschen Sie denn da? Wir pflegen hier im Parlament doch keinen Geschlechtsverkehr?« Renate Schmidt nimmt sich Zeit und klärt den Kollegen engagiert auf: »Herr Hoffacker, das ist doch gar nicht gemeint. Es geht einfach darum, wie ihr mit uns Frauen, mit uns Politikerinnen hier im Parlament umgeht. Nehmt ihr uns ernst, oder nehmt ihr uns nicht ernst? Man hat doch den Eindruck, wir sind für euch nur ein paar Blümchen, eine hübsche Garnitur, aber keine ernstzunehmenden Politikerinnen, die genauso viel zu sagen haben wie die Männer.«

Der Tumult, die homöopathische Glocke, Schoppes Blick wandert von links nach rechts, sie zögert, dann ruft sie den Feixenden zu: »*Ich merke, ich hab das Richtige gesagt, Sie sind getroffen!*« Die Rednerin hat, wie einst die Studentin in der Bremer Universität, Selbstsicherheit während des Sprechens gefunden, und so steuert sie auf ein furioses Finale zu. Erneut nimmt Waltraud Schoppe das Wendepathos des Kanzlers aufs Korn: »*Eine wirkliche Wende wäre es, wenn hier oben z. B. ein Kanzler stehen und die Menschen darauf hinweisen würde, dass es Formen des Liebesspieles gibt, die lustvoll sind und die die Möglichkeit einer Schwangerschaft gänzlich ausschließen.*«

Ein ebenso fantastisches wie humorvolles, ein lachhaftes wie betörendes Szenario: der Kanzler als Volksaufklärer, als Sexualtherapeut und Experte für avancierte Liebesspiele. Natürlich lässt sich diese Rollenzuschreibung leicht ins Lächerliche ziehen, aber der Rednerin ist es ganz augenscheinlich durchaus ernst mit der Vorstellung. Helmut Kohl als Oswalt Kolle der Nation? War es nicht die SPD-Gesundheitsministerin Käte Strobel gewesen, die den legendären Aufklärungsfilm »Helga« (1967) produziert hatte, bei dem die Zuschauer reihenweise in Ohnmacht fielen, weil man das erste Mal eine Geburt zu sehen bekam? Es war dieser staatlich beauftragte Film, der eine regelrechte Sexfilmwelle im deutschen Kino auslöste und auch Oswalt Kolles Filme wie »Das Wunder der Liebe« zu Kassenschlagern machte.

Doch natürlich bleibt selbst im Konjunktiv die Vorstellung, Helmut Kohl könne risikolose »Formen des Liebesspieles« propagieren, einigermaßen bizarr. Der subversive Charme dieses Szenarios liegt in seiner augenblicklichen Zerstörung. *»Aber man kann natürlich nur über das reden, wovon man wenigstens ein bisschen versteht.«* Die Feministin Schoppe kapert die Redewendung und das Vokabular des Chauvinismus: Der Mann wird abserviert, zwar wird ihm nicht deutlich Frigidität bescheinigt, aber der Vorwurf seiner erotischen Ahnungslosigkeit stammt aus dem Wörterbuch des selbstherrlichen Mackertums. Waltraud Schoppe kehrt hier die sexuellen Machtverhältnisse um und führt dem staunenden Parlament vor Augen, wie Frau sich fühlt, wenn Mann sie kapern will wie Beute. Schließlich löst die Rednerin das Szenario als bitteren Spaß, als Parodie aufs Patriarchat auf, nicht ohne dem Kanzler noch einmal kräftig vors Schienbein zu treten: *»Im Ernst würde ich mit dem Kanzler nie darüber reden wollen. Wer durch seine Politik Umwelt zerstört und Menschenfeindliches initiiert, hat die Chance verspielt, in das Gespräch über Sinnlichkeit einbezogen zu werden.«*

Das ist ganz großes feministisches Kino. Die Sprecherin nobilitiert sich selbst, indem sie das Gespräch mit ihr über Sinnlichkeit als Auszeichnung, ja als sinnlichen Akt selbst deklariert, ein Gespräch indes, eine exklusive erogene Zone, in die nur eingelassen wird, wer die Umwelt nicht zerstört und nicht menschenfeindlich handelt. Die Vorstellung, der Kanzler, also Kohl, und die grüne Abgeordnete, also Schoppe, könnten in einem Gespräch über Sinnlichkeit zusammenfinden, ist eine Utopie gesellschaftlicher Versöhnung, eine groteske Utopie, wenn man an das Trennende denkt, aber letztlich ein Appell, das Undenkbare doch einmal zumindest zu denken. Ein Denkwagnis.

Dass im »Reich der Sinne« fast alles möglich ist und selbst

die entferntesten Biografien zusammenfinden können, hatte ja schon das Liebespaar Kelly und Bastian bewiesen, das die Unionsmänner meinten diskreditieren zu müssen. Der abgerüstete General der Bundeswehr und die hochgerüstete Moralistin der Grünen waren als Paar fast so erstaunlich wie das imaginäre Paar Schoppe und Kohl.

Waltraud Schoppes Rede war eine Zumutung für die bestehenden Verhältnisse, für die Männer. Zeitzeugen erinnern sich daran, wie Abgeordnete der Rednerin zuriefen: »Du bist eine Hexe. Früher wärst du verbrannt worden.« Die Rede war eine Attacke auf den männlichen Körper und seine Diskurse, und sie war eine empfindliche Störung der parlamentarischen Rede- und Denkweisen. Noch nie waren der menschliche Körper selbst und seine Bedürfnisse so direkt angesprochen worden, noch nie hatte jemand im Bundestag über Penetration und Sinnlichkeit, über Liebesspiel und Vergewaltigung in der Ehe gesprochen, noch nie hatte jemand die Liebe derart als Gewaltinstrument entzaubert und zugleich wieder als Möglichkeitsform beschworen, und noch nie hatte eine Politikerin den Mann an sich und den amtierenden Kanzler als Über-Mann derart herausgefordert und intim adressiert.

Die couragierte Rede der Grünen-Politikerin setzte sich im Gedächtnis fest und tat ihre Wirkung. Es waren vor allem die Bonner Politikerinnen, die nicht vergaßen, was Schoppe gefordert hatte, und seither versuchten, ihren Impuls gesetzgeberisch voranzutreiben. Doch erst 1997 – also 15 Jahre später – verabschiedete der Bundestag ein Gesetz, das die Vergewaltigung in der Ehe unter Strafe stellt. Ohne Waltraud Schoppes Rede und ohne eine parteiübergreifende Initiative der Frauen im Parlament wäre es nicht zu diesem Fortschritt gekommen. Es waren vor allem die Männer der Unionsparteien und der FDP, die sich einen solchen Straftatbestand kaum vorstellen mochten und massiven Widerstand leisteten. Die Vergewaltigung in der Ehe konnte es, durfte es aus diesem Blickwinkel nicht geben. Der Beischlaf gehöre zur Ehe, zur gottgewollten Ehe, wer wolle da richten und Gott ins Handwerk pfuschen? Ja, man zerstöre doch auch das Rechtswesen, wenn man die Gerichte zwinge, in so intime Winkel des Ehelebens vorzudringen! Wie wolle man denn die Schuld des Mannes beweisen? Da stünde doch Aussage gegen Aussage! Eine heillose Überforderung der Gerichte wäre die Folge, eine fatale Erschütterung der Ehe als Institution.

Wusste der Kanzler, was kommt? Sein Platz auf der Regierungsbank war leer.

»Wie kann man nur so verdiente und profilierte Leute
wie Petra Kelly und Otto Schily abwählen und – doppelt
verrückt – an deren Stelle sechs Frauen wählen?«
Joschka Fischer

9. Das Feminat

Der Moderator nahm Platz wie ein ironisch gestimmter Scharf-
richter. Selbst sein goldener Kugelschreiber glänzte an diesem
Abend spöttisch. Dann flammte das rote Licht auf, *wir sind auf
Sendung,* das kluge Gesicht mit großäugiger Brille wandte sich
an sein Publikum: »Da ein Chaos selten allein kommt, berichten wir jetzt über die Vertreibung der Männer aus dem Paradies der Fraktionsspitze der Grünen, wenn's denn ein Paradies
gewesen sein sollte. Bei den Grünen vollzog sich, wie Sie längst
wissen, was in der Durchschnittsehe Normalfall zu sein scheint:
Die Frauen übernahmen die Kommandogewalt. Was sich in der
Ehe sanft, über Jahre hinaus, fast unmerklich vollzieht, schafften
die grünen Damen sozusagen im Hauruck-Verfahren ohne Sen-
timentalitäten mit brutalem Zugriff, schlimmer, als es die mie-
sesten männlichen Chauvis vermocht hätten.«

So kündigte Friedrich Nowottny am 6. April 1984 im
»Bericht aus Bonn« (ARD) den Beitrag »Klima« an, der das
»Feminat« der Grünen thematisierte. Erstmals in der deutschen Politik war der Fraktionsvorstand einer Partei im Deutschen Bundestag ausschließlich von Frauen gebildet worden.

Ein Paukenschlag! Vielleicht erklärt sich so die leicht gehässige Moderation von Friedrich Nowottny, der wie kaum ein anderer Journalist für die Bonner Republik und ihre medialen Rituale stand. Seit 1973 hatte er jeden Freitagabend den »Bericht aus Bonn« präsentiert, jene legendäre politische Sendung, die dem Bundesbürger das politische Geschehen nahebrachte und ihm – bevor er sich ins unpolitische Wochenende verabschiedete – das Gefühl gab, man habe der Macht genau auf die Finger geschaut und sie mit milder Ironie seziert. Nach dem »Bericht aus Bonn« durfte sich der Bundesbürger getrost zu Bett begeben, sich auf die »Sportschau« am Samstag oder auf die Showmaster Rudi Carell, Peter Alexander oder Hans-Joachim Kulenkampff freuen.

Friedrich Nowottny verkörperte eine unaufgeregte Haltung der Politik gegenüber, seine fein ziselierte Spottlust schrumpfte die Bonner Dramen mitunter zum Dramolett, seine Haltung war es, Maß und Mitte zu halten. Umso erstaunlicher wirkte sein rüder Ausfall gegen das »Feminat« – ein Begriff, der vermutlich eine journalistische Zuschreibung war –, mit dem er sich in einen Chor von Kritikern einreihte, der so tat, als wäre das männliche Geschlecht nicht nur symbolisch kastriert worden. Joschka Fischer sprach von »gequetschten Schwanzträgern«, und der »Spiegel« stellte seine Reportage unter den doppeldeutigen Titel »Spitze entmannt« (Nr. 15/1984). Hatte Friedrich Nowottny den Frauen diesen Machtzugriff nicht zugetraut? Oder war er empört, dass Frauen es wagten, die männliche Machtformation so radikal aufzusprengen? Ahnte er, dass dieser feministische Coup Folgen für die gesamte politische und journalistische Landschaft der Republik haben würde?

Zunächst war der ausschließlich von Frauen besetzte Fraktionsvorstand nicht in erster Linie als provokatorischer Streich gegen die patriarchalische Ordnung angelegt (frau nahm allerdings gerne in Kauf, dass das so interpretiert wurde), er war

vielmehr der Einwand der praktischen Vernunft gegen Starkult und Diven-Allüren, die den alten Fraktionsvorstand aus-
zeichneten. Außerdem war es ein politisches Machtmanöver,
bei dem es darum ging, Macht umzuverteilen. Marie-Luise
Beck-Oberdorf, die zusammen mit Otto Schily und Petra Kelly
das dreiköpfige Sprechergremium bildete, litt wie viele andere
in der Fraktion unter dem nicht »abreißen wollenden Psycho-
krieg« (Fischer), der im ersten Jahr in der Fraktion tobte. Schily,
Kelly und auch der Parlamentarische Geschäftsführer Joschka
Fischer waren nicht nur machtbewusst, sie waren auch Egoma-
nen, die von ihrem jeweiligen Politikansatz restlos überzeugt
waren, Gefolgschaft verlangten und untereinander zerstritten
waren. Sie waren zu keiner kooperativen Steuerung der Fraktion fähig, die gerade in der parlamentarischen Anfangszeit
der Grünen grundlegende Fragen ihrer politischen Identität klären musste. Wie weit wollte die Antiparteienpartei eine
normale Partei werden? Sollten die ersten Abgeordneten nach
zwei Jahren für ihre Nachrücker Platz machen und aus dem
Bundestag rotieren? Wie sehr war man der grünen Basis oder
dem eigenen Gewissen verpflichtet? Sollte man Regierungsbündnisse mit der SPD anstreben oder Totalopposition betreiben? Wie teilte und verteilte man die Diäten der Bundestagsabgeordneten? Und dann das Theater zwischen den Stars und
den Hinterbänklern, die nervenaufreibende totale Transparenz
gegenüber den Medien (die Fraktionssitzungen waren öffentlich) und die permanente Selbstüberforderung im politischen
Betrieb. Die grüne Fraktion bot der faszinierten Öffentlichkeit
ein erregendes, unzensiertes Schauspiel der eigenen Erregun-
gen, manche Beobachter fanden das unerhört demokratisch,
andere sprachen von einem Irrenhaus, einem Käfig voller Nar-
ren, wiederum andere sahen darin ein Experiment, das zum
Untergang verurteilt, aber dennoch notwendig war, weil es den
politisch-parlamentarischen Betrieb kritisch hinterfragte und
auf die Bewährungsprobe stellte.

Marie-Luise Beck-Oberdorf, die – auch wenn sie in der Fraktion bisweilen in Tränen ausbrach – keineswegs vergaß, ihren strategisch planenden Kopf einzuschalten, ergriff die Initiative für einen reinen Frauenvorstand. Um Otto Schilys und Joschka Fischers autoritären Führungsanspruch zu durchbrechen, setzte sie auf die Frauen in der Fraktion. Auf die Frage einer Reporterin des WDR, was sie denn bewogen habe, das »Feminat« zu initiieren, antwortete sie ganz unverstellt und offen: »Ja, ich habe hier eine harte Schule durchgemacht in Bonn, ich hab nämlich gelernt, dass Gleichberechtigung auf dem Papier und selbst der Wille von Männern, Gleichberechtigung zuzulassen, letztlich doch nicht umgesetzt wird. Und dass dann ganz viele Schnitzer passieren, die Männer vielleicht auch gar nicht wollen. Ich kann nur einige Beispiele sagen: Es ist so, dass sich die männliche Öffentlichkeit – und das sind in der Politik männliche Journalisten, Politiker – selbst sehr gern an den männlichen Politiker wendet. So hat sich zum Beispiel bei uns der Begriff ›Fraktionsvorsitzender‹ in unserem Dreiergremium durchgesetzt, sicherlich ohne dass Otto Schily das wollte, aber im Laufe der Zeit wurde er zum Fraktionsvorsitzenden, ein ganz typisches Zeichen. Oder eine Situation im Parlament: Parlamentarischer Geschäftsführer Joschka Fischer, wenn es irgendwo brenzlig wurde, dann sagte Joschka ›Otto, jetzt musst du ran‹ oder ›Jürgen Reents, jetzt musst du ran‹. So entsteht eine Atmosphäre, dass man als Frau, meistens mit weniger Selbstbewusstsein und weniger Erfahrung ausgestattet, schon gar nicht mehr den Mut hat, nach vorne zu gehen. Und wenn man schon ängstlich ist, dann geht auch alles schief, das ist ja bekannt. Es fehlt ein Raum, in dem Frauen in dem Sinne auch wachsen können, Sicherheit bekommen können, wie es nötig wäre. Daher kam mir der Gedanke, macht mal die Schlupflöcher zu, die Männer mal wirklich rausnehmen, ein bisschen auf die Seite stellen, damit Frauen gefordert sind, dass sie angesprochen werden müssen und damit sie Luft haben und sich entwickeln können.«

Beck-Oberdorf konnte sich in ihrem persönlichen Kampf gegen das »Polit-Mackertum« der männlichen Stars deshalb durchsetzen, weil sie deren Disziplinierung als feministisches Entwicklungshilfeprogramm für die Fraktion und als Sensibilisierungsmaßnahme für die Machos etikettierte und damit auf breite Zustimmung stieß.

Die rein weibliche Fraktionsspitze war ein kluger Schachzug: Erstens generierte das »Feminat« Aufmerksamkeit, zweitens bot sich jetzt auch unbekannteren Politikerinnen die Chance, in der ersten Reihe mitzuspielen, drittens war man den anderen Parteien frauenpolitisch weit voraus, viertens stellte man die üblichen Machtspiele infrage, fünftens – das leuchtete auch manchen grünen Männern ein – war das »Feminat« eine Bestätigung der progressiven Identität der Grünen, die sich ja vor allem als Bewegungspartei definierten, sechstens bot sich die Chance, die zerstrittene Fraktion zu befrieden.

Diese konfliktlösende Moderation war zum damaligen Zeitpunkt besonders wichtig, weil die Rotation der Grünen noch vom Bundesverfassungsgericht geprüft wurde und man dem »Feminat« zutraute, die umstrittene Rotation sowohl nach innen, aber auch nach außen besser darstellen und durchsetzen zu können, als es die »Stars« vermocht hätten. Und schließlich – und das war einer der wichtigsten Gründe für die beteiligten Frauen – bedeutete das »Feminat« die Chance, die eigenen Kinder besser betreuen und versorgen zu können. Waltraud Schoppe und Antje Vollmer waren alleinerziehend, die Lehrerin Annemarie Borgmann und Christa Nickels hatten jeweils zwei Kinder, nur die Pädagogin Heidemarie Dann und die Wissenschaftlerin Erika Hickel waren kinderlos. Die sechs Frauen waren sich einig, dass sie Politik und Familie nur miteinander verbinden könnten, wenn sie sich selbst in dieser Frage untereinander solidarisch verhalten würden. Gerade die Mütter wie Christa Nickels und Antje Vollmer argumentierten, nur Frauen könnten einander den Rücken frei halten, wenn die Kinder mal krank würden und sie nach Hause fahren müssten. Auf traditionell denkende Männer und Machos wie Joschka Fischer und Otto Schily könnte man sich dann nicht verlassen, eher müsste man fürchten, dass diese ihre Abwesenheit ausnutzen. Die grünen Frauen waren es auch, die einen Betriebskindergarten für Bundestagsabgeordnete anregten, ein Antrag, der damals noch rundweg abgelehnt wurde und Kopfschütteln auslöste. Immerhin gelang es den Grünen, einen Kinderhort für die Mitarbeiterinnen ihrer Fraktion zu organisieren. Mit solchen Verbesserungen setzten die Grünen auch die etablierten Parteien unter Druck, denn die Frauen von CDU/CSU und SPD konnten jetzt den eigenen Männern und Kollegen vorhalten, man dürfe nicht nur im hehren Tonfall von Familienpolitik und Gleichberechtigung sprechen, man müsse sie auch umsetzen und die Frau konkret in ihrem Familien- und Berufsalltag unterstützen.

Das »Feminat« machte den meisten damaligen Politikerinnen wie mit einem Blitzlicht klar, wie trostlos die Situation und Machtteilhabe der Frauen in ihren Parteien 1984 insgesamt aussah. Im Bundestag waren in diesem Jahr nur 51 Frauen vertreten, das entsprach einem Frauenanteil von lediglich 9,8 Prozent. Auch in der Bundesregierung sah es nicht besser aus: Unter Kanzler Helmut Kohl gab es nur eine Frau im Kabinett, die weitgehend bedeutungslos bleibende Bildungs- und Wissenschaftsministerin Dorothee Wilms, die ein Ressort leitete, das kaum Gestaltungsmacht besaß. In den Länderparlamenten war der Frauenanteil 1984 nur geringfügig höher als im Bundestag, immerhin übersprang er im Durchschnitt das erste Mal die Zehn-Prozent-Marke. Von bundesweit 1.269 Landtagsabgeordneten waren 137 Frauen, was einem Frauenanteil von 10,8 Prozent entsprach. Es gab 1984 keine Ministerpräsidentin in Deutschland (Heide Simonis wurde 1993 die erste Ministerpräsidentin der Bundesrepublik) und nur elf Landesministerinnen bzw. Senatorinnen. Doch auch hier galt: Frauen besetzten keine klassischen Schlüssel- und Machtressorts. In zwei der größten und wichtigsten Bundesländer, Bayern und Nordrhein-Westfalen, fand sich 1984 überhaupt keine Frau im Kabinett, und der Schnitt insgesamt wurde durch den politisch eher zweitrangigen Stadtstaat Hamburg beträchtlich gehoben. Dort agierten gleich drei Senatorinnen an den Schalthebeln ihrer Behörden, darunter die inzwischen Parteilose Helga Schuchardt, die 1982 aus der FDP ausgetreten war.

Christa Nickels erinnert sich daran, wie die Kolleginnen anderer Parteien auf das »Feminat« reagierten: »Es waren vor allem die sehr wertkonservativen CSU-Frauen, die sich gefreut und uns beglückwünscht haben. Die sagten: ›Für uns ist das ein innerer Vorbeimarsch, denn wir müssen uns als erwachsene Frauen allerhand Unsägliches von den Männern in der Partei gefallen lassen. Hoffentlich schafft ihr das und haltet durch.‹ Die linken SPD-Frauen waren da sehr viel zurückhaltender und sogar ein wenig feindselig.« Tatsächlich beglückwünschte die CSU-Abgeordnete Ursula Männle die Grünen-Kolleginnen auch brieflich und bekam sofort einen Rüffel ihrer Partei. Was ihr denn einfiele? Wie könne man dem politischen Gegner zu einem solchen Unfug auch noch gratulieren? Hildegard Hamm-Brücher (FDP) hingegen zeigte sich hocherfreut: »Eine tolle Sache, damit kann ich mich nur solidarisieren.« Auch Ingrid Matthäus-Maier (SPD) sprach von einem heilsamen »Schock« für die Patriarchen in den anderen Parteien. Dahingegen witterten linke Sozialdemokratinnen wie Renate Schmidt und Herta Däubler-Gmelin eher eine Selbstisolierung der Frauen. Däubler-Gmelin gab dem »Spiegel« zu Protokoll, sie warne die Frauen davor, sich »auf einer Insel der Seligen, in der politischen Subkultur zu organisieren«. Natürlich sprach da die Abgeordnete einer Volkspartei, die anderen Organisations- und Repräsentationszwängen unterlag, daraus war aber auch herauszuhören, wie sehr man die grünen Frauen um ihren Gestaltungsspielraum beneidete, denn im 40-köpfigen Parteivorstand der SPD gab es lediglich sechs Frauen.

Das grüne »Feminat«, 1984. V. l. n. r.: Heidemarie Dann, Annemarie Borgmann, Antje Vollmer, Erika Hickel, Waltraud Schoppe, Christa Nickels

Insgesamt musste sich das »Feminat« jede Menge Häme gefallen lassen, viele versteckte und offene Anfeindungen im Bundestag und in den Medien. In einer Kölner Boulevardzeitung hieß es beispielsweise: »Wenn dieser verbissene und humorlose Hühnerhaufen die ›moderne deutsche Frau von morgen‹ darstellen soll, müssten die Scheidungsrichter sicherlich bald die 70-Stunden-Woche einführen.« Marie-Luise Beck-Oberdorf wurde in der »Mittelbayerischen Zeitung« das »Engelsweib mit Flammenschwert und männermordendem Dolche im Gewande« genannt, und Waltraud Schoppe, eine der neuen Sprecherinnen, wurde als »Spezialistin für alternative Sexpraktiken« tituliert. Ein erster, ganz augenfälliger Gewinn des Frauenvorstands war die Selbstdemaskierung der bornierten Männer, die nicht fassen konnten, dass Frauen so unverblümt einen Machtanspruch erhoben. Aus fast allen Interviews, die männliche Journalisten damals mit den frisch gewählten Fraktionsvorständen führten, spricht eine deutliche Herablassung und der offen ausgesprochene Vorbehalt: Packt ihr Amateure das auch?

Und was antworteten die Frauen des »Feminats«? Im ZDF kündigte der Sprecher Gerhard Klarner in der Sendung »Heute« einen Beitrag über die neue Fraktionsspitze der Grünen folgendermaßen an: »Waltraud Schoppe, eine der drei Fraktionssprecherinnen, sagte vor Journalisten, was die Grünen sich bei dieser ungewöhnlichen Wahl gedacht haben.« Waltraud Schoppe sitzt im Bildzentrum, rechts und links von ihr haben die Mitstreiterinnen Christa Nickels, Heidemarie Dann, Antje Vollmer, Annemarie Borgmann und Erika Hickel Platz genommen. Schoppe trägt mit ruhiger und selbstbewusster Stimme vor: »Wir haben die Vorstellung, dass Frauen an dem Entwurf einer anderen Gesellschaft mitwirken sollen, das heißt, Frauen sollen mitwirken sowohl im Erwerbsleben, Frauen sollen mitwirken in der Kultur und sollen mitwirken in der Politik. Und da sind wir mal ein Stück vorgeprescht und haben das gemacht – ich glaube, das ist noch nirgends passiert, dass alle Vorstandsposten, die zu vergeben waren, von Frauen besetzt worden sind. Wir machen jetzt hier diesen Versuch, und wir sehen das als Signal für die Frauen in unserer Partei, sich verstärkt zu organisieren, für Frauen in anderen Parteien, und wir sehen das auch als Signal über die Grenzen der Bundesrepublik hinweg für alle Frauen, sich vermehrt in die Politik einzumischen.«

Das »Feminat« stand von Anfang an unter erheblichem Erfolgs- und Beobachtungsdruck. Die sechs Frauen mussten nicht nur in der eigenen Partei nachweisen, dass sie es konnten, sie mussten für alle Frauen den politischen Belastungstest absolvieren, dass Frau es kann, dass Frau steht, dass Frau es auch anders machen kann als der Mann. Ursula Männle wünschte: »Hoffentlich geht es nicht schief. Wenn sie versagen, wird es den Frauen insgesamt angelastet.«

Wie umstritten das Projekt selbst bei den Frauen war, belegt ein Zitat aus der »taz« vom 16. Mai 1985. Die Autorin Claudia Hennen fremdelt und fürchtet: »Ob sie es wohl schaffen? Sind sie nicht vielleicht zu mittelmäßig? Die haben doch gar kein feministisches Konzept. Das ist doch wirklich eine unpolitische Lösung. Mensch, jetzt kriegen die sogar des Nachts mal von einem männlichen Kollegen den Kaffee gekocht. Na, jedenfalls ist die Atmosphäre schon besser geworden.« Manche Beobachterin sprach von einer »Hausfrauisierung« der Politik und warnte davor, die Politik zu entpolitisieren, weil die Frauen nur kurzfristig dächten und agierten und nicht die langen Linien entwerfen würden. Die Hauptaufgabe der Frauen bestünde wohl darin, so unkten manche, den Scherbenhaufen, den die Männer hinterlassen hätten, zusammenzukehren. Derweil ätzte Joschka Fischer in Bonner Kneipen wie der »Provinz« gegen das »Feminat« und ließ jeden wissen, der es hören wollte, dass die Damen nur eine Bauchlandung hinlegen könnten, denn ohne Strategen wie ihn ginge es nun einmal nicht.

Unter diesen erschwerten Bedingungen musste sich das Sextett zusammenfinden, sich koordinieren und die Fraktion führen. Dass sie nicht gewillt waren, sich von den Männern vorführen zu lassen, zeigten die Frauen bereits in den ersten Tagen. Als man Christa Nickels gönnerhaft antrug, Joschka Fischer könne sie doch ein paar Wochen lang als Parlamentarische Geschäftsführerin »anlernen«, lehnte sie dankend ab und meinte, sie müsse schon selbst und sofort ins kalte Wasser springen. Die ehemalige Krankenschwester, die jahrelang auf der Intensivstation in Nachtschicht gearbeitet hatte, vertiefte sich leidenschaftlich in die Geschäftsordnung des Bundestages und ließ sich als Mitglied des Ältestenrates nicht über den Tisch ziehen. Sobald die etablierten Parteien versuchten, die Grünen mit Tricks der Geschäftsordnung einzuhegen, ihre Rechte zu beschneiden, ging Nickels auf die Barrikaden und verhinderte, dass der parlamentarische Spielraum der Fraktion verengt wurde.

Insgesamt strafften und demokratisierten die Frauen die Fraktionsarbeit, sie verteilten Redezeiten gleichmäßiger, sie befürworteten die Rotation einstimmig und nahmen die Diven in die Pflicht. Nach außen funktionierte das »Feminat«, die Frauen zeigten sich geschlossen, die Aufgabenteilung funktionierte leidlich, das Sextett stürzte sich mit enormem Fleiß in die Arbeit. Doch hinter den Kulissen entfalteten sich schnell Konflikte. Auf der einen Seite stand Waltraud Schoppe, die als Realpolitikerin wahrgenommen wurde. Sie befürwortete mögliche Bündnisse mit der SPD und war sich darin mit Stars wie Fischer und Schily einig; auf der anderen Seite lehnten die sogenannten Fundis wie Antje Vollmer und Christa Nickels diese vorschnelle Anpassung und Machtorientierung ab. Für sie hätte das die frühzeitige Vergreisung und Erstarrung einer Partei bedeutet, die die Energien der neuen sozialen Bewegungen weiterzutragen hatte. Die machtpolitische Disziplinierung dieser Antriebskräfte würde die Grünen ihrer Basis entfremden und Glaubwürdigkeit und Identität der Partei zerstören.

Zu diesem programmatischen Konflikt, der sich genauso bei den Männern der Partei fand, traten persönliche Unterschiede: Während Antje Vollmer und Christa Nickels ein strategisches Duo bildeten, stand Waltraud Schoppe im »Feminat« als einzige Realpolitikerin ziemlich isoliert da. Mit Schoppe und Vollmer rangen zudem die beiden bekanntesten Politikerinnen des »Feminats« um die Aufmerksamkeit der Medien. Echtes Vertrauen bestand nicht zwischen ihnen. Zwischen diesen prominenten Polen verloren sich Abgeordnete wie Heidemarie Dann und Annemarie Borgmann. Die beiden früheren Lehrerinnen traten in den Hintergrund, leisteten viel Kärrnerarbeit, ohne dafür gesteigertes Lob einzuheimsen. Die Frauen des »Feminats« bemühten sich um Eintracht, merkten aber bald, dass manch eine von ihnen deutlich spitzere und kantigere Ellenbogen besaß als die anderen.

Was die Frauen dann wieder einte, war der Zusammenhalt gegenüber den zu Alleingängen neigenden Männern. In einer Fraktionssitzung kam es zum kalkulierten Knall. Die sonst als so »sanftmütig« wahrgenommene Pastorin Antje Vollmer verbat sich die allabendlichen Klüngeleien der »Fischer-Gang« mit Sozialdemokraten und Journalisten in den bekannten Bonner Kneipen. Sie habe es satt, dass dort beim Bier Politik gegen den Frauenvorstand betrieben werde, während man sich in der Fraktion scheinzahm und zustimmungsbereit zeige. Mit diesem offensiven Aufschlag schaffte es das »Feminat«, die Fraktion wieder hinter sich zu sammeln und Joschka Fischers Saat der Zwietracht weitgehend zu neutralisieren. Um klare Kante zu zeigen, um zu beweisen, dass auch Frau im innerparteilichen Machtkampf nicht konfliktscheu ist, veröffentlichten fünf der sechs Frauen des Fraktionsvorstands eine Pressemitteilung, in der sie die Position des Bundesvorstands, keine Regierungsbündnisse einzugehen, teilten. Auch dadurch grenzten sich die Frauen von der »Fischer-Gang« ab und definierten sich als selbstbestimmte Formation. Niemand bei den Grünen meinte fortan, das »Feminat« hinge an der langen Leine der mächtigen Männer. Und als Otto

Schily seine Kollegin Antje Vollmer sogar als »eiskalte Macht-politikerin« titulierte, kam das eher einem unfreiwilligen Lob als einer vernichtenden Kritik gleich.

Das Bündnis, das auf ein Jahr befristet war, blieb zusammen und wurde allgemein als Erfolg bewertet. Die »Zeit«-Redakteurin Margrit Gerste, eine kundige Beobachterin der Bonner Szene, schrieb über die Bilanz des Fraktionsvorstands: »Ins Jahr des Feminats fällt nicht nur die beachtliche Leistung, etwas Ruhe und Geschlossenheit in die Fraktion gebracht zu haben, sondern auch eine gute parlamentarische Bilanz, ökologische Fragen wurden pointiert – in Stichworten: Buschhaus, Dioxin, Form-aldehyd; Schily brillierte im Flick-Ausschuss; aus politisch ag-gressiven Themen wurden ›gepflegte öffentliche Debatten mit Gästen‹ (Antje Vollmer).«

Zwar waren die Feministinnen bei den Grünen und in der außerparlamentarischen Frauenbewegung eher enttäuscht, weil sich das »Feminat« nicht in besonderer Weise feministisch oder frauenpolitisch hervorgetan hatte, aber gerade dadurch konnte vermutlich der feministische Funke auf die anderen Parteien und in die Gesellschaft überspringen. Die politischen Gegner des »Feminats« konnten die weibliche Führungsriege nicht als radikale Feministinnen abtun, sondern mussten den eher sach-lich-pragmatischen Führungsstil anerkennen.

Durch die erfolgreiche Arbeit des »Feminats« konnte 1986 auch die Frauenquote bei den Grünen durchgesetzt werden, die vorgab, dass alle Gremien mit 50 Prozent Frauen zu be-setzen waren und auf allen Wahllisten ebenso viele Frauen wie Männer aufgestellt werden mussten. Das »Feminat«, des-sen Arbeit laut einer Emnid-Umfrage auch in der Bevölkerung mehrheitlich Anerkennung und Sympathie erntete, setzte auch die anderen Parteien unter Druck. SPD und Union liefen die Wählerinnen davon, in der Alterskohorte der Jungwählerinnen verloren die etablierten Parteien erheblich an Zustimmung.

Die Frauen in der SPD, die Arbeitsgemeinschaft Sozialdemo-kratischer Frauen (ASF), und in der Union, die Frauen-Union, forderten nun mehr Frauenbeteiligung, es begann zu rumoren, die Frauen hatten es satt, hingehalten zu werden. Der Titel des Spielfilms von Cristina Perincioli »Die Macht der Männer ist die Geduld der Frauen« (1978) machte nun wieder häufiger die Runde.

Der 33. Bundesparteitag der CDU vom 20. bis 22. März 1985 in Essen stand auch unter dem Eindruck der neuen Frauenpower der Grünen. Heiner Geißler, der damalige Generalsekretär und Familienminister der Union, machte ihn zum Frauenparteitag, inszenierte sich als »Oberfeminist« und versuchte, das Frauen- und Familienbild der CDU zu modernisieren. Mit den Leitsätzen der CDU für eine neue Partnerschaft zwischen Mann und Frau, die Heiner Geißler im Februar 1985 der Öffentlichkeit vorgestellt hatte, wollte der Vordenker der Partei wieder den Anschluss an gesellschaftliche Modernisierungen schaffen und das frauen-politische Image der Union entstauben. Nicht alle wollten ihm diese Wendung zum »Feministen« abnehmen. Am 8. Februar 1985 war es im Deutschen Bundestag zu einer »Frauendebatte« gekommen, bei der es um Frauen im öffentlichen Dienst und die Einrichtung einer Stiftung für die Finanzierung von Frauenhäu-sern ging. Diese Debatte ist ein Dokument der anschwellenden Ungeduld – vor allem die Grünen- und die SPD-Frauen gehen mit Heiner Geißler hart ins Gericht.

Die 2016 früh verstorbene SPD-Politikerin Anke Martiny, da-mals mit dem Parteikollegen Peter Glotz verheiratet und von 1972 bis 1989 Mitglied des Deutschen Bundestags, ergreift als Erste das Wort. Ihre Rede an diesem Tag ist nicht nur ein Dokument der gewachsenen Frauenforderungen und ein selbstbewusstes Auftreten in der männerdominierten Arena, die Rede ist auch ein Zeugnis spezifischer weiblicher Rhetorik. Die ausgebildete Musikwissenschaftlerin Martiny achtet auf eine gewisse Musika-lität der Rede, sie ist sorgfältiger gebaut und strukturiert als viele andere Reden, sie hat lyrische, aber auch harte, attackierende Passagen, und sie weist über den tagesaktuellen Anlass und das Plenum hinaus.

Zunächst attackiert sie die frauenpolitischen Leitsätze von Geißler, der zwar viel ankündige, aber wenig halten werde. Dann wendet sich Anke Martiny an die Frauen im Land, und dabei geht ihr Blick über das Plenum hinaus und sucht die Aufmerksamkeit der Frauen auf der Zuschauertribüne des Bundestages:

»Als erste Rednerin meiner Fraktion begrüße ich von hier aus alle Frauen, die kleinen Mädchen in den praktischen Latzhosen, die noch nicht wissen, welche Rollenzwänge ihnen auferlegt sind und welche Diskriminierung sie erwartet; denn es ist ja wohl ausgemachter Quatsch, wenn die CDU ankündigt, bis zum Ende dieses Jahrhunderts werde sie die Diskriminierung der Frauen beseitigen. Nichts rechtfertigt solche Hoffnungen.

Ich grüße die heranwachsenden Mädchen, die in diesen Wochen und Monaten nach Ausbildungsplätzen suchen, von denen sie sich eine chancenreiche Zukunft versprechen können, die aber keine finden.

Ich grüße die jungen Frauen, die das Kinderkriegen und ihren Beruf so gern miteinander verbinden würden, aber dies unter den gegenwärtigen Bedingungen kaum schaffen können.

Ich grüße die Frauen am Arbeitsplatz, sei er auch noch so schlecht bezahlt, sei die Arbeit noch so einförmig. Frauen müssen das aushalten; denn ihr Verdienst wird für die Erziehung der Kinder gebraucht. An allen Ecken und Enden hat die Union die Belastungen der Familie ja erhöht.

Ich grüße die Hausfrauen, die zwar in öffentlichen Reden manchen Orden bildlich umgehängt bekommen, in barer Münze aber bloß draufzahlen und bestenfalls in der ersten Reihe stehen dürfen, wenn der Mann den Orden kriegt.

Ich grüße die Rentnerinnen, von denen viel zu viele schon lange resigniert haben. Unter schwersten Bedingungen haben sie meine Generation großgezogen, oft als Kriegerwitwen, haben die Bundes-

*republik mit aufgebaut und müssen nun erleben, dass ihre Lebens-
leistung missachtet wird.*

*Zuletzt grüße ich die erfolgreichen Frauen. Die, die es geschafft
haben, sind wenig genug. Viel Unsicherheit, gesellschaftliche An-
feindung und Missgunst haben sie als ›Doppelverdiener‹ ertragen
müssen, und bei mancher von ihnen spüren wir die geschlagenen
Wunden. Trotzdem: Sie sind die Vorreiterinnen in einer Gesellschaft, in der Mädchen und Frauen zwar den größeren Teil ausmachen, die zwei Drittel aller Arbeitsstunden leisten, weltweit aber
nur über ein Zehntel des Geldeinkommens und über höchstens ein
Prozent des Weltvermögens verfügen. Meine Damen und Herren
von der Union, sehr geschätzte Herren von der Regierung, die Sie
so spärlich vertreten sind, wir Frauen wollen nun endlich Taten
sehen.«*

Von heute aus betrachtet wirkt es kaum noch glaubhaft, dass
zu diesem Zeitpunkt im Kabinett von Helmut Kohl nur eine Frau
vertreten ist. 16 Männer und eine Frau (Dorothee Wilms), die
nach der Ernennung der Minister im März 1983 beim obligatori-
schen Pressefoto auf den Stufen der Villa Hammerschmidt völlig
verloren zwischen den anzugbewehrten Machtmännern steht.

Zu den Taten, die Heiner Geißler liefert, gehört die zweite
Frau in der Regierung von Helmut Kohl. Auf Vorschlag seines
Generalsekretärs berief der Kanzler die Erziehungswissenschaftlerin Rita Süssmuth ins Kabinett. Am 26. September 1985 wurde
sie als Nachfolgerin von Geißler als Bundesministerin für Jugend, Familie und Gesundheit in Bonn vereidigt. Ab 1986 wurde
das Ministerium auf Betreiben von Süssmuth um die Abteilung
Frauen erweitert. Ohne den Einzug der Grünen ins Parlament
und ohne das »Feminat« hätte es die neue Ministerin und die
frauenpolitische Erweiterung kaum gegeben.

Nach dieser frauenpolitischen »Aufrüstung« der Union muss-
ten sich auch die Männer in der SPD bewegen. Hans-Jochen
Vogel hatte als neuer Parteivorsitzender ein offeneres Ohr für
Frauenpolitik als der Kanzler Helmut Schmidt und auch als der

vormalige Vorsitzende Willy Brandt. Am 30. August 1988 votierten die Sozialdemokratinnen in Münster nach jahrzehntelangem Kampf endlich für eine Quote. 40 Prozent Frauen mussten fortan bei der Besetzung von Ämtern berücksichtigt werden.

An diesem denkwürdigen Tag kürte die SPD auch das erste Mal in ihrer Geschichte eine Frau als stellvertretende Parteivorsitzende: Herta Däubler-Gmelin. Seltsam genug: Obwohl der legendäre Gründervater der SPD August Bebel bereits 1879 den einflussreichen Long- und Bestseller »Die Frau und der Sozialismus« veröffentlicht hatte, in dem er die umfassende Gleichberechtigung der Frau forderte, und obwohl die SPD-Abgeordnete Marie Juchacz am 19. Februar 1919 als erste Frau eine Rede vor der Weimarer Nationalversammlung hielt, tat sich gerade die SPD unendlich schwer, ihren Politikerinnen wirkliche Gleichberechtigung einzuräumen. Im Machismus standen die SPD-Männer den Männern konservativerer Parteien nur wenig nach.

Zu den unbeabsichtigten Folgen des »Feminats« gehört wohl auch, dass Deutschland 2005 erstmals eine Kanzlerin wählte. Die grünen Frauen, allesamt politische Newcomerinnen, hatten die Tür für die zwei prominentesten Seiteneinsteigerinnen der Union weit aufgestoßen: Rita Süssmuth und Angela Merkel.

10. Über charismatische Politikerinnen

»Wir stecken fest in diesem Sirup aus Mutlosigkeit und Langeweile, in einer Welt aus gehässigen Bürokraten, Euro-Schlamassel, Polit-Clowns, islamistischen Messerstechern, rechtsradikalen Mördern, Modezicken, Blendern mit erschlichenen Doktortiteln, Haarausfall.

Wie wäre *einer,* der mit der Vorsehung im Bunde wäre? Nicht links, nicht rechts, sondern entschlossen. *Der* es gar nicht zulassen würde, dass wir uns zerreißen in einer Diskussion über 150 Euro Betreuungsgeld in einer Gesellschaft, die Kinder weitgehend abgeschafft hat. Wie wäre es, wenn uns *einer* da rausführte, *einer, der* gut aussähe und mit Messer und Gabel essen könnte und eventuell einen echten Doktortitel hätte, wobei es darauf nicht im Geringsten ankäme? [...]

Wie müsste *er* beschaffen sein, *der Retter?*

Sicherlich nicht wie die Rechnerin Angela Merkel, der man vorwirft, sie habe ›keine Vision‹, sie könne ›nicht kommunizieren‹, sie habe ›keine große Erzählung‹ – alles Code-Namen für das, was ihr fehlt: Charisma.«

Diese Suchanzeige nach einem charismatischen Retter, Erlöser,

Messias stammt von dem ehemaligen »Spiegel«-Autor Matthias Matussek (Spiegel, Nr. 46/2012), der in der Titelgeschichte »Charisma. Das Geheimnis der besonderen Ausstrahlung« ganz eindeutig offenbart, dass er einen Retter und keinesfalls eine Retterin erwartet. Die Bundeskanzlerin hat es nicht, das Charisma, und von Frauen erwartet der Autor auch keine Erlösung aus dem »Sirup aus Mutlosigkeit und Langeweile«, in dem zumindest er sich klebrig gefangen glaubt. Männlich soll der Messias sein und den Mann aus dem existenziellen Schlamassel ziehen. Dieses Charismaverständnis reduziert den komplizierten Prozess der Charismabildung auf einen simplen Akt des Willens, auf einen biblischen Moses-Moment: Ein Mann kommt und führt Volk aus der Gefangenschaft/dem Sirup der Hoffnungslosigkeit. Frau kann das nicht: Sie hat keine große Erzählung, keine Vision, keine Macht. Der Auserwählte, der Herrscher, der Führer ist ein Mann, und die Herrschaft ist Sache des Herrn.

Dieses androzentrische, männlich geprägte Charismaverständnis, das insbesondere auf Max Webers Theorie des charismatischen Führers zurückgreift, lässt auch in der Geschichte der Bundesrepublik keinen Platz für Frauen. Was auch damit zusammenhängt, dass Charisma in diesen Konzepten erst dann vollgültig anerkannt wird, wenn es sich mit Macht, einem Machtmandat und einer historischen Konstellation paart, die die charismatische Situation, das charismatische Ereignis und ihren Träger unübersehbar macht. Nach landläufiger Auffassung hat die Bundesrepublik nur einen echten Charismatiker hervorgebracht: Willy Brandt. Nur in ihm und seiner Biografie finden sich alle Elemente einer charismatischen Beziehung zwischen dem Charismaträger und seinen Charismazulieferern. Brandt war ein stimmungsfühlender Politiker, der als leidender Mensch und als Autorität respektiert wurde und dem man gerade deshalb, als mitfühlendem Schmerzensmann und Stigmata-Botschafter, zutraute, dass er sich eines allgemeinen Leids annahm. Unter diesem Leid konnte man einerseits die deutsche

Teilung, den Ost-West-Konflikt und die fehlende Aussöhnung mit den Nachbarn im Osten verstehen sowie andererseits die zunehmende Entfremdung der Generationen und die jugendliche Wut über eine selbstgefällig gewordene Vätergeneration, die sich demokratisch gerierte, aber tatsächlich autoritär und obrigkeitsstaatlich tickte.

Andererseits war Brandt bei seinen Gegnern verhasst, und nur weil er polarisierte, konnte er besonders viele Menschen für sich und seine Politik mobilisieren. Nur wenn also Zeiten, Atmosphären, politische Konzepte, Marketing, Narrative, Symbole, Akteure, historische Konstellationen und kollektiv gestaute Energien und Emotionen miteinander interagieren, nur dann tritt ein Charismatiker aus dem Dunkel ins Licht. Sein Charisma fällt nicht vom Himmel, es ist ganz irdisch, ein historisch-chemisches Produkt mit eingeprägtem Verfallsdatum. Nur Brandt, heißt es, sei es gelungen, die Seelen zu berühren und die Bürger zum Singen zu bringen. Wenn Günter Grass unter dem Titel »Dich sing ich, Demokratie« Wahlkampfreden für Brandt hielt, dann verwies eben dieser Einsatz auf Brandts Begabung, andere Menschen zu Demokratiesängern zu machen. Menschen, die bis dahin gar nicht ans Singen gedacht hatten, schmetterten fröhlich »Ich rat Euch, Es-Pe-De zu wählen!« oder »Willy wählen!«.

Die meisten politischen Charismakonzepte stellen einen zentralen Akteur in den Mittelpunkt ihrer Überlegungen, einen Protagonisten, der Massensehnsüchte und Massenwünsche einsammelt, zum Leben erweckt und so den Eindruck vermittelt, er besäße eine unerklärliche, nahezu magische Begabung. Wenn die Masse, das Kollektiv oder der Wähler den Charismatiker findet, hat längst ein Prozess eingesetzt, der darauf hinausläuft, den Erwählten aus allen bedingenden Kontexten und Koordinaten zu lösen, ihn aus der Realität loszueisen, damit er – für den Wähler – die quälende Realität, »den Sirup« überwinden kann. Zu dieser Inthronisierung des Erlösers gehört also die Fokussierung auf das heroische Individuum, die befreite Existenz, den großen Solisten und Selbstmächtigen.

Die Frau an seiner Seite fehlt da schnell, muss fehlen, denn sie würde das Publikum bloß an die Bedingtheit des Helden erinnern. Und so wird Willy Brandt als der große Einsame inszeniert und empfunden, dabei aber oft übersehen, welchen grundlegenden Anteil seine Frau Rut Brandt an seiner Karriere hatte. Es war gerade auch die Ausstrahlung der geborenen Norwegerin, die von den Massenblättern der Springer-Presse in der umkämpften »Frontstadt Berlin« der Fünfziger- und Sechzigerjahre befeuert wurde, es war ihr natürliches Charisma, das Brandt half, zum weltweit anerkannten Bürgermeister und Kanzlerkandidaten aufzusteigen. Es war die strahlende Rut Brandt, die dem Politiker selbst dort Sympathiepunkte sammelte, wo man ihn politisch ablehnte, es war die stets optimistische Frau, die den zu depressiven Versteinerungen neigenden Brandt aus seinen sozialen Isolierungen riss und als geschickte Diplomatin manchen atmosphärischen Abgrund meisterte: im engsten Umfeld und auf der weltpolitischen Bühne. Sie, die die Öffentlichkeit nie suchte, die sich davor fürchtete, öffentlich sprechen zu müssen, und die dem parteipolitischen Kampf in der Bundesrepublik sehr skeptisch gegenüberstand, wurde überall geachtet und gemocht und in der SPD mindestens ebenso geliebt wie ihr Mann Willy Brandt. So wurde sie gleichsam zur ersten First Lady der Bundesrepublik.

Rut Brandt war keine Politikerin im parteipolitischen Sinne, aber für sie galt sicherlich, was Marie-Elisabeth Lüders anlässlich der ersten interzonalen Frauenkonferenz im Mai 1947 in Bad Boll zu bedenken gab: »Frau sein heißt politisch sein. Unser ganzer Alltag ist von der ersten bis zur letzten Stunde Politik.« Natürlich gab es in der Geschichte der Bundesrepublik auch charismatische Politikerinnen, aber was ihnen verwehrt blieb, war die Charismasituation, die sie aus dem Alltag herausgehoben und dauerhaft im kollektiven Gedächtnis etabliert hätte. Und obwohl Deutschland – oder das, was von ihm übrig war – in den Nachkriegsjahren ein Frauenland war, in dem Frauen als Überlebenskünstlerinnen den Alltag meisterten, den Hunger und die Kälte bekämpften, auf dem Schwarzmarkt feilschten, in Industrieruinen und auf Feldern schufteten, überall »Männerarbeit« leisteten, Invaliden pflegten, hungrige Kinder und Männer aufpäppelten, um Lebensmittelrationen kämpften, Schutt räumten und zerschossene Zimmer und Kellerlöcher in Wohnungen verwandelten, obwohl sich überall überparteiliche Frauenausschüsse bildeten, die »Nie wieder Krieg!« forderten, blieben den Frauen politische Spitzenämter verwehrt, selbst wenn sie als charismatisch wahrgenommen wurden. An dieser Stelle wäre auch zu fragen, ob man Charisma nicht namenlosen Akteuren in Masse zugestehen kann? Waren die Frauen in dieser Zeit von heute aus betrachtet nicht ebenfalls charismatisch? Könnten sie nicht als heroische Politikerinnen des Alltags wahrgenommen werden, deren Charisma zunimmt, je weiter man sich von ihnen entfernt? Haben sie als Kollektiv nicht etwas geschaffen, was der charismatische Führer meistens verspricht, aber selten halten kann?

Louise Schroeder (SPD), die Berliner Nachkriegsoberbürgermeisterin, war eine Politikerin, die vielleicht am eindringlichsten die politische »Trümmerfrau« verkörperte, eine Politikerin, die als frühere Reichstagsabgeordnete und Mitbegründerin der Arbeiterwohlfahrt eine unbezweifelbare Autorität und Aura mitbrachte. Sogar die »New York Times« nahm im Mai 1948 Kenntnis von der zierlichen Frau, die der Berlin-Blockade trotzte: »Niemals hat bis jetzt eine deutsche Frau eine so wichtige Stellung innegehabt. Da, wo Männer aller Parteien Fehlschläge erlitten, gelang es ihr, Erfolge zu erzielen.« Ein Zeitzeuge, der sie erlebte, als sie einen Vortrag im Schöneberger Rathaus hielt, beschrieb ihre Wirkung so: »Sie verwandelte in den Sekunden, die sie brauchte, um von der Tür nach vorn zu gehen, die Hörer eines politischen Vortrags in ihre Gäste und den Saal in ein privates Heim. Mit einem liebenswürdigen, ein bisschen müden Lächeln und einer schmalen, schwarzen Handtasche am lang ausgestreckten Arm.«

Als die Sowjets die Berlin-Blockade am 12. Mai 1949 beenden, kommt es vor dem Schöneberger Rathaus zu einer Kundgebung, bei der sich Hunderttausende Berliner versammeln. Die männliche Politprominenz spricht: Konrad Adenauer, Carlo Schmid, Jakob Kaiser und Ernst Reuter. Kurz bevor die Veranstaltung aufgehoben werden soll, branden Sprechchöre auf: »Lou-i-se, Lou-i-se!« Louise Schroeder war nicht als Rednerin vorgesehen, aber die Berliner verlangten ihre Bürgermeisterin. Der weißhaarigen Frau, die während der Luftbrücke aus gesundheitlichen Gründen zeitweilig ausgeflogen werden musste, laufen Tränen über die Wangen. Sie hält eine Rede aus dem Stegreif und sagt über die Berlin-Blockade: »Manchmal hat mein Herz gezittert!« Zahlreiche Stimmen in Medien und Politik fordern 1949, sie müsse für das Amt des Bundespräsidenten kandidieren, doch sie musste ihrem Parteigenossen Kurt Schumacher den Vortritt lassen.

So wie Louise Schroeder ging es den meisten Frauen, die in den Parteien agierten: Sie wurden durch männliche Konkurrenten ausgestochen. Der frauenpolitische Aufbruch, der sich in den überparteilichen Frauenausschüssen interzonal manifestiert hatte, war nur von kurzer Dauer; der beginnende Kalte Krieg, die Ideologisierung der Auseinandersetzungen und die männerbündisch organisierten Parteihierarchien versperrten den meisten Frauen den Zugang zu Machtpositionen.

Auch Marie-Elisabeth Lüders (FDP), die in Berlin als Leiterin des Amtes für Sozialwesen mit Louise Schroeder sozialpolitisch eng zusammengearbeitet hatte, blieb im Bundestag nur die zweite Reihe, obwohl sie – wie im Kapitel »Meine Herren« beschrieben – über herausragende rhetorische Qualitäten verfügte.

Immerhin ist sie – neben der Berliner Bürgermeisterin und Elly Heuss-Knapp – eine der ganz wenigen Politikerinnen dieser Jahre, die in den stark meinungsbildenden Wochenschauen überhaupt gezeigt wurden. Zudem war sie im Bundestag eine der herausragenden Sozialpolitikerinnen und regte eine Vielfalt von Gesetzesinitiativen an. Als Theodor Heuss 1954 zum Bundespräsidenten wiedergewählt wird, erhält Marie-Elisabeth Lüders eine Stimme, obwohl sie gar nicht angetreten war. Damit ist sie die erste Frau im Bundestag, die bei einer Wahl zum Bundespräsidenten zumindest passiv in Erscheinung tritt.

Zahlreiche Anekdoten und Erinnerungen zeugen davon, welcher Respekt dieser hochgewachsenen Frau entgegengebracht wurde, was sie dazu befähigte, im Bundestag oftmals als »wandelnde Vermittlerin« aufzutreten. Der FDP-Vorsitzende Erich Mende hat ihre Autorität geschildert. Im August 1951 fährt eine FDP-Delegation nach Schweden zum Kongress der Liberalen Weltunion. Marie-Elisabeth Lüders ermahnt die Reisegruppe, Deutschland im Ausland würdig zu vertreten. Nächtens schickt sie die im Zugabteil Karten spielenden und lärmenden Männer energisch zu Bett und weiß sich auch sonst zu helfen: »Als wir am nächsten Morgen um neun Uhr den Zug in Stockholm verließen, rief sie laut, sodass es der ganze Bahnsteig hörte, Walter Scheel zu: ›Sie, junger Mann, tragen Sie bitte meinen Koffer zum Anschlusszug! Wenn die Herren selbst nicht auf den Gedanken kommen, einer Dame zu helfen, muss man sie einfach dazu ermuntern!‹«

Mit eben dieser resoluten Art eröffnete sie 1953 und 1957 den Bundestag jeweils als Alterspräsidentin, weil Adenauer, als Ältester, keinen Gebrauch von seinem Recht machte. Nachdem sie 1957 den Bundestag eröffnet hatte, gab sie einer Journalistin ein Interview. Es war ein langes Interview über ihr Leben, ihr Politik- und Selbstverständnis als Frau. Die Journalistin zum Abschied: »Es hat mich alles sehr interessiert.« Kurze Antwort Lüders': »Mich gar nicht.«

Louise Schroeder (SPD) bei der Feier des
einjährigen Bestehens des Care Commitee Berlin, 1947

Für die FDP-Parlamentarierin Liselotte Funcke, die die letzt-
genannte Anekdote überlieferte, war Marie-Elisabeth Lüders
eine Leitfigur, eine Instanz, eine Politikerin, von der man sagte,
sie sei »der einzige Mann im Bundestag«. Durch ihre kommu-
nalpolitische Arbeit besaß Lüders, die zudem 1912 als erste Frau
eine Doktorwürde als Dr. rer. pol. erlangt hatte, einen tiefen
Einblick in Lebenswelten von sogenannten kleinen Leuten, von
Frauen, Kindern, Rentnern und unterstützungsbedürftigen Familien. Auch Liselotte Funcke besaß diesen Reichtum sozialer
Erfahrungen, gepaart mit intellektueller Bildung. Nicht zuletzt
deshalb sind ihre Bundestagsreden gekennzeichnet von fach-
lich-sachlicher, aber auch menschlich-gesellschaftlicher Einsicht; ihre Reden sind nie parteipolitisches Phrasengespinst,
sondern wirkliche Vermittlungsversuche und Berichte aus der
außerparlamentarischen Wirklichkeit. Umgekehrt trug sie auch
das Parlament in die Gesellschaft und warb unermüdlich dafür,
sich politisch einzubringen, sich zu politisieren; gerade auch
den Frauen schrieb sie das als Aufgabe der Selbstschulung und
Selbstermächtigung immer wieder ins Stammbuch.

Die geringe Frauenquote im Parlament betrachtete sie als
folgenreiche Deformation. In einer Rede in der Evangelischen
Akademie Herrenalb führte sie am 5. April 1970 aus: »Aus vielfältiger Erfahrung einer zwanzigjährigen parlamentarischen Tätigkeit weiß ich, dass eine Reihe von Missgriffen in Regierung
und Parlament lediglich darauf zurückzuführen sind, dass die
unmittelbare Erfahrung der Frau bei der Beurteilung gefehlt hat
und die Männer einfach überfordert waren, da ihr Erfahrungs-
schatz nicht ausgereicht hat.«

An Liselotte Funckes Biografie, am Fortleben ihres Images,
lässt sich gut beobachten, dass Charisma als politische Ressource
rückwirkend auch da erschlossen wird, wo man sich gegenwärtig
nach dieser magischen Autorität sehnt und ein Mangel an charismatischer Führung beklagt wird. Und wenn man dann noch
ein »Frauenproblem« hat wie die gegenwärtige FDP, die immer

seltener von Frauen gewählt wird und deren Zahl weiblicher Mitglieder einen historischen Tiefstand erreicht hat, dann ruft man retrospektiv eine »Superheldin« aus, die man gegenwärtig schmerzlich vermisst neben dem viril tönenden und maskulin inszenierten Parteivorsitzenden Christian Lindner. Auf einer Internetseite der parteinahen Friedrich-Naumann-Stiftung wird Liselotte Funcke als »Superheldin der Geschichte« und als »beständige Visionärin« bezeichnet. Diese Ehrentitel werden auch damit begründet, dass sie sich als erste Ausländerbeauftragte der Bundesregierung seit 1981 leidenschaftlich um die Integration von Ausländern bemüht und in vielfacher Weise gegen Ausländerfeindlichkeit und populistische Stimmungsmache gekämpft hat. Das interessengeleitete Loblied der Friedrich-Naumann-Stiftung ist jedoch nicht übertrieben. Tatsächlich fehlen der FDP heute charismatisch begabte Frauen wie Liselotte Funcke, die sich als Anwältin hier lebender Migrantinnen und Migranten Ehrennamen wie »Engel der Türken« oder »Mutter der Türken« erworben hat. Immer wieder warnte Liselotte Funcke vor parteipolitisch geschürter Ausländerfeindlichkeit, sie setzte sich für einen liberalen Familiennachzug ein, sie bekämpfte die Vorstellung einer homogenen deutschen Kultur und forderte Respekt für kulturelle Differenzen. Dabei scheute sie keinen Konflikt, keinen Streit, auch nicht mit Parteifreunden.

Als sie am 15. Juli 1991 ihr Amt niederlegt, ist das nicht Resignation, sondern Protest gegen die Haltung der Bundesregierung. Sie hatte Helmut Kohl 19-mal als Ausländerbeauftragte geschrieben und 19-mal keine Antwort bekommen. Sie hatte kein einziges Gespräch mit dem Kanzler über ihre Aufgaben führen können, und ihre finanzielle und personelle Ausstattung war jämmerlich. Sie war zutiefst deprimiert über die ausländerfeindlichen Ausschreitungen von Hoyerswerda im September 1991 und sah die Regierung in der Mitverantwortung. Daher schreibt sie am 12. Oktober 1991 an ihren Parteivorsitzenden Otto Graf Lambsdorff: »Ich habe rechtzeitig vor dieser Entwicklung gewarnt und versucht, die Regierung und besonders die FDP für eine wirksame Gegenstrategie zu gewinnen. Diese Bemühungen sind gescheitert, das Ergebnis ist bekannt und schrecklich genug. Die Verdammung der Gewalttaten durch den Kanzler und Parlament kommen zu spät, um etwas in der Haltung der Bevölkerung zu bewirken, wenn nicht endlich dieser Bevölkerung das Gefühl vermittelt wird, dass nicht nur eiligst die Asylfragen angegangen werden, sondern ein Konzept zur Wanderungs- und Integrationspolitik entwickelt und überzeugend dargestellt wird.«

Liselotte Funcke besaß durchaus Charisma, aber es war zu ihrer Zeit nicht sonderlich gefragt, und es gab keine Gruppe, kein Kollektiv, das sie zur Führerin auserkor. Und diejenigen, die ihr Charisma zubilligten und in deren Namen sie sprach, die Einwanderer, hatten keine vernehmbare Stimme und zur damaligen Zeit nicht einmal ein Stimmrecht. Wenn Liselotte Funcke also jetzt rückblickend charismatische Züge zugesprochen werden, dann zeugt das auch davon, dass ein historischer Resonanzraum, eine nachgewachsene Gemeinde Charisma dort bergen kann, wo es zu Lebzeiten übersehen, abgelehnt, nicht gebraucht und chancenlos war.

Im Gegensatz zu Liselotte Funcke wurde die andere »Grande Dame« der FDP, Hildegard Hamm-Brücher, schon zu Lebzeiten als charismatische Politikerin eingeschätzt, allerdings war diese Sichtweise nie größer als in der Stunde ihres Todes. So schrieb Detlef Esslinger am 9. Dezember 2016 in seinem Nachruf in der »Süddeutschen Zeitung«: »Sie war vielleicht die beste Bundespräsidentin, die Deutschland nie hatte.«

Hildegard Hamm-Brüchers Charisma definierte sich gerade durch ein zwiespältiges, spannungsreiches Verhältnis zur Macht. Ihre Biografie, die unter den Signaturen *Widerstand leisten* und die *Freiheit verteidigen* steht, zeigt, dass auch aus zeitweiliger Ohnmacht Macht entstehen und frau diese machtvolle Ohnmacht gegen die Mächtigen ins Feld führen kann.

Die Geschichte des 20. Jahrhunderts stempelt Hildegard Brücher früh zur Außenseiterin und Expertin für unangepasstes Überleben. Als »höhere Tochter« aus liberalem Haus steht ihr eine bildungsbürgerliche Welt offen, doch die NS-Ideologie will von selbstbewussten Frauen wie ihr nichts wissen. Die Eltern der 1921 in Essen geborenen Hildegard sterben früh, mit elf Jahren ist die begabte Schülerin Vollwaise und wächst seit 1932 bei der jüdischen Großmutter in Dresden auf. Nachdem die Nazis im September 1935 die Nürnberger Rassegesetze erlassen haben, erfährt sie von ihrer Großmutter, dass sie nach der Terminologie der Nationalsozialisten als »Halbjüdin« gilt. Die soziale Ausgrenzung beginnt. Die talentierte Schwimmerin muss aus ihrem geliebten Schwimmverein austreten und später das Eliteinternat Salem verlassen. Dennoch gelingt es ihr, das Abitur abzulegen und 1940 in München ein Chemiestudium aufzunehmen. Dort schützt sie der Nobelpreisträger Heinrich Wieland, bei dem sie als Doktorandin studiert. Auch als sich die Gestapo für die junge Frau interessiert, weil sie mit einigen Mitgliedern der Widerstandsgruppe »Die weiße Rose« locker befreundet ist, hält Wieland seine schützende Hand über sie und erklärt sie als unverzichtbar für seine »kriegswichtigen« Forschungen. Dank dieser unerschrockenen Hilfe überlebt Hildegard Brücher das »Dritte Reich« ebenso wie ihre drei Geschwister. Die vielgeliebte Großmutter Else Pick jedoch begeht aus Verzweiflung Selbstmord, als sie 1942 ihren »Gestellungsbefehl« erhält, der ihr ankündigt, dass sie nach Theresienstadt abtransportiert werden soll.

Die bitteren Erfahrungen während des Nationalsozialismus politisieren die junge Hildegard und lösen einen regelrechten Emanzipationsschub bei ihr aus. Wo, fragt sie sich in ihrer Autobiografie »Freiheit ist mehr als ein Wort«, bleiben nach 1945 die Frauen? Soll ausgerechnet den Männern der politische Wiederaufbau überlassen bleiben? Waren sie es nicht, die das Land in die Katastrophe geführt hatten? Und waren nicht die Frauen die Hauptleidtragenden?

Hildegard Hamm-Brücher auf dem 18. Bundesparteitag
der FDP in Hannover, 1967

Als Freie Demokratin zieht die provozierende Fragestellerin 1948 in den Münchner Stadtrat ein und fährt, wo sie kann, ihre Ellenbogen aus gegen die erzkonservative Männerversammlung der CSU. Auch privat begehrt die Rebellin gegen den Zeitgeist auf. Sie, die Protestantin, verliebt sich in den verheirateten und katholischen CSU-Politiker Erwin Hamm. Das erste gemeinsame Kind bringt sie heimlich in Holland zur Welt, um einen Skandal zu vermeiden. Erst als sie den mittlerweile geschiedenen Hamm heiratet und sich – völlig ungewöhnlich damals – ihren Doppelnamen erstreitet, erfährt die Öffentlichkeit von dem Jungen. Frauen, die damals Karriere machen und Kinder haben, gelten als Rabenmütter. In Amberg wird die Politikerin deshalb einmal von einer Frau auf offener Straße angespuckt. Auch dass ihr Mann sich zu gleichen Teilen um die Kinder kümmert, ist eine unerhörte Verletzung des Rollenbildes.

Es verwundert daher kaum, dass auch der politische Weg der aufstrebenden Liberalen ein einziges Dennoch und Jetzterst-recht darstellt. Als sie 1950 das erste Mal in den Bayerischen Landtag einzieht, als einzige Liberale wohlgemerkt, stehen sieben weiblichen Abgeordneten 197 Männer gegenüber, was einem Frauenanteil von 3,4 Prozent entspricht. Hildegard Hamm-Brücher wird die erste weibliche Fraktionsvorsitzende im Bayerischen Landtag, sie ist die erste beamtete Staatssekretärin im hessischen Kultusministerium und die erste Staatsministerin im Auswärtigen Amt. Überall trifft sie auf Männer, die ihren Führungsanspruch bestreiten. Gerade in der eigenen Partei. Zwar hält die bayerische FDP sie bisweilen für »das beste Pferd im Stall« (sie ist attraktiv, bindet viele bürgerliche Wählerinnen und Wähler, sie ist eine gute Rednerin und PR-Strategin), andererseits wird sie bekämpft, angefeindet, ja, man erwägt zeitweilig ihren Parteiausschluss. Schon in den Fünfziger- und Sechzigerjahren wird Hamm-Brücher zur damenhaften Charismatikerin, die auch davon lebt, sich den Liberalen als schlechtes Gewissen einzuschreiben. Sie ist die moralisch gefestigte Frau, die den wirtschaftsliberalen Ego-Helden den Spiegel vorhält und sie als machiavellistische Schmuddelkinder geißelt.

So lebt und wirkt Hamm-Brücher in einer eigenartigen Doppelstellung in der Partei. Sie ist einerseits die anerkannteste und bekannteste Bildungsexpertin der FDP, sie gewinnt Wählerstimmen, und sie ist zugleich die querköpfige Kratzbürste, die den liberalen Machtmännern (und nicht nur denen) die Leviten liest. Die lassen sich das gefallen, solange die Grande Dame nicht zu sehr auf die partei- und selbstkritische Pauke schlägt. Andererseits oder deswegen bleibt sie karrieretechnisch im toten Winkel hängen. Obwohl sie über herausragende politische Talente verfügt, gelingt es ihr nie, einen Kabinettsposten zu gewinnen, als Staatsministerin im Auswärtigen Amt bleibt sie hinter dem Außenminister Genscher eine ohnmächtige Figur, die ihre Strahlkraft außerhalb der Parteihierarchien gewinnen muss.

Der Höhepunkt dieser widerspruchsreichen Existenz ist am 1. Oktober 1982 erreicht. An diesem Tag, als Helmut Kohl den amtierenden Bundeskanzler Helmut Schmidt durch das konstruktive Misstrauensvotum stürzen will, bringt Hildegard Hamm-Brücher ihre politische Identität als Widerspruchsgeist und Mahnerin gegen die nackte Machthäufung auf den Punkt. Sie ist die Wortführerin derjenigen in der FDP-Fraktion, die – obwohl seitens der Parteispitze massiver Druck auf sie ausgeübt wird – Helmut Schmidt nicht das Misstrauen aussprechen wollen. Man könnte zugespitzt sagen: Das konstruktive Misstrauensvotum wurde nicht nur von Helmut Kohl genutzt, um an die Macht zu kommen, sondern auch von Hildegard Hamm-Brücher. Ihr Einspruch gegen den fliegenden Wechsel der FDP von der SPD zur CDU ist zugleich die ultimative Bestätigung und Bekräftigung ihrer Lebensrolle: Sie ist der Sand im Getriebe, und sie setzt dort Widerhaken, wo die geölte Maschinerie des Parlamentarismus das Gewissen des einzelnen Parlamentariers negiert.

Auch heute noch kann man sich der Wucht und Würde ihres Auftritts kaum entziehen. So wie sie dastand und sprach, war sie die elegante Anti-Intrigantin, die aufrechte Gewissensanwältin. Damit erfüllte sie die Sehnsucht vieler Bürger nach ethisch gebundener Politik, nach sprachlicher Klarheit, nach unzweideutiger Haltung, ja, nach politischer Schönheit. Ihre Rede ist über den Tag hinaus eine Philippika gegen Demokratiedefizite, gegen gestanzte Phrasen und Marionettenabgeordnete. Man kann kritisch hinterfragen, ob sie ihre eigene Position als weibliche Außenseiterin nicht moralisch überhöht, man kann aber auch finden, dass ihre kalkulierte Empörung vor dem Hintergrund der Geschichte der verweigerten Gleichberechtigung nicht nur vollauf berechtigt ist, sondern in diesem Augenblick auch die richtigen trifft: die Machtmänner ohne Gespür für demokratische Kultur und Integrität.

Hildegard Hamm-Brücher, die keine Teamplayerin war und als Vorkämpferin der Frauenrechte immer auch Einzelgängerin blieb, sprach sich nun selbst die Ausübung weiblicher Politik zu: »Ich möchte Sie – damit möchte ich schließen – um Verständnis für diese Position, vielleicht sogar um Verzeihung bitten. Vielleicht ist das eine typisch weibliche Reaktion. Davon war ja in den letzten Tagen hier auch viel die Rede. Ganz gewiss verstehe ich sie persönlich als eine christliche Reaktion. Ich finde, dass beide dies nicht verdient haben: Helmut Schmidt, ohne Wählervotum gestürzt zu werden, und Sie, Helmut Kohl, ohne Wählervotum zur Kanzlerschaft zu gelangen. Zweifellos sind die beiden sich bedingenden Vorgänge verfassungskonform. Aber sie haben nach meinem Empfinden doch das Odium des verletzten demokratischen Anstands.«

Helmut Kohl ruft an dieser Stelle empört dazwischen: »skandalös« und »Skandal«. Die Rednerin macht sich den Mann in diesem Augenblick zum Lebensfeind.

Sehr viel später wird der Altkanzler seinem Ghostwriter anvertrauen, Hamm-Brücher sei für ihn eine »Spezialziege, eines der bösartigsten Weiber in der Geschichte der Republik«. Diese schwarze Boshaftigkeit, diese Unversöhnlichkeit lässt darauf schließen, dass Helmut Kohl wusste, welche ungebändigte Macht von dieser ohnmächtigen Frau ausging. Zu dieser macht-vollen Ohnmacht, ihrem Charisma, gehörte, dass sie von kei-ner Kabinettsdisziplin einzufangen war und dass sie außerhalb des Parlaments Achtung und Respekt genoss, wo man vor dem Kanzler eben nicht den Hut zog. Publizistische Resonanzkörper wie die »Zeit« verstärkten diesen Nimbus der aufrechten Poli-tikerin und schrieben Hamm-Brüchers Votum eine heroische Geste ein, indem sie es mit ihrem Leben im Nationalsozialismus in Verbindung setzten. Margit Gerste schrieb in der Hamburger Wochenzeitung am 8. Februar 1985: »Aufgewachsen bei der jü-dischen Großmutter in Dresden, erzogen in Salem – eine sehr demokratische Schule mit geistig hochstehenden Menschen, die sich durch das Dritte Reich quälten –, Studium der Chemie in München unter Freunden, die zum Kreis der ›Weißen Rose‹ ge-hörten und ermordet wurden: Daraus wuchsen ein inneres Ko-ordinatensystem, ein sicheres Gespür, ein kräftiger Impuls, sich zu wehren und zu kämpfen. So ist auch ihre Entscheidung gegen Genschers Wende zu verstehen, die sie im Gehäuse der Macht al-les bislang Erreichte kostete, ihr draußen aber Hochachtung und vielleicht mehr als eine Fußnote im Geschichtsbuch des politi-schen Liberalismus einbringt.« Durch solche Charakterisierun-gen und Stilisierungen erwarb sich Hildegard Hamm-Brücher den Status einer ikonischen Figur, einer liberalen Freiheitskämp-ferin, die jetzt nicht mehr in, sondern jenseits der Partei Karriere machen konnte.

Als sie an jenem folgenschweren Tag vom Rednerpult abtritt, passiert sie die Regierungsbank und den Bundeskanzler. Hel-mut Schmidt erhebt sich und schüttelt der Getreuen die Hand, ein sehr ungewöhnlicher Vorgang. Von diesem Augenblick an wuchs das Charisma der beiden Wendeverweigerer, sie wurden beide zu Sehnsuchtsfiguren einer linksliberalen Ära, die nun un-widerruflich zu Ende gegangen war. Für beide gilt, dass ihnen

nach dem Amt immer mehr Charisma zugesprochen und zuteilwurde und man beide als wandelnde Korrektive eines defizitären
und deformierten Demokratiealltags wahrnahm. Auf etlichen
Bühnen, mitunter auch zusammen, redeten sie der Republik ins
Gewissen. Hildegard Hamm-Brücher erwarb sich Ehrentitel wie
»Grande Dame des Liberalismus« oder »Urgestein der Demokratie«, im Parlament hingegen warfen ihr manche Schmähun-
gen wie »Nervensäge« oder »naive Moralistin« nach.

Ihre Rolle als Störenfriedin der männerbestimmten Parlamentsroutine spielte sie auch 1994, als sie nach Annemarie Renger (1979) und Luise Rinser (1984) als dritte Frau für das Amt des
Bundespräsidenten kandidierte. Nachdem Helmut Kohl den erz-
konservativen Steffen Heitmann als Kandidaten benannt hatte,
der sich bald durch als frauen- und ausländerfeindlich empfun-
dene Bemerkungen ins Abseits stellte, war die FDP auf die Idee
gekommen, Hildegard Hamm-Brücher als honorable Gegen-
kandidatin ins Rennen zu schicken. Eine echte Chance hatte die
72-jährige Liberale zwar nicht, sie sollte Zählkandidatin bleiben,
aber insgeheim wollte die FDP von ihrem Ansehen profitieren,
indem man sich mit ihr entschieden vom Unionskandidaten
Heitmann absetzen wollte. Zwar konnte Hamm-Brücher nicht
ernsthaft annehmen, dass sie eine reale Siegeschance hätte, aber
die Kandidatur erschien ihr nicht nur ehrenhaft und ein ver-
söhnliches Zeichen ihrer Partei, sie glaubte auch für »künftige
Frauenkandidaturen um das höchste Amt im Staate eine gewisse
Bresche schlagen« zu können.

Die Wahl am 23. Mai 1994 bekräftigte einmal mehr ein koali-
tionspolitisches Machtkalkül, das die Wahl des Bundespräsidenten zum Stabilitätsmechanismus einer bestehenden Koalition
degradierte. Im ersten Wahlgang hatte Hamm-Brücher 132 Stimmen, im zweiten Wahlgang 126 Stimmen erhalten, also stets mehr
Stimmen als die FDP-Fraktion Mitglieder (111). Doch bereits nach
dem ersten Wahlgang hatte der ungeduldige Kanzler Druck auf
den FDP-Vorsitzenden Kinkel ausgeübt, die eigene Kandidatin

zurückzuziehen. Hamm-Brücher war gewillt, sich auch nach dem zweiten Wahlgang weiter zur Wahl zu stellen, aber jetzt machte ihr die Parteispitze unmissverständlich klar, dass man sich in der Koalitionsdisziplin sah. So zog sie zurück.

Alle damals agierenden Parteivorsitzenden, Helmut Kohl, Klaus Kinkel und Rudolf Scharping, dachten in tagespolitischen Deal-Kategorien. Macht gegen Macht, Posten um Posten, keiner von ihnen überlegte ernsthaft, welche Lösung vor der Gesellschaft oder der Geschichte hätte bestehen können, welche Lösung mehr demokratische Beteiligungsbereitschaft und Bewusstseinsbildung hätte hervorrufen können. Wäre es im Hinblick auf die Vitalität der Demokratie nicht ein mutigeres Signal der SPD gewesen, eine unbequeme Frau zu unterstützen, statt Johannes Rau ins aussichtslose Rennen zu schicken? Hätte die FDP im dritten Wahlgang nicht mehr Rückgrat zeigen und an Hamm-Brücher festhalten sollen? Hätte Helmut Kohl der Kandidatin des Koalitionspartners nicht mindestens einmal grüßend zunicken können? Nein, er sah angestrengt durch sie hindurch mit der Miene einer endlos beleidigten Majestät. Dass der Kanzler schließlich seinen Kandidaten Roman Herzog durchsetzen konnte, war ein müder Triumph.

Diese Wahl des Bundespräsidenten zeigte, dass die Männer an der Macht im engen Machtzirkel, aber nicht im weiten und damit zukunftsträchtigeren Möglichkeitszirkel dachten. Und somit blieb die streitbare Hildegard Hamm-Brücher die beste Bundespräsidentin, die wir nie hatten.

Im Gegensatz zu Hildegard Hamm-Brücher, der es vergönnt war, alt zu werden und ihr Charisma langfristig zu entwickeln, starb Petra Kelly jung. Während Frau Hamm-Brücher 2016 im Alter von 95 Jahren starb, wurde Petra Kelly nicht einmal halb so alt. Sie starb 1992 im Alter von 45 Jahren. Auch sie war eine charismatische Politikerin, aber im Gegensatz zu der Liberalen gelang es ihr nicht, dieses Charisma zu konservieren und weiterzutragen. Sie starb durch einen Mann, der sie liebte, der es ihr aber offenbar nicht zutraute, ohne ihn leben zu können. Es war der ehemalige General und spätere Friedensaktivist der Grünen Gert Bastian, der Kelly vermutlich am 1. Oktober 1992 mit einer Deringer-Pistole im Schlaf erschoss, ehe er sich selbst im Stehen eine Kugel in den Kopf jagte.

Es spricht viel dafür, dass es sich um einen erweiterten Suizid von Gert Bastian handelte und er Petra Kelly gegen ihren Willen tötete. Christa Nickels, die 1983 mit Kelly in den Bundestag eingezogen war, sieht die Tragödie gerade in dieser mörderischen *Fürsorglichkeit* des Lebensgefährten: »Gert Bastian hat ihr unglaublichen Halt gegeben. Er dachte vermutlich, sie würde es ohne ihn nicht packen, aber das war eine völlig falsche Einschätzung, eine typische patriarchal-beschützende Haltung. Ich habe Petra seit Anfang der Achtzigerjahre beobachtet, und es hätte sein können, dass sie mit einem Burn-out zusammenklappt und dass sie für lange Zeit in einer Kur oder Therapie verschwindet. Aber ich bin zu hundert Prozent davon überzeugt, dass sie einen zweiten Atem entwickelt hätte und noch viel hätte bewegen können.«

Auf den ersten Blick haben die stets gefasste Dame Hildegard Hamm-Brücher und die impulsive »Jeanne d'Arc des Atomzeitalters« Petra Kelly nur wenig gemeinsam. Ihr unmittelbares Aufeinandertreffen in der legendären Nachrüstungsdebatte 1983 scheint das zu belegen. Am 22. November spricht Kelly im Deutschen Bundestag gegen die drohende Nachrüstung der Amerikaner im Zuge des NATO-Doppelbeschlusses. Niemand überbietet ihren Gefühlspegel, niemand malt die Apokalypse bedrohlicher an die Wand, niemand trägt seine Argumente vehementer vor. Direkt nach Kelly spricht Hamm-Brücher. Die Liberale wendet sich lächelnd an Kelly und schulmeistert: »*Meiner Vorrednerin möchte ich sagen, dass sie für mich ein Beweis dafür war, wie schwierig es ist, miteinander umzugehen und aufeinander zu zu debattieren, wenn man mit so ausschließlicher Emotionalität, Ein-*

äugigkeit und auch einem Absolutheitsanspruch, recht zu haben, debattiert.« Die charismatische Meta-Parlamentarierin Hamm-Brücher rüffelte die außerparlamentarische Charismatikerin Kelly. Während Hamm-Brücher ihr Charisma oftmals daraus gewann, sich *über* den Parlamentsalltag zu stellen, diesen kritisch zu reflektieren und ein gesellschaftliches Unbehagen am Parlament in dieses hineinzutragen, sah sich Kelly selbstbewusst als das echte Draußen im falschen Drinnen, als legitime Repräsentantin von Empörungsgefühlen und als Sprachrohr der ganzen verwundeten Welt. Hamm-Brücher berief sich auf die Vernunft, Kelly auf die unhintergehbare Gefühlseinsicht und das unhintergehbare Gewissen.

In der Berufung auf das Gewissen trafen sich die beiden wieder. Auch in dem Gestus, die eigene Macht nicht in einer parlamentarischen Machtbasis zu suchen, sondern sie aus gesellschaftlichen Strömungen und außerparlamentarischen Stimmungsbildern zu beziehen. Doch während Hildegard Hamm-Brücher ihr innerparteiliches Außenseitertum im Parlament mit einer gewissen Grandezza leben und zur Schau stellen konnte – das Parlament blieb ihre Charismabühne –, litt Petra Kelly an diesem Parlament, das ihr jeden Charismazuspruch verweigerte, und zeigte sich unverwandt als die große Leidende. Oft saß sie allein und isoliert auch von der eigenen Fraktion in den hintersten Reihen, oft trug sie eine Sonnenbrille, weil sie das grelle Licht schmerzte, nicht selten gab sie Einblick in ihr Innerstes und scheute sich nicht, sich verletzbar und hypersensibel zu zeigen. Fast flehentlich wandte sie sich bisweilen an den Parlamentspräsidenten, um Unterstützung zu finden gegen die Aggression, das Desinteresse und auch die Frauenfeindlichkeit, die ihr oft entgegenschlugen. Insbesondere die männlichen Abgeordneten der CDU/CSU unternahmen alles, um das Bild der charismatischen Politikerin zu torpedieren und ihre Aura zu zerstören.

Wie kam es dazu, dass Petra Kelly außerhalb des Parlaments die Menschen zu fesseln vermochte und sie charismatisch an sich binden konnte, während sie im Deutschen Bundestag kaum Resonanz fand und von feindseligen Abgeordneten zur Unwillkommenen und zum Fremdkörper gestempelt wurde? Wer war diese zornige Predigerin der »Zärtlichkeit in der Politik«, und wie entstand ihr Charisma?

Petra Kelly war als Politikerin und als Frau die denkbar größte Provokation für das Bonner »Männerparlament«. Als sie 1983 in den Bundestag einzog, betrug der Frauenanteil 9,8 Prozent, von 520 Abgeordneten waren 51 Frauen. Dieser bislang höchste Frauenanteil seit 1949 war vor allem der Fraktion der Grünen zu verdanken, die mit ihren zehn weiblichen Abgeordneten einen Frauenanteil von 35,7 Prozent stellte. Der unbestrittene Star der Fraktion war, noch vor Joschka Fischer und Otto Schily, Petra Kelly. Geboren wurde die Hoffnungsträgerin am 27. November 1947 als Petra Karin Lehmann in Günzburg an der Donau. Ihr Vater verlässt die Familie früh, Petra wächst zwischen Frauen auf, ihrer Mutter Marianne Lehmann und ihrer geliebten Großmutter Kunigunde Birle. Petra besucht eine katholische Mädchenvolksschule, später ein katholisches Mädchengymnasium. Das blasse Mädchen erkrankt früh an Nierensteinen, empfindet die Nonnenschule als quälende Zucht- und Dressuranstalt, wo sie sich gedemütigt und an den Rand gedrängt fühlt. Dass ihre Mutter einen Protestanten geheiratet hat und sich dann sogar noch scheiden lässt, wird im katholischen Milieu in Bayern jener Jahre als doppelte Sünde verstanden.

Als ihre Mutter 1958 den amerikanischen Captain John Edward Kelly heiratet, nimmt Petra den Namen ihres Stiefvaters an. Das Jahr 1959 wird ein schicksalhaftes Wendejahr für das introvertierte Mädchen. Die Familie folgt dem Vater Edward Kelly nach Amerika, wo er von nun an stationiert ist. Und im selben Jahr wird Petra Kellys Halbschwester geboren, Grace Patricia

Kelly, deren früher Krebstod im Alter von zehn Jahren ein einschneidendes Ereignis für sie darstellen wird.

Die zurückhaltende Außenseiterin verwandelt sich in den Vereinigten Staaten. Auf der Highschool und während des anschließenden Politikstudiums in Washington wird sie zur aktiven, selbstbewussten, ungemein betriebsamen und bestens vernetzten Vorzeigeschülerin. Sie wird geprägt von den gesellschaftlichen Entwicklungen jener Jahre, ist aber von einer politischen Radikalisierung weit entfernt. So unterstützt sie 1968 etwa den demokratischen Präsidentschaftskandidaten Hubert Humphrey, der damals bekanntermaßen ein Befürworter des Vietnamkrieges ist. In dieser Zeit eignet sich Petra Kelly einen globalen Blick auf die Politik an, ohne die imperialen Strategien der USA zunächst allzu kritisch zu hinterfragen. Sie sieht sich selbst als Teil des amerikanischen Traums, fühlt sich angekommen in der besten aller Welten, die es ihr ermöglicht hat, eine umfassende Bildung zu erwerben und sich zur gut integrierten Persönlichkeit zu entwickeln. In Amerika steuert die frühere Außenseiterin vom Rand in die Mitte der Gesellschaft. Erste Risse bekommt ihr idealisiertes Amerika-Bild, als Kelly beginnt, die Bürgerrechtsbewegungen zu studieren, als sie die Rassenschranken deutlicher wahrnimmt und der Widerstand gegen Amerikas aggressive Außenpolitik zunimmt.

Als Ausgangspunkt ihres sehr subjektiv gefärbten Politikstils wird vielfach der Krebstod von Kellys Halbschwester Grace am 17. Februar 1970 gedeutet, so etwa von Saskia Richter in ihrer Biografie »Die Aktivistin. Das Leben der Petra Kelly«. Kurz nachdem Kelly 1966 ihr Studium aufgenommen hat, wird bei Grace ein bösartiger Tumor diagnostiziert. Als Folge der Operationen und Bestrahlungen verliert Grace ein Auge. Trotzdem bleibt die Krebskranke ein fröhliches, optimistisches Kind, das die Krankheit annimmt, ohne mit der Welt zu hadern. Es ist die ältere Schwester, die sich ohnmächtig fühlt, hadert, klagt, kämpft, ja, sich selbst als zukünftiges Opfer des Atomzeitalters sieht. Denn die häufigen radioaktiven Bestrahlungen ihrer Halbschwester interpretiert Kelly nicht in erster Linie als medizinische Rettungsversuche, sondern als atomare Attacken auf den Körper eines unschuldigen Kindes. Noch in der Nachrüstungsdebatte 1983 wird sie mit der Krankheit ihrer Schwester argumentieren und ihren Tod als düsteres Menetekel einer kommenden atomaren Apokalypse betrachten.

Nach dem Tod ihrer Schwester schreibt Kelly in ihr Tagebuch: »Verlass mich nicht, stärke mich. Ich werde für dich leben und lehren.« Von nun an bleibt die tote Schwester eine stete Begleiterin von Petra Kelly, sie gewinnt eine nahezu spirituell-politische Präsenz im Denken und Fühlen der angehenden Politikerin; Grace wird zu ihrer Schmerzensschwester, das familiäre Medium sozusagen, mit dem Kelly die Leidenden in aller Welt erspürt.

Nach ihrer Rückkehr aus den USA zieht es Petra Kelly zur Europäischen Gemeinschaft (EG), sie wird im November 1972 Verwaltungsreferendarin bei der EG und im Oktober 1973 Verwaltungsrätin; fortan arbeitet sie für den EG-Wirtschafts- und Sozialausschuss. Zugleich tritt sie dem BBU bei, dem Bundesverband Bürgerinitiativen Umweltschutz. Bis 1983, ihrem Einzug in den Deutschen Bundestag, wird Kelly überwiegend in Brüssel leben und arbeiten. Die zehn Jahre in Brüssel prägen Kelly, formen sie politisch, psychisch, ja, auch körperlich, hier wird die globale Schmerzensschwester und Politikerin Petra Kelly geformt.

Die anfänglich enthusiastische Europäerin betrachtet die Europäische Gemeinschaft zunehmend skeptischer und desillusionierter. Sie erlebt Brüssel und seine Institutionen als monströse Bürokratiekrake, die den Europäern ein einiges und freies Europa vorgaukelt, währenddessen hinter den Kulissen nur Macht- und Wirtschaftsfragen verhandelt werden. Die EG ist in ihren Augen ein profitorientiertes Kartell von Eliten, die die Bürger von Beteiligungsprozessen ausschließen. Wohin sie auch sieht, sie sieht nur Korruption, Verlogenheit, Duckmäuser. Statt um Friedenskompetenz geht es um Waffensysteme, statt um Umweltschutz

geht es um Landwirtschaftsinteressen, statt um Gleichberechtigung für Frauen geht es um die Beibehaltung männlicher Pri-
vilegien, statt um Verbraucher- und Arbeitnehmerschutz geht
es um Industrieprofite. In zunehmendem Maße engagiert sich
die frustrierte Verwaltungsrätin deshalb in einer Vielzahl von
Umwelt-, Friedens-, Antiatomkraft- und Fraueninitiativen und
wird zur Protestreisenden in alle Welt. Durch ihren unbedingten
Taten- und Auflehnungsdrang, ihre genaue Kenntnis politischer
Entscheidungsprozesse in der EG und ihr Veränderungspathos
wird Kelly zunehmend zur Kommunikatorin der Friedensbewegung und zur Promoterin der grünen Partei, die sich ab 1979
in vielen Listen, Gruppen und Bürgerinitiativen zu formieren
beginnt. Die EG-Beamtin wird immer stärker zur informellen
Politikerin, zur abgeordneten Antiabgeordneten, immer in Bewegung, ruhe- und rastlos, eine flammende Gegenkraft und Ge-
genstimme zum professionellen Sound der Parlamente.

Der überall mitfühlenden Schmerzensschwester werden Mitgefühl und Charisma zuteil, denn kaum jemand bleibt unberührt
von ihr, niemand zweifelt an der Aufrichtigkeit ihres Kampfes.
Über Jahre hinweg schläft sie wenig, sie wirkt stets ein wenig anä-
misch, tiefe Schatten unter den Augen bezeugen den Raubbau an
der eigenen Gesundheit im Namen der guten Sache. Sie kennt
keine Pause, kaum Atemholen; selbst die Liebe scheint stets im
Dienst des politischen Kampfes zu stehen. Ihre Liebesbeziehun-
gen sind auch immer Bündnisse, Pakte mit charismatischen, oft
älteren Männern, die die gleichen politischen Ziele verfolgen wie
sie. Sicco Mansholt, der kurzeitige Präsident der Europäischen
Kommission, oder der irische Gewerkschaftsführer John Carroll
werden in den Siebzigerjahren zu Weg-, Liebes- und Kampfgefährten, wobei der Hauptakzent wohl immer auf dem Kampf lag.
Stabil sind diese Bündnisse nicht, denn Kelly hat nicht nur den
Hang, sich in verheiratete Männer zu verlieben, sondern die Un-
bedingtheit ihres Einsatzes will letztlich alles – auch die Intimi-
tät, auch private Inseln, auch zweckfreie Momente des Glücks –

in politischen Dienst und Zweck verwandeln. Wie – das bleibt ihre stets schmerzende und nagende Frage – darf man glücklich sein in dieser unglücklichen Welt?

Wie sie ihr Brüsseler Leben und Arbeiten in jenen Jahren sieht, schildert sie 1982 in einem Fernsehporträt von Helmuth Weiland in der Reihe »Frauengeschichten« mit gepresster Stimme: »Nach diesem Umzug in diese Stadt, die ja nicht für Menschen, die laufen, gedacht ist, sondern nur für Autofahrer, bedrückt es mich sehr, wenn ich jeden Morgen mit der U-Bahn zu diesem Arbeitsplatz hinfahre, der wie eine Klinik aussieht oder wie eine Anstalt für Menschen, die nicht ausbrechen können, so empfinde ich das. Die zweite bedrückende Geschichte ist das Ankommen, wenn mich die Rasierwasserbeamten, alle frisch gekleidet und frisch regeneriert, begrüßen, sehr zynisch begrüßen, und mich fragen, bei welcher Demonstration ich denn gerade gewesen wäre, wo ich denn gerade herkomme. Meistens komm ich ja mit irgendeinem Nachtzug aus der Bundesrepublik hier an oder einem Flugzeug, und dann begebe ich mich in ein Büro, wo die ganzen Leiden dieser Industriegesellschaft auf dem Tisch liegen; von Asbest bis zur Unterdrückung der Frau bis zur Unterdrückung der Wahrheit in vielen Bereichen, dann muss ich mir wieder einen Schub geben, um da weiterzukämpfen. Dann sehe ich mich in diesem See von Männern bei Sitzungen, wo zumeist zwei- bis dreihundert Männer dominante Rollen spielen und die Frauen nur eine dienende Rolle. Wenn man in diesem Kreis auch noch eine Verwaltungsrätin darstellen soll, dann wird das doch irgendwie makaber, weil man spürt, dass die Frauen da nichts zählen, dass man sie nicht ernst nimmt.« Sie ist die Fremde im System, die Unwillkommene, die Desintegrierte, die Unangepasste und Ungehorsame. So sieht sie sich, so will sie gesehen werden, so wird sie ganz offenbar auch gesehen durch den »See von Männern«.

Ganz anders wird Petra Kelly in den neuen außerparlamentarischen Bewegungen aufgenommen. Am 10. Oktober 1981 spricht sie im Bonner Hofgarten auf der größten Demonstration, die die Bundesrepublik bis dahin erlebt hat. Sie gibt der Friedenssehnsucht im Kampf gegen den NATO-Doppelbeschluss eine selbstbewusste Stimme. Der Doppelbeschluss von 1979, maßgeblich von Helmut Schmidt initiiert, sah vor, dass das westliche Verteidigungsbündnis 1983 mit 108 Pershing-II-Raketen und 464 Marschflugkörpern (Cruise Missiles) auf den Rüstungsvorsprung der Sowjetunion reagieren und nachrüsten würde, sofern man bis dahin keine Verhandlungslösung und damit beiderseitige Abrüstung erreicht hätte. Im Falle einer nuklearen Auseinandersetzung wären die Bundesrepublik und die DDR zu einer tödlich verstrahlten Nuklearwüste geworden. Dieses Szenario machte den meisten Menschen Angst und sorgte dafür, dass die Mehrzahl der Deutschen den NATO-Doppelbeschluss ablehnte, so sehr sich auch die Bundesregierung bemühte, seine Notwendigkeit zu begründen.

Auch zwei Jahre später, unmittelbar vor Abstimmung über den NATO-Doppelbeschluss im Bundestag, sprach Petra Kelly am 22. Oktober 1983 im Bonner Hofgarten. Wieder hatten sich Hunderttausende Demonstranten friedlich versammelt, um gegen das »Gleichgewichts des Schreckens« zu protestieren. »*Liebe Schwestern und Brüder, liebe Ungehorsame, diese blockfreie, systemsprengende Friedensbewegung besteht nicht nur aus vielen Brüdern, sondern auch aus vielen mutigen Schwestern, die nicht nur gegen den Krieg der Männer, sondern auch gegen den kleinen Krieg der männlichen Vorherrschaft jeden Tag Widerstand leisten. Wir trauen den Männern nicht – auch einer Frau Thatcher – an der Macht, denn die gewaltsamen Herren im Weißen Haus und im Kreml spielen mit Massenvernichtungswaffen wie mit Kriegsspielzeug und machen uns zu kollektiven Geiseln der Supermächte. Die da oben beweisen immer wieder, dass sie zu viel Panzer und zu wenig Hirn haben.*« Ihre pathetische Kampfansage und ihr Bedürfnis, die Friedenssehnsucht und den Pazifismus möglichst aggressiv und moralisch hochgerüstet zur Sprache zu bringen, treffen den Ton, den die Demonstrierenden wollen. Die schiere Existenz der fünfhunderttausendköpfigen Masse findet ihr paradoxes Spiegelbild in der schmalen, fragil wirkenden Frau, die als verwundbarer Mensch die Gefährdung jedes Einzelnen und des Planeten abzubilden, zu personifizieren scheint. Ihre Rede, zu der auch der resonanzspendende Massenkörper der Zuhörenden gehört, ist ein Tribunal über – so die kollektive Empfindung – die hirnlosen Muskelspiele der Weltmächte.

Die Rede der Charismatikerin Kelly ist aber auch eine Kampfansage an den Konkurrenzcharismatiker Willy Brandt, der vor ihr gesprochen hatte. Willy Brandt war von der Masse stellenweise fröhlich ausgebuht und ausgepfiffen worden, weil er zwar für Abrüstung plädierte, sich aber nicht zum rigorosen Totalpazifismus einer Petra Kelly durchringen konnte. Kelly fordert den Friedensnobelpreisträger auf offener Bühne heraus und wirft ihm vor, dass die SPD die Friedensbewegung jahrelang diffamiert und verraten habe. Der zivile Ungehorsam, zu dem Kelly gegen die Stationierung der Raketen aufruft, ist zugleich ein Ungehorsam gegen die Vaterfigur Brandt, wegen der Kelly einst in die SPD eingetreten war. Nun steht sie da, die Trägerin des Alternativen Friedensnobelpreises 1982, und konkurriert mit dem Friedensnobelpreisträger des Jahres 1972 um die charismatische Führerschaft. Wenn es einen charismatischen Gipfelpunkt ihrer fiebrigen Karriere gibt, dann ist er an diesem Tag, in diesem Augenblick erreicht. Über ihr lässt sich der inzwischen amtierende Kanzler Kohl im Hubschrauber über den Hofgarten fliegen und bleibt nicht unbeeindruckt vom Anblick der gewaltigen Menschenmenge. Für einen kurzen Moment lässt er die Frage zu, ob die da unten nicht vielleicht doch recht haben? Und da unten regiert in diesem Augenblick die alternative Kanzlerin der Bundesrepublik Deutschland, die charismatische Frau, die für eine winzige historische Spanne Willy Brandt, Helmut Schmidt und Helmut Kohl ablöst und als frei schwebende Kosmopolitin die Tür aufstößt zu einer Welt ohne Waffen.

Petra Kelly auf einer Demonstration der Friedensbewegung
in Mönchengladbach vor circa 20 000 Teilnehmern, 1981

Die totale Entzauberung der Rednerin Kelly findet nur wenige Wochen später, am 22. November 1983, im Deutschen Bundestag statt.

Am 21. und 22. November wird über den Doppelbeschluss debattiert, und am Abend des 22. November wird der Antrag der Regierungsfraktionen mit 286 gegen 225 Stimmen angenommen, und damit ist die Aufstellung der Raketen beschlossene Sache. Als Kelly spricht, wirkt es so, als wären die Stimmen schon ausgezählt, als antizipierte ihr Körper das Ergebnis, so kraftlos und geschlagen wirkt sie. Mehrfach wendet sie sich an den Parlamentspräsidenten mit der Bitte, die Herren zum Schweigen zu bringen, doch so sehr sie sich auch bemüht, so sehr sie ihre scheinbar letzten Kräfte mobilisiert und kämpferisch agiert, so sehr fallen ihre Worte ins resonanzlose Nichts. Selbst die Zwischenrufe, die sie auf sich zieht, sind nicht so böse wie sonst. Auch der Kanzler zeigt Desinteresse und fehlt auf der Regierungsbank. An diesem Ort, an diesem Tag ist die Rednerin von allen resonanzspendenden Kräften abgeschnitten, stattdessen sitzen dort – aus ihrer Sicht – taube Ohren, graue Herren, machtgebeugte Marionetten, die abstimmend nur nachvollziehen, was ihnen vorgegeben wurde. Selbst die eigene Fraktion spendet ihr nur halbherzig Beifall, und auf den Gesichtern der grünen Matadoren Schily und Fischer liegt ein leicht gequälter Gesichtsausdruck, sie sind innerlich auch Abtrünnige.

»Ich bin 1970 in der Frauen- und Antiatom- und Friedensbewegung aktiv geworden. Der Anlass war der Tod meiner zehnjährigen, krebskranken Schwester, die ein Auge verloren hatte und die drei Jahre lang in Röntgenabteilungen bestrahlt, zu Tode bestrahlt worden ist. Am Ende war sie – wie jedes Hiroshima-Opfer – in einem Krankenzimmer übrig geblieben, das fast keiner mehr betreten konnte. Für mich waren das alles Anzeichen dafür, dass wir in einem Atomzeitalter leben, denn die Strahlentherapie, gewonnen aus der Atomforschung, hat sie sozusagen ermordet. [...] Was Hiroshima widerfuhr, kann uns allen geschehen. Die ganze Welt ist ein Hiroshima, das die Bombe noch nicht getroffen hat.«

Betrachtet man die Aufzeichnung dieses Auftritts, ahnt man, wie sehr es Kelly getroffen haben muss, dass ihr kaum jemand zuhörte. Wohin man sieht: geschäftige Abgeordnete, Unruhe, Aktenstudium. Kelly war die große Fremde im Betrieb. Die Asketin rauchte nicht, trank nicht, sie riss keine Witze, schlug niemandem auf die Schulter, sie war kein Kumpel. Andererseits brachte sie die Leiden ihres Körpers ganz offen in die Debatte ein, sprach öffentlich über ihre Sexualität und zeigte sich angreifbar. Sie sah sich stets ums Überleben kämpfen, in einer Männerwelt, in der selbst die medizinisch-technischen Apparaturen Frauen feindselig gegenüberstanden. Nicht nur der Krebstod der Schwester hatte sie augenscheinlich traumatisiert, sondern auch eine Abtreibung, die sie auf Anraten der Ärzte im Alter von dreißig Jahren vornehmen ließ. Sie war von ihrem Geliebten John Carroll schwanger, und sie war krank. Ihr fehlte eine Niere, zudem war sie häufig geröntgt worden, sodass die Gefahr einer kindlichen Missbildung bestand. Auch ihre eigene Gesundheit, versicherten die Ärzte, stünde bei einer Geburt auf dem Spiel. Es gehörte zu Kellys Image in den Medien und ihrer Aura in den neuen sozialen Bewegungen, dass sie andere an diesen Dramen teilhaben ließ. Dass Petra Kelly in der Debatte um den NATO-Doppelbeschluss an ihre Schwester erinnert, wirkt daher auch nicht so sehr wie ein letzter Versuch, ihre politischen Gegner emotional zu packen, sondern eher wie eine existenzielle Selbstvergewisserung in einem krisenhaften Moment, dem Augenblick ihrer größten politischen Niederlage.

Denn es war ja nicht sie allein, die da im Parlament stand und gegen die Aufrüstung anredete, wütete, es war die Friedensbewegung, es waren die Hunderttausende aus dem Bonner Hofgarten, die sie hierhergetragen hatten, deren Delegierte sie war und deren Stimmen bei der Auszählung nichts bedeuten würden. Dieses Parlament war für die außerparlamentarische Charismatikerin Kelly eine einzige Ausnüchterungszelle und Entzauberungsmaschine, die nicht von Gefühlen, sondern einer Geschäftsordnung getragen wurde.

Ist die Politikerin Petra Kelly auf ganzer Linie gescheitert? Ist sie im Deutschen Bundestag zur tragischen Figur geworden? Dass man diese Fragen nicht unumwunden beantworten kann, gehört schon zum Erfolg dieser Politikerin, deren Existenz ein großes Fragezeichen hinter die Debattenroutine und Selbstgenügsamkeit des Bundestages setzte. In der Hitze der damaligen Auseinandersetzung wollte und konnte man dem Gegner keine Qualitäten oder Verdienste zubilligen. Den Abgeordneten der Regierungskoalition blieb die Einsicht verschlossen, dass Kelly durch ihre expressiven Gefühlsvorträge die Friedensbewegung ins Parlament trug, ja, sie dort gleichsam inkarnierte – und somit dem NATO-Doppelbeschluss letztlich mehr demokratische Legitimität verlieh als ohne ihr großes, kassandrisches Nein.

Mit Kelly überwanden die Demonstranten des Hofgartens die Bannmeile und besetzten so symbolisch das Plenum. Kelly gab diesem Protest Stimme, Gesicht und Körper, und zugleich wurden ihr durch das parlamentarische Prozedere Grenzen gesetzt. Sie, die auch an diesem Tag ihre Redezeit überschritt und deswegen vom Parlamentspräsidenten angemahnt wurde, hielt sich letztlich an diese Grenzen, auch wenn sie mit allen ihr zur Verfügung stehenden Ausdrucksformen die Grenzüberschreitung suchte. So trug sie das lila Halstuch des evangelischen Kirchentages als unübersehbares Zeichen, sie entrollte gleich zu Beginn ihrer Rede ein Plakat, das die Kriegslüsternheit der Amerikaner entlarven sollte, sie klagte die Regierung als »Angstbewegung« an und setzte sich als Stellvertreterin der Friedensbewegung in Szene.

Letztlich war Petra Kelly eine Stabilitätsgarantin der Demokratie und auch des NATO-Doppelbeschlusses. Als machtvolle Gegenspielerin von Helmut Kohl half sie diesem nicht nur, das Regierungslager zu einen, sondern – und das war viel gewichtiger – sie forderte das System heraus, sie zwang es zur permanenten Rechtfertigung und Selbstüberprüfung. Sie gab Millionen Menschen das Gefühl, dass ihre Gefühle in der Debatte und politischen Auseinandersetzung zumindest wahrgenommen worden waren. Kelly hatte der großen Angstwelle dieser Jahre nicht nur Gestalt gegeben, sie hatte das Gefühl auch übersetzt in Aktion, Bewegung, Teilhabe, Protest, Verweigerung, zivilen Ungehorsam.

Sie legte der Demokratie auch immer wieder die Frage vor, was diese sich gefallen lassen, was sie integrieren muss, um noch als Demokratie gelten zu können, und sie forderte die Parlamentarier heraus, das eigene Ausdrucksrepertoire zu prüfen. Auch die Abgeordneten der Regierungskoalition, insbesondere die Frauen, Rednerinnen wie Hildegard Hamm-Brücher, Renate Hellwig (CDU) und Rita Verhülsdonk (CDU), sahen sich herausgefordert, ihr Ohr wirklich an die Gesellschaft, ans Volk zu legen. Wer – das war die umstrittene Frage – sprach in der Nachrüstungsfrage tatsächlich für die Mehrheit der Deutschen? War Helmut Kohls Wahlsieg im März 1983 auch ein Plebiszit über die Raketennachrüstung gewesen? Kelly forderte allen ab, Farbe zu bekennen, ihr Kampf gegen die Lauheit, gegen die Duckmäuser zwang manchen zum aufrechteren Gang.

Petra Kelly ist vom politischen Gegner vielfach als »hysterische Frau« geschmäht worden, und selbst in der eigenen Partei galt sie vielen als »Nervensäge«. Diese Einschätzung aber übersah, dass Kelly kollektive Gemütslagen aufgriff und sie in ihr authentisches Körperdrama überführte. Kelly war eine theatralische Existenz, die Realitäten und Wahrheiten artikulierte, für die sich kein anderes Theater zuständig fühlte.

Wahrhaftig war sie immer. Dass das jedoch nicht immer bedeutet, die allein selig machende Wahrheit zu haben, war die Kehrseite dieser unbedingten Existenz. So wie viele Zeitgenossen blind waren für ihr Charisma und ihr Talent, war sie unfähig, die Wahrheiten der anderen zu sehen. Sie wagte mehr Demokratie und verrannte sich bisweilen in Fundamentalismus. Auch diese Ambivalenz gehört zu ihrem Charisma. Bis heute aber besteht ihre Bedeutung darin, dass sie in der Eiszeit des Kalten Krieges eine große Vermittelnde war zwischen den Straßen, Plätzen und dem Parlament und zwischen den Machtblöcken. Dem Ostblock haben sie und die Friedensbewegung signalisiert, dass die Bundesrepublik kein säbelrasselndes Land mehr ist, und dem Westen wurde klar, dass Regierungsmacht an Grenzen stößt, wo sie sich nicht mehr verständlich machen kann und Gefolgschaft verweigert wird. Auch dass der INF-Vertrag 1987 zur Abrüstung führte und die Befürworter des Gleichgewichts des Schreckens anscheinend recht hatten, setzt Petra Kelly nicht ins Unrecht.

Inzwischen ist der INF-Vertrag aufgekündigt. Wer erhebt heute seine Stimme gegen die Gefahr eines neuen globalen Wettrüstens?

11. Auf dem Standesamt

Unseren Namen haftet nichts Leichtfertiges an. Wir kommen zur Welt und werden mit Vor- und Nachname bedacht. Wie wir heißen werden, liegt nicht in unserer Gewalt. Im Namen liegt, wie in einer Kapsel, die Saat der Wünsche und Hoffnungen, die unsere Eltern für uns hegen. Im Namen liegen Magie, Aberglaube, der Geist oder Ungeist der Zeit, im Namen wimmelt es von Geschlechtern und Göttern. *Im Namen des Vaters, des Sohnes und des Heiligen Geistes.* Über Jahre und Jahrzehnte sickern die Namen in unsere Existenz, sie werden uns zur zweiten Haut, und wir sind daher empfindlich, wenn jemand mit ihnen spielt, sie verunstaltet oder verunglimpft. Schließlich haben wir uns *selbst* einen Namen gemacht, nachdem wir die Namen zunächst nur erlitten hatten, schließlich haben wir unseren Namen erstritten und verteidigt, wir haben eine Identität gefunden und eine Biografie erworben, die beide untrennbar mit diesem Namen verbunden sind. Wir haben die Unfreiheit, die die Namensgebung für uns bedeutete, in Momente der Freiheit verwandelt, indem wir diesen Namen mit eigenem Leben gefüllt haben, das uns behagt, ausdrückt und zur Welt bringt. Denn wer uns jetzt anspricht, meint nicht den Namen, der uns einst übergestülpt wurde, sondern den Namen, den wir leben.

Und dann gehen wir aufs Standesamt, wo uns der Name vom Leib gezogen werden soll, so als wäre er ein schäbiges Hemd und nicht die Haut, die all das zusammenhält, was *Ich* sagt. Aber nur wenn wir eine Frau sind.

Ingrid Matthäus-Maier wird am 9. September 1945 im niedersächsischen Werlte geboren. Der Vorname Ingrid stammt aus dem Althochdeutschen und verweist einerseits auf eine nordische Stammesgottheit und meint andererseits »die Schöne«. Zwischen 1929 und 1952 gehörte Ingrid in Deutschland zu den zehn häufigsten Mädchennamen. Ingrid Matthäus-Maier. Wer auf den Lebensweg dieser Frau schaut, wird eine der bemerkenswertesten Politikerinnen der alten Bundesrepublik entdecken. Sie ist, wie viele Frauen ihrer Generation, stets eine der Ersten. Sie ist die erste Frau, die an der Spitze einer der großen Nachwuchsorganisationen der Parteien steht, 1972 wird sie zur Bundesvorsitzenden der Jungdemokraten gewählt. Sie sei, meldet die Nachrichtenagentur dpa daraufhin, »attraktiv und aggressiv«, und von vielen männlichen Journalisten wird sie anschließend gefragt, ob es nicht ungewöhnlich sei, dass eine Frau dieses Amt bekleide, und ob sie sich diese Aufgabe denn überhaupt zutraue.

Die junge Liberale zieht 1976 in den Deutschen Bundestag ein und wird dort 1977 gegen den erbitterten Widerstand von Otto Graf Lambsdorff finanzpolitische Sprecherin der FDP-Fraktion und schließlich 1979 auch Vorsitzende des Finanzausschusses des Deutschen Bundestages; auch hier setzt sie sich in einer klassischen Männerbastion durch. Dass sie in dieser Zeit überhaupt so eine steile Karriere machen und zugleich zweifache Mutter werden kann, hat sie ihrem Mann Robert Maier zu verdanken. Nach der Geburt des zweiten Kindes 1980 stellt der Diplom-Mathematiker eigene berufliche und politische Ambitionen zurück und kümmert sich vor allem um den Haushalt und die Kinder, ein damals noch rareres Rollenmodell als heute.

Ingrid Matthäus-Maier (FDP, später SPD)
während des Bundestagswahlkampfes 1972

Robert Maier war zusammen mit seiner Frau in das Abenteuer Politik gestartet, auch er war Jungdemokrat und in politischen Fragen stets eng mit seiner Frau verbunden. Während ihrer Zeit in Bonn vergeht kein Tag, an dem sie nicht seinen Rat einholt und wissen will, wie er über dieses oder jenes denkt. Ganz gleich, wann sie in der Nacht nach Hause kommt, es brennt noch Licht im Haus Matthäus-Maier, der Tag wird zusammen eingeordnet. Nur ein einziges Mal in den 22 Bonner Jahren geht er zu Bett, bevor sie zurück ist.

Sie ist auch die erste Parlamentarierin, die im Bonner Bundeshaus ihre Kinder stillt, zuerst die 1978 geborene Tochter. Als Vorsitzende des Finanzausschusses stand Ingrid Matthäus-Maier ein eigenes Büro zu, wohin sie sich zum Stillen zurückziehen konnte. Ihre Eltern oder ihr Mann brachten dann den Säugling pünktlich auf die Minute. Noch heute ist die Politikerin der Ansicht, dass es kaum effektivere Mitarbeiterinnen oder Chefinnen gibt als berufstätige Mütter. Sie eröffnete die Sitzungen meist mit der Feststellung, dass um elf Uhr eine kleine Pause gemacht werde (ihr Stillfenster), und bat um zügige Abarbeitung der Tagesordnung bis zur Mittagspause. Allgemeine Zustimmung, beifälliges Gemurmel. Langwierige Selbstdarstellungsmonologe und unfruchtbare Schaugefechte entfielen.

Ingrid Matthäus-Maier ist von Anfang an eine unbequeme FDP-Abgeordnete. Kaum ist sie im Bundestag, hängen empörte Liberale ihr ein Parteischiedsgerichtsverfahren an, weil sie den Extremistenerlass als Gesinnungsschnüffelei verurteilt hatte. Sie spricht sich gegen die Kernkraft aus und ist damit eine Rebellin in der Atomkraftpartei FDP. Bei der Reform des Abtreibungsparagrafen 218 setzt sie sich für die Fristenlösung ein und streitet wiederholt für die Gleichbehandlung von Mann und Frau: »Männer«, sagt sie damals, seien »nicht das Maß aller Dinge«.

Als die FDP 1982 auf Drängen von Hans-Dietrich Genscher die Koalition mit der SPD verlässt, tritt sie aus Überzeugung aus ihrer Partei aus. Sie fühlt sich an das Wahlversprechen von 1980 gebunden, als sich die FDP dem Wähler als treuer Bündnispartner der SPD darstellte. Trotz des Parteiaustritts gelingt der Politikerin die Fortsetzung ihrer Karriere: Sie wird Mitglied der SPD. Wenn man also über charismatische Frauen auf der Bonner Bühne spricht, muss man auch über Ingrid Matthäus-Maier sprechen. Sie verkörperte in der FDP jenen linksliberalen Flügel, der sich Ende der Sechzigerjahre vom nationalkonservativen Erbe der Partei trennte, euphorisch zu neuen Ufern aufbrach, um mit der SPD 1969 eine sozialliberale Ära zu begründen. Es waren junge Leute wie sie, die den Kapitalismus bändigen, die Emanzipation der Frau voranbringen und der gesamten Gesellschaft ein liberaleres Grundempfinden verleihen wollten. Ingrid Matthäus-Maier war das Gesicht dieser Reformeuphorie, gerade als junge Frau personifizierte sie den Identitätswechsel der FDP, die in den Fünfzigerjahren viele alte Nazis integriert hatte, die streng nach Geld, Hinterzimmern und Zigarren roch und immer das forderte, was den Interessen der Wirtschaft diente. Mit diesem Altherren- und Honoratioren-Muff hatten die liberalen Achtundsechziger vordergründig aufgeräumt, doch jetzt – auf dem Berliner Parteitag 1982, fünf Wochen, nachdem die FDP die Koalition mit der SPD verlassen und Helmut Kohl zum Kanzler gewählt hat – werden sie wieder beiseitegeschoben. Hans-Dietrich Genscher, der Architekt des Machterhalts, setzt sich durch und lässt sich erneut zum Vorsitzenden wählen. Linksliberale wie Ingrid Matthäus-Maier ziehen Konsequenzen. Kurz vor Mitternacht tritt sie ans Mikrofon und verkündet ihren Austritt aus der Partei, ihrer Heimat. Da jubeln die einen schadenfroh, andere heulen auf, die einen klatschen Beifall aus Respekt, andere aus Hohn. Und die Rednerin hat feuchte Augen und sieht, wie die Delegierten mit ihren Gefühlen kämpfen. Kopfschütteln, Feixen, Tränen, Umarmungen, Schreien, Jubeln und Stöhnen. Keine andere Rede auf diesem Parteitag löst derart viele Emotionen aus, denn da oben steht ein Symbol, eine Hoffnungsträgerin, eine stimmgewaltige Frau im Chor der Männer. Matthäus-Maier, der Doppelname signalisiert Widerspruchsgeist, Emanzipation und Selbstbewusstsein.

Bis heute müssen sich Frauen ihren Namen in anderer Weise erkämpfen als Männer. Laut einer Studie der Gesellschaft für deutsche Sprache aus dem Jahr 2018 wählen Ehepaare zu etwa 75 Prozent den Namen des Mannes als gemeinsamen Familiennamen. Nur sechs Prozent der Paare entscheiden sich heutzutage für den Familiennamen der Frau, etwa zwölf Prozent favorisieren es, jeweils den eigenen Namen zu behalten, und nur acht Prozent wählen einen Doppelnamen. Dem Doppelnamen haftet immer noch das Image verkrampfter Emanzipation an, und als Annegret Kramp-Karrenbauer 2018 CDU-Parteivorsitzende wurde, mangelte es nicht an dumpfen Witzen.

Im Jahr 1974 war der Doppelname praktisch noch nicht existent, und nur Rechtsexperten wussten, wie man, oder besser, wie frau zu ihm kommt. Eine Expertin auf diesem Gebiet war die junge Jurastudentin Ingrid Matthäus, die in den Sechzigerjahren Rechtswissenschaften in Münster studierte. Dort, im erzkatholischen Milieu, konnte frau, wenn sie in wilder Ehe lebte, ihren Widerspruchsgeist schulen. Wie bestimmend das katholische Umfeld war, zeigt eine Szene, an die sich Ingrid Matthäus-Maier lebhaft erinnert. Die Studentin wohnte bei einer sehr freundlichen katholischen Familie zur Untermiete. Natürlich ist auch ihr Freund Robert Maier dort häufig zu Gast, man lernt gemeinsam fürs Studium; an eine Übernachtung ist nicht zu denken: »Eines Tages kommt die etwa zehnjährige Tochter der Vermieter zu mir ins Zimmer und weint. Als wir sie fragen, warum sie weint, sagt sie, sie hätte jetzt gehört, weil wir beide nicht in der Kirche seien, kämen wir später, wenn wir sterben, in die Hölle. Das hat sie wirklich ganz ernst gemeint.« Als die angehende Juristin und ihr Freund Robert Maier später ohne Trauschein zusammenziehen, drohen ihre Eltern noch: »Kind, wir

werden dich nie besuchen!« Nach einem Monat jedoch wird der
Boykottwille aufgegeben und dem jungen Paar beim Anbringen
der Bücherregale geholfen.

Nach acht Jahren gelebtem Nonkonformismus treten Ingrid und Robert im Herbst 1974 zur Erleichterung ihrer Eltern
vor den Standesbeamten. Die Jungdemokratin steht vor dem
zweiten juristischen Staatsexamen, 1975 wird sie Richterin
am Verwaltungsgericht Münster. Mit einem Wort: Sie weiß,
was sie will und was ihr zusteht. Den eigenen Namen aufzu-
geben, kommt ihr daher undenkbar vor. Doch der Standesbeamte denkt anders und will tun, was er immer tut, den Frau-
ennamen zu den Akten legen, ihn aus der Biografie streichen.
»Ich beglückwünsche Sie, Herr Maier, und auch Ihnen, Frau
Maier, darf ich meinen …« Der Satz bleibt unvollendet. »Wieso
Maier?« Der Beamte lächelt nachsichtig: »Sie sind jetzt Frau
Maier oder …« – »Das muss ein Irrtum sein, ich habe angemeldet, dass mein Mädchenname an den Namen meines Mannes
angehängt wird.« – »Das steht hier nicht, das hätten Sie be-
antragen müssen, Frau Maier, und das haben wir auch noch
nie gemacht!« Die Trauzeugen zeigen deutliche Zeichen der
Unruhe. »Ich habe das beantragt, und ich werde dieses Standesamt nicht als Frau Maier verlassen!« Den Trauzeugen tritt
Schweiß auf die Stirn, der Standesbeamte windet sich. »Aber
Frau Maier …« – »Ich bleibe hier, ich kenn meine Rechte, ich
verlange, dass Sie meinem Antrag stattgeben.« – »Aber uns
liegt kein Antrag Ihrerseits vor.« – »Dann ändern Sie die Pa-
piere und nehmen meinen Antrag hier und jetzt entgegen. Ich
gehe nicht als Frau Maier aus diesem Zimmer.«

Ingrid Matthäus-Maier erzählt diese Anekdote zwar mit Behagen, aber auch mit anhaltendem Kopfschütteln über das patriarchalische Namensrecht. Das damalige Recht erlaubt es ihr nur,
den eigenen Namen an den Namen des Mannes, der Familien-
name wird, anzuhängen. Noch ist es nicht erlaubt, den Frauen-
namen vor den männlichen Namen zu stellen. Das wird erst 1976

nach einer erneuten Reform des Namensrechts möglich. Doch selbst nach dieser Reform blieb das Namensrecht patriarchalisch geprägt, da es automatisch den Männernamen zum Familiennamen bestimmte, sofern die Eheleute keine anderen Regelungen beantragten.

Wie landläufig die Vorstellung war, dass eine Frau den Männernamen annehmen müsse, sonst sei sie weder ehrbar noch sittlich, zeigt eine Szene aus dem Wahlkampf 1983. Mittlerweile kandidiert Ingrid Matthäus-Maier für die SPD im Rhein-Sieg-Kreis gegen den CDU-Abgeordneten Adolf Herkenrath. Der schreckt nicht davor zurück, seine politische Gegnerin bei Wahlkampfveranstaltungen persönlich zu verunglimpfen. Die Frau Matthäus-Maier sei doch ein sehr scheinheiliger und schlechter Mensch, das könne man schon daran sehen, dass sie ihren eigenen Namen vor den ihres Mannes stelle, das sei ja gar nicht erlaubt. Sie antwortet: »Sie haben keine Ahnung, Herr Herkenrath. Die Frau ihres geschätzten Parteifreundes Rainer Barzel heißt Henselder-Barzel, und sie darf auch so heißen, weil das Namensrecht das zulässt. Sie sollten sich besser informieren, Herr Herkenrath.«

Nach dem Wahlkampf zieht sie jedenfalls erneut in den Bundestag ein, diesmal als SPD-Abgeordnete. 1988 wird Ingrid Matthäus-Maier stellvertretende Fraktionsvorsitzende der SPD. Und sie ist die erste Frau, die einem Bundestagsuntersuchungsausschuss vorsitzt. Ihre ebenso temperamentvoll-leidenschaftlichen wie sachpolitisch fundierten Reden drängen den Finanzminister regelmäßig in die Defensive. Sie ist daher auch die erste Frau, die 1988 mit dem »Goldenen Mikrofon« für die beste Bundestagsrede ausgezeichnet wird, und 1998 wird ihr der Cicero-Rednerpreis verliehen.

In der rot-grünen Regierung, die Gerhard Schröder 1998 bildet, ist kein Platz für Ingrid Matthäus-Maier. Sie, die als erste Anwärterin auf das Amt des Finanzministers gilt, muss dem Machtanspruch Oskar Lafontaines weichen, der sich im Vorfeld der Wahl das Finanzministerium von Schröder hat zusichern lassen. Nach 22 Jahren als Abgeordnete wechselt die Spitzenpolitikerin 1999 in den Vorstand der KfW, der Kreditanstalt für Wiederaufbau, nach der Bilanzsumme die drittgrößte deutsche Bank.

Die KfW ist die Hausbank des Bundes, die zu achtzig Prozent dem Bund und zu zwanzig Prozent den Ländern gehört. Frauen sind in den Vorstandsetagen großer Bankhäuser damals noch kaum zu finden, und Matthäus-Maier fühlt sich in der Bankenwelt in Sachen Frauenanteil um dreißig Jahre zurückversetzt. Als sie 2006 sogar die neue Vorstandssprecherin der KfW wird, ist sie die erste Frau an der Spitze einer großen deutschen Bank, die »Emma« findet dafür die Schlagzeile »An der Jungsfront«.

Im Zuge der internationalen Banken- und Finanzkrise muss die neue Chefin ausbaden, was die Männer zuvor verzockt haben. Bei der Lösung der Krise machen der Finanzexpertin vor allem Machtspiele zwischen dem Verwaltungsratsvorsitzenden der KfW, Bundeswirtschaftsminister Michael Glos (CSU), sowie dem Verwaltungsratsvize, Bundesfinanzminister Peer Steinbrück (SPD), das Leben schwer. Die Kritik, die an ihr geübt wird, ist zu großen Teilen parteipolitisch motiviert, alte Rechnungen werden beglichen, und auch frauenfeindliches Gewäsch spielt eine Rolle: Frauen, heißt es, seien für diesen Job eben nicht gemacht. Natürlich ist das Unfug, aber Ingrid Matthäus-Maier will nicht länger den Kopf hinhalten für die Fehler anderer und tritt zurück. Sie hat sich im Laufe ihres Lebens einen Namen gemacht, der einen guten Klang hat, und den will sie sich nicht nehmen lassen.

Was würde sie jungen Frauen heute zurufen? Ist der Kampf um die Gleichberechtigung schon Geschichte? Ist alles erreicht? Ingrid Matthäus-Maier schüttelt energisch den Kopf. Der Kampf gehe weiter, sagt sie und zitiert Willy Brandt: »Nichts kommt von selbst. Und nur wenig ist von Dauer.«

»Solche saudummen Bemerkungen wie ›Zur Sache, Schätzchen‹,
mit denen mich einst die Männer am Rednerpult des
Bundestages angepöbelt haben, gehören zur Vergangenheit.«
Renate Schmidt, 1990

12. Über Schmidt

In der Adenauer-Ära galt der »Spiegel« als das »Sturmgeschütz
der Demokratie«, in der Republik der Männer war die SPD-Abgeordnete Renate Schmidt das Sturmgeschütz weiblicher Selbstbehauptung. Wer ihr blöd kam – meistens waren es Männer –,
bekam eins auf den Deckel. Das darf man so deutlich schreiben,
weil gerade diese Politikerin für Undeutlichkeit nicht zu haben
war. Sie war die Konterkönigin wider den sich hochpotent füh-
lenden Zwischenrufer, sie schmetterte die Bälle zurück ins Feld
des Angreifers. Da wurde nicht gefackelt, da wurde nicht viel
Federlesens betrieben, da wurde dem Mann das Brett vor dem
Kopf eine Etage tiefer über den Mund gelegt. So geschehen etwa –
und das ist lediglich ein Beispiel für viele andere Gelegenheiten –
am 8. Februar 1985 in Bonn.

An diesem Tag wird im Parlament über die Finanzierung von
Frauenhäusern gestritten und über die Verbesserung der Aus-
bildungssituation junger Frauen bei der Post. Einer der Prota-
gonisten der Debatte ist der Minister für Jugend, Familie und
Gesundheit Heiner Geißler. Der Christdemokrat hatte wenige
Tage zuvor das Konzept »Für eine neue Partnerschaft zwischen

Mann und Frau« verbreiten lassen, mit dem die Union ein neues Frauenleitbild etablieren und verloren gegangene Wählerinnen zurückgewinnen wollte. Tatsächlich gelingt ihm im Plenum ein kleiner Coup, weil er die Frauenpolitiker der SPD – und das sind in erster Linie prominente Frauen wie seine Vorgängerin Antje Huber, wie Anke Martiny, Herta Däubler-Gmelin und Renate Schmidt – in die Defensive drängt. Er wirft den Sozialdemokraten vor, in ihrer Regierungszeit zu wenig für die Frauen getan zu haben: *»Ich sage es ganz kurz, weil hier einfach die Unwahrheit gesagt wurde. Wir können in zwei Jahren nicht all das machen, was Sie in dreizehn Jahren für die Frau nicht getan haben.«* Entsprechend gereizt ist die Stimmung bei den Frauen der SPD.

Renate Schmidt tritt unmittelbar nach dem Minister ans Pult und attackiert ihn sofort scharf. *»Ach, Herr Geißler, es tut mir wirklich weh. Kommen wir doch einmal zu den Fakten (Zuruf von der CDU/CSU: Alles Beschlüsse, keine Propaganda! – Pfeffermann [CDU/CSU]: Eine Erfolgsbilanz war das!). Sie haben heute wieder einmal eine wunderhübsche Propagandarede als Generalsekretär gehalten und sind eben nicht auf die Fakten eingegangen.«* Die Abgeordneten der Union, die merken, mit welcher Energie ihr Minister angegangen wird, versuchen, die Rednerin mit Zwischenrufen zum Straucheln zu bringen. Dabei tut sich besonders der Abgeordnete Gerhard O. Pfeffermann hervor, der in der Geschichte des Bundestages durch eine Rekordzahl eingeheimster Ordnungsrufe aufgefallen ist. Er war ein Gigant der Erregung bei bescheidener Größe, der als selektiver Choleriker stets dann explodierte, wenn Frauen der SPD oder der Grünen am Mikrofon emanzipative Stärke demonstrierten. Schmidt keilt zurück: *»Ach, Herr Pfeffermann, jetzt seien Sie doch mal ruhig. Seien S' doch mal ruhig!«* Doch Pfeffermann bleibt Pfeffermann und empört sich weiter. Daraufhin retourniert Schmidt, mit wuchtigen Handkantenschlägen ihre Sätze begleitend: *»Ich sage Ihnen: Die klugen Frauen haben Millionen geborener Feinde, das sind die dummen*

Männer. Sie können sich den Schuh gerne anziehen (Lachen und Beifall bei der SPD und den Grünen).« Pfeffermann ist fürs Erste versorgt, sofort wird wieder Geißler beschossen: »*Die jüngste Unverschämtheit, Herr Geißler, ist der gestern im Bundesrat gescheiterte Versuch, gegen den erklärten Willen aller Fraktionen dieses Hauses die Grenze für den BAföG-Bezug auf 27 Jahre herunterzusetzen. Die Leidtragenden wären wieder die Frauen gewesen (Zustimmung bei der SPD). Deshalb rennen Ihnen die Frauen weg, weil sie die Männerpolitik, die Sie verkörpern, Herr Geißler, endlich und auf alle Zeiten satthaben, eine Politik, die als wichtigsten Körperteil den Ellenbogen und den Mund hat (Pfeffermann [CDU/CSU]: Man hört es!), kaum den Kopf braucht, nie die Ohren und überhaupt niemals das Herz.*« Zwischenrufer Pfeffermann greift erneut an: »*Eine so rote Brille, wie Sie aufhaben!*« – Schmidt: »*Ich bin stolz auf meine rote Brille. Sie haben eine schwarze, und dadurch sieht man noch weniger.*« Und damit war der Abgeordnete Gerhard O. Pfeffermann an diesem Tag ein für alle Mal auf seine Hinterbank verwiesen.

Was ihr der Abgeordnete Pfeffermann damals genau zurief, weiß Renate Schmidt nicht mehr, »es wird nichts Vernünftiges gewesen sein«. Aber dass sie ihm mit dem in feministischen Kreisen sehr beliebten Zitat von Marie von Ebner-Eschenbach geantwortet hat, dass kluge Frauen in den dummen Männern Millionen geborener Feinde finden, steht ihr lebendig vor Augen: »Ich kann Ihnen nicht schildern, was das für eine Resonanz gab. Ich bekam bergeweise Zuschriften und Postkarten, auf denen ich von Männern beschimpft worden bin; damals gab es ja noch kein Twitter und kein Facebook, deshalb war's kein Shitstorm, aber ein Shit-Wust war das schon.«

Man kann über Renate Schmidt schreiben, aber eigentlich muss man ihr zuhören. Sie selbst ist die beste Erzählerin ihres Lebens. Hört man ihr wiederholt zu, dann merkt man, dass sie diese Geschichten nicht das erste Mal erzählt, und blättert man in alten

Zeitschriften oder Büchern, kann es sein, dass man auf dieselbe Geschichte stößt, die man gerade von ihr gehört hat, nur 30 Jahre früher.

Völlig falsch aber wäre es, deshalb anzunehmen, hier inszeniere sich jemand mit Kalkül, hier lege jemand die immer gleichen Hitsingles seines Lebens auf oder hier würde ein authentischer Schein zelebriert, hinter dem ein ganz anderes Sein steckt. Denn es gehört zum Wesen der Politik, sich in eine Erzählung zu verwandeln oder für sich eine Erzählung zu finden, die das ausdrückt, was man erreichen möchte oder wofür man eintritt. Wer in die Politik geht, muss bereit sein und die Kraft haben, den Menschen immer und immer wieder die gleichen Dinge zu sagen, die immer gleichen Argumente in die Ohren zu gießen und die immer gleichen O-Töne für die Kameras und Mikrofone passgenau zurechtzuschneiden. Wer das nicht kann, sollte die Finger davon lassen. Auch in diesem Fall gilt, was Max Weber in seinem berühmten Vortrag »Politik als Beruf« 1919 über das Wesen der Politik gesagt hat: »Die Politik bedeutet ein starkes langsames Bohren von harten Brettern mit Leidenschaft und Augenmaß zugleich.«

Als Renate Schmidt in die Politik ging, hatte sie schon eine leitende Erzählung für ihr Leben gefunden, lange bevor der Begriff Narrativ aufkam. Vielleicht klingen ihre Erzählungen auch deshalb heute noch genauso frisch und glaubwürdig wie damals. Ja, vielleicht wirken sie sogar noch aktueller und spannender als früher, weil sie wie eine Vinylplatte im Zeitalter der Streamingdienste klingen. Damit ist nicht die Körnung ihrer Stimme gemeint oder das Knistern des Atems, sondern die historische Essenz, die in ihrer Rede auftaucht, die Szenen und Bilder einer Zeit, die so ganz anders war; in der man aber doch Dinge entdeckt, die auch heute noch aktuell sind oder aber jüngeren Menschen vor Augen führen, von welchen Gewalten jeder Einzelne in seinem Leben geprägt ist. Hören wir Renate Schmidt also zu. Warum hat sie kein Abitur machen können?

»Also, ich ging in die vierte Klasse, Volksschule nannte man das damals noch, kam nach Hause und sagte zu meiner Mutter: ›Ich habe mich heute fürs Gymnasium angemeldet.‹ Die Lehrerin hat gefragt: ›Wer geht aufs Gymnasium?‹, und da hab ich mich sofort gemeldet. Da sagt meine Mutter: ›Bist du wahnsinnig geworden? Wie kommst du nur auf die Schnapsidee? Du wirst weiter auf die Volksschule gehen, dort deinen Abschluss machen, und dann gehst du ins Büro oder wirst Verkäuferin. So sparst du dir deine Aussteuer zusammen, denn du heiratest ja sowieso einmal.‹ Mit der Hilfe meiner Großmutter hab ich dann aber doch in der Familie durchgesetzt, dass ich aufs Gymnasium gehe. Die nächsten Auseinandersetzungen gab es dann, als ich die Mittlere Reife gemacht hatte, ob ich nicht wenigstens jetzt abgehen wolle? Ich habe mich wieder durchgesetzt.

Mit dem Abitur wurde es dann aber doch nichts, weil ich immer ein bisschen neugieriger war als andere. Ich liebte nämlich meinen Tanzstundenherrn Gerhardt und stellte nach anderthalbjähriger Bekanntschaft fest: ›Ich bin schwanger!‹ Das war eine ziemliche Katastrophe, ein Jahr vor dem Abitur. Ich kam nach Haus und sagte: ›Mutti, ich bin schwanger!‹ Meine Mutter machte gerade Wäsche im Bad und hatte zwei dicke Schaumkringel auf den Wangen und sagte: ›O Gott!‹ Ich musste wegen der Kringel furchtbar lachen. ›Da gibt es nichts zu lachen! Was willst du denn jetzt machen?‹ – ›Der Gerhardt, mein Tanzstundenherr, freut sich, ich freue mich auch, und wir wollen heiraten.‹

Als wir heirateten, war ich noch nicht 18 und mein Mann war 20, wir waren also beide noch nicht volljährig, denn das Volljährigkeitsalter lag 1961 noch bei 21 Jahren. Erst nachdem das Jugendamt bei uns zu Hause war und genau geschaut hat, ob wir in geordneten Familienverhältnissen leben, wurde mein Mann für volljährig erklärt, und damit stand ich unter seiner Vormundschaft. Nachdem es also raus war, dass ich schwanger bin, habe ich das natürlich in der Schule mitteilen müssen und wurde daraufhin ins Direktorat zitiert. Und dort traf ich dann das Fräulein Dr. Gutbier. Damals sagte man zu unverheirateten Frauen, ganz egal, wie alt sie waren, Fräulein. Also, Fräulein Dr. Gutbier. Sie war etwa anderthalb Köpfe kleiner als ich, stand so vor mir und hat da so raufgeguckt zu mir und sagte: ›Fräulein Pokorny (das ist mein Mädchenname), Fräulein Pokorny, Sie haben Schande über diese Schule gebracht.‹ Dieser Satz hat mich getroffen. Warum? Nicht so sehr, weil ich die Schule verlassen musste, obwohl das auch nicht gerecht war. Aber der Satz: ›Sie haben Schande über diese Schule gebracht‹, nur weil ich einen anderen Menschen liebe und ein Kind von ihm bekomme, hat mich sehr getroffen. Und da hab ich mir gesagt, vielleicht noch nicht so klar und eher noch unbewusst, aber das Gefühl war da: Du musst irgendwas tun, damit man so etwas jungen Frauen nicht mehr sagen kann. Und daran hab ich mich auch gehalten.«

Der Schlüsselsatz dieser Abiturverhinderungsgeschichte lautet: »Ich war immer ein bisschen neugieriger als andere.« Renate Schmidt hat ihn oft im Laufe ihres Lebens gebraucht. Er verdeutlicht ihre Stärke und Selbstsicht: Die ungewollte Schwangerschaft, in der damaligen Zeit eine »Schande« und ein gesellschaftliches Stigma, wird sofort und entschieden umgedeutet und semantisch von allen üblen Nachreden befreit. Was andere als Malus sehen oder empfinden würden, als Rückschlag oder Hürde, wird in dieser Erzählung zum Ansporn, die Welt zu verändern, dem eigenen Ehrgeiz die Sporen zu geben.

Renate Schmidt wird 1943 in eine Familie starker Frauen geboren, die durch die Zeitläufte gezwungen waren, durch Krieg, Vertreibung, Hunger oder Arbeitslosigkeit, ein existenzielles Improvisationstalent zu entwickeln. Ihre Mutter stammt aus Siebenbürgen, ihr Vater aus Prag. Eine rasch geschlossene Kriegsehe, in den Kriegswirren der Umzug nach Coburg zu Verwandten. Der Vater ist Soldat, kommt an die Front, dann in amerikanische

Kriegsgefangenschaft. Die Frauen schlüpfen in Rollen, die bislang den Männern vorbehalten waren.

Wenn Renate Schmidt die vielen Leben ihrer Mutter aufzählt, dann hört sich das wie ein prallvoller Kurzroman an: »Meine Mutter war eine Frau, die mit allen Lebensumständen fertiggeworden ist. Sie war die Tochter eines Großbauern und hatte dreizehn Geschwister. Sie konnte alles, was die Tochter eines Bauern eben konnte, das war nicht wenig, aber mehr als eine Hauswirtschaftslehre war als Ausbildung nicht drin. Trotzdem hat meine Mutter sehr viele Berufe ausgeübt: Sie war Tankwartin und Laufmaschenaufnehmerin, sie war Reiseleiterin und hat in der Firma meines Vaters als Pelznäherin gearbeitet. Sie war im Büro angestellt und Bäckereiverkäuferin. Und sie war eine der ersten Waschmaschinenvertreterinnen, die es in Deutschland gab, weshalb wir bereits sehr früh eine Waschmaschine besaßen. Für die Frauen war das eine echte Befreiung, denn die Waschtage waren vorher noch Knochenarbeit. Da war das Waschhaus zwei Tage belegt, es wurde vorgekocht, gewaschen, geschrubbt, die Wäsche wurde mit Stangen im Kessel geschlagen, dann musste man alles auswringen. Und schließlich wurde alles auf dem Dachboden aufgehängt, damit waren die Frauen dann zwei Tage beschäftigt.

In den Hungerjahren der Nachkriegszeit haben die Frauen die Lebensmittel besorgt, und wenn sie in der Stadt lebten, fuhren sie aufs Land. Ich erinnere mich noch, wie meine Mutter ein halbes Schwein auf dem Gepäckträger ihres Fahrrads transportierte. Es war im Winter, und das Schlachten war verboten, aber ein Onkel von uns, der Metzger war, hatte uns signalisiert, er könnte uns schwarz ein halbes Schwein abgeben. Meine Mutter hat sich also von Coburg aus auf den Weg gemacht, 19 Kilometer musste sie fahren und dann zurück mit dem Schwein hintendrauf. Als sie wieder zurückkam, hat sie die Schweinshälfte hochgewuchtet, ist dabei aber von einer Nachbarin, die feindlich gesinnt war, gesehen und bei der Polizei angezeigt worden. Also wurde das

Schwein zu meinem Vater ins Bett gelegt, der im Pyjama den Kranken gab, und ich, vier Jahre alt, musste meinen armen Vater bemitleiden und beschmusen, um von der Sau abzulenken. Das Schwein wurde dennoch beschlagnahmt, und ich wünsche der Polizei noch nachträglich einen guten Appetit!«

Mit diesem Scherz schließt sie, schüttelt sich vor Lachen und hat das Gegenüber schon in den Lebensroman der Renate Schmidt gezogen. Ihre Lebensstationen hat sie oft in Bundestagsreden einfließen lassen. »Ich weiß, wovon ich spreche«, meint das dann, wenn sie sich für bessere Rentenansprüche von Müttern einsetzt, wenn sie für mehr BAföG plädiert, gegen die Nachrüstung redet, mehr Kindergartenplätze fordert oder den Mutterschaftsurlaub verteidigt. Sie will als Abgeordnete dicht dran am Leben bleiben, keine stromlinienförmige Anpassungskünstlerin werden, sie will nicht begraben werden unter Aktenbergen und Ämtern. Deshalb lacht sie oft, deshalb schimpft sie mindestens ebenso oft auf Männer wie sie betont, dass sie Männer mag und gerne mit ihnen flirtet. Sie gibt sich unverkrampft und ist es auch. Sie ist, auch noch als Volksvertreterin, das Volk, will es sein und bleiben.

Sie tritt 1972 in die SPD ein und gründet mit ihrem Mann, dem »Tanzstundenherrn« Gerhardt Schmidt, in Nürnberg eine Gruppe der Sozialistischen Jugend Deutschlands (Falken), der sie bis 1978 vorsteht. Als sie 1980 Abgeordnete in Bonn wird, steht ihre Kurzbiografie mit dürren Daten im Handbuch des Bundestages: Gymnasium bis 1961, Programmiererin beim Großversandhaus Quelle bis 1968, Systemanalytikerin bis 1973, freigestellte Betriebsrätin bis 1980 und seither Abgeordnete in Bonn. Doch das sind nur Umrisse, hinter denen kaum alle Leben sichtbar werden, die sie schon gelebt hat.

Sie misst sich früh mit Männern. Weil sie das Abitur nicht machen kann, wird sie – Learning bei Doing – bei Quelle Programmiererin, als es das Programmieren noch gar nicht wirklich gibt. Sie ist eine der ersten, vielleicht die erste Frau in Deutschland, die anwendungsbezogene Programmierung betreibt. Um sie herum nur Männer. Wenn die dreckige Witze reißen, lacht sie mit und setzt noch einen derberen obendrauf. Als sie 1963 nach der Geburt des zweiten Kindes wieder in den Beruf einsteigt, glauben alle, sie sei verrückt. Schlechter bezahlt als die Männer wird sie sowieso. Alles ist Kampf.

Zunächst auch mit ihrem Mann, der inzwischen Architektur studiert. Renate Schmidt schildert den ersten großen Ehekrach: »Ich arbeitete damals Vollzeit, das war noch die 48-Stunden-Woche, und wir hatten bereits das erste Kind. Während der Woche kümmerte sich die Urgroßmutter, aber am Wochenende war unsere Tochter bei uns. Wir lebten in einer winzigen Wohnung, anderthalb Zimmer, Küche und die Toilette im Treppenhaus. Also endlich Wochenende. Da saß mein Mann in dem einzigen Sessel, den wir hatten, und las Zeitung. Ich fegte mit unserem ersten Staubsauger – endlich ein Elektrogerät – über unseren neuen Sisalteppich. Da hob mein Mann gnädig seine Beine, sodass ich mit dem Staubsauger drunterfahren konnte … In dem Moment bin ich aufgewacht. Ich dachte: ›Schmidt, spinnst du eigentlich? Was machst du da?‹ Ich hab den Staubsauger ausgemacht, was meinen Mann sichtbar irritierte, denn ich war ja noch nicht fertig. Und dann gab es einen grandiosen Krach, der mit geschmissenen Gläsern endete.«

Nachdem Gerhardt Schmidt sein Studium beendet hat, stehen sofort die ganz kleinen großen Fragen im Raum: Wer bringt die Kinder zum Kindergarten? Wer kocht? Wer schmeißt den Haushalt? Fast immer behält sie die Oberhand. Das dritte Kind wird 1970 geboren. Und weil das alles noch nicht reicht, beginnt sie, sich gewerkschaftlich zu organisieren. Sie wird 1972 Betriebsrätin bei Quelle und kann vor Ort studieren, wie Frauen systematisch benachteiligt werden. Ihre Arbeit wird unterbezahlt, sie werden in sogenannte Leichtlohngruppen gesteckt, die verschleiern sollen, dass sie trotz gleicher Arbeit deutlich geringeren Lohn bekommen als die Männer. Frauen werden ihnen zustehende Fortbildungen nicht ermöglicht, Männer beginnen, sich zu Hause wie Tyrannen aufzuführen, wenn ihre Frauen sich weiterbilden wollen. Ehen stehen vor der Zerreißprobe: Du oder ich? Wer bleibt zu Hause? Hausfrau oder Hausmann?

Die gleichen Fragen stellen sich Anke Martiny und ihr Mann nahezu zeitgleich. Die SPD-Politikerin zieht 1972 in den Bundestag ein, und das erste Mal scheint es so zu sein, dass ein Mann an der Seite einer Politikerin ins zweite Glied rückt und Karriereverzicht übt. Der Fall erfährt bundesweite Aufmerksamkeit. Anke Martiny schreibt in ihren Erinnerungen: »Die 33-jährige Abgeordnete mit den drei kleinen Kindern, deren Mann sich bereit erklärt hatte, in die Mutterrolle zu schlüpfen, war natürlich ein Medienereignis. Ein ausführlicher Artikel im ›Spiegel‹ mit Fotos, die den Familienvater beim Herrichten des Abendbrots und die Kinder in den Etagenbetten zeigten, machte den Vorreiter und schaffte es bis in die Deutschlektüren des Goethe-Instituts als Beispiel für das moderne Deutschland. Dass ich eine Haushälterin und eine Putzhilfe bezahlte, die die Hausfrauenarbeiten erledigten, wurde in der Berichterstattung unterschlagen. Der Hausmann erschien dadurch mit dem ganzen Ballast des täglichen Klein-Kleins der Haushaltsführung – einkaufen, kochen, aufräumen, putzen, bügeln und so weiter – belastet. Der Artikel löste heftige Diskussionen aus.«

Tatsächlich – das wird Anke Martiny später auch Renate Schmidt gestehen – war es mit dem Rollentausch nicht so weit her. Ihr Mann wusste mit den Kindern wenig anzufangen und ließ sie oft allein. Schließlich zerbricht die Ehe. Schon der besagte »Spiegel«-Artikel, der vor Hohn und Unverständnis strotzte, deutete an, dass so eine Ehe wohl kaum Bestand haben könne. Der mokante Tonfall dieses Berichts macht deutlich, wie festgelegt die Rollenbilder für Frauen und Männer noch waren, ja, welche repressive Gewalt von vorgeschriebenen Lebensbahnen ausging.

Die gleichen Erfahrungen machen Renate und Gerhardt Schmidt, als er 1972 tatsächlich Hausmann wird. Ein studierter Architekt bleibt zu Hause, während die Frau Karriere macht? Das war unerhört. Auch dieser Rollentausch wird öffentlich, als Renate Schmidt nach Bonn geht. Boulevardblätter machen daraus eine große Homestory. Tenor: der Mann als dressiertes und verweiblichtes Männchen; während »Putzteufel Gerhardt« den Feudel schwingt, macht die Frau Karriere. Auch ein Bonner Korrespondent des »Stern«, der Renate Schmidt Anfang der Achtzigerjahre für ein Porträt begleitet und ihren familiären Kosmos in Nürnberg erkundet, ist, wie er viele Jahre später einräumt, befremdet über das Familienexperiment: »Bei den Schmidts in der Goldweiherstraße war alles ganz anders, als ich es mir vorgestellt hatte. Bizarr schien mir das Leben der Schmidts auf den ersten Blick; ich sah nicht, dass sich in ihrem Familienkreis ein Frauenaufbruch andeutete, der Jahre später die ganze Gesellschaft erfassen sollte. Die Schmidts waren in ihrer Art des Zusammenlebens und in ihrer Alltagsbewältigung herkömmlichen Familien um Lichtjahre voraus.«

Im Bundestag fängt Renate Schmidt als Hinterbänklerin an, die Fraktion wird geführt vom grimmigen Herbert Wehner. Im Plenarsaal sitzen die Mächtigen vorne, die Unbekannten, Neulinge und Unauffälligen hinten. Wer sich nach vorne kämpfen will, muss seine Ellenbogen einsetzen. Die Neue hört Geschichten, Männergeschichten, wie Männer agieren und sich durchboxen – oder auch nicht. Der Abgeordnete Franz Josef Zebisch zum Beispiel. Er ist mit seinem Namen geschlagen. Denn noch werden die Sitzplätze alphabetisch verteilt, nur die Unantastbaren, die großen Tiere, sind von dieser Regelung ausgenommen. Zebisch mit Z. Immer der Letzte in der letzten Bank. Und dabei strampelte Zebisch schon seit Jahren kräftig, um nach vorn zu rücken. Das war er sich einfach schuldig. Zebisch fasste sich ein Herz. Ging zum »Onkel«, zu Wehner: »Du, Herbert, das ist absolut ungerecht, so sitze ich immer hinten!« Der Onkel saugte stumm an seiner kalten Pfeife. Endlich: »Dann lass dich in Arschloch umtaufen, dann sitzt du ganz vorne.«

Solche Geschichten erzählt man den Neulingen, damit die gleich wissen, woher der Wind weht. Die Frage ist, welche Schlussfolgerungen man als Novizin und Frau aus diesen Männersagen zieht.

Der Kanzler Helmut Schmidt trug seinen Titel »Schmidt Schnauze« wie eine hohe Auszeichnung, er hatte ihn sich redlich erworben, als die SPD noch in der Opposition war und der Wehrexperte Schmidt gegen die Bundesregierung austeilte. Gleich in seiner ersten Legislaturperiode in Bonn hatte sich Schmidt so vorgestellt: »Ich bin der Mann mit der schnellen Schnauze!« Für eine langsame Schnauze bin ich auch nicht bekannt, denkt sich die dreifache Mutter, Programmiererin und Betriebsrätin Schmidt und zieht selbstbewusst in den Wettbewerb der »Aufmerksamkeitsökonomie«. Dass man als Frau in einem Meer von Männern steckt, hat auch Vorteile. Während Abgeordnete wie Gerhard Schröder, der ebenso wie sie im Herbst 1980 in den Bundestag einzieht, noch Monate später ihren Ausweis vorzeigen müssen, ehe sie das Bundeshaus betreten dürfen, rauscht Renate bereits nach wenigen Tagen ungebremst durch alle Schranken.

Die Chance, sich das erste Mal Aufmerksamkeit zu sichern, kommt für die junge Abgeordnete einige Wochen nach der Bundestagswahl. Die Koalitionsverhandlungen zwischen SPD und FDP sind zäh, ziehen sich hin, insbesondere die neuen Abgeordneten hängen in der Luft, es rumort in der Fraktion. Wehner registriert die Unruhe und lässt die 218 Abgeordneten der Fraktion zu geselligem Abendessen und Aussprache im Kanzleramt antreten. Und weil 218 Abgeordnete dann doch eine recht große Abendessengesellschaft bilden würden, werden vier Entspannungsabende veranstaltet. Nach dem Essen erhebt sich Wehner und ergreift das Wort. Er begrüßt alle Anwesenden, vor allem auch die neuen Abgeordneten. Ob die nicht zuerst was sagen wollen? Wie sie die Situation sehen. Was brennt auf den Nägeln?

Niemand traut sich vor. Betretenes Schweigen. Einer ruft: »Die Renate soll mal …!« Wehner unwirsch: »Ich schätze die Renate sehr, aber die ist ja alles andere als neu!« Renate Lepsius saß seit 1972 im Bundestag. Wieder brüllt einer aus der Deckung: »Wir meinen ja auch die Schmidt!« Was tun? Schweigen? Honig ums Maul? Oder sagen, was Sache ist? Die Abgeordnete Schmidt steht auf und sagt, wie sie die Dinge sieht. Abschließend wendet sie sich an den Genossen Schmidt: »Und außerdem … Ich finde dich ungeheuer arrogant. Auch wir haben schon mehr als ein Buch gelesen, und auch wir arbeiten manchmal bis zwei Uhr nachts, um mithalten zu können.« Die Abgeordnete setzt sich. Beklommenes Schweigen. Zaghafter Beifall.

Ein anderer Genosse steht auf und wählt die Honig-ums-Maul-Variante. Der Kanzler sitzt an der anderen Seite der Tafel. Nach der Honigrede kommt er gleich zur Sache: »Vielen Dank für die freundlichen Worte, nun aber zur Abgeordneten Schmidt!« Dann nimmt »Schmidt Schnauze« die Nachwuchsschnauze auseinander. Nach allen Regeln der Kunst wird der Neuzugang kleingemacht. Um die Demonstration der Macht selbstironisch abzurunden, gönnt sich der Kanzler ein Aperçu: »In einem Punkt hat sie recht, in *einem* Punkt: Ich bin arrogant, und ich werde mich mit sechzig Jahren auch nicht ändern.« Großer Beifall, Kanzler setzt sich und Nachtisch. Kanzler nähert sich, scheucht den Genossen neben Schmidt, Renate weg – »Schleich dich!« –, setzt sich neben die Genossin und will wissen, woher sie kommt und was sie so macht. Erfolg für alle: Die Neue ist sofort bekannt wie ein bunter Hund, der Kanzler hat seine Autorität bewiesen, Dampf wurde abgelassen, und die Fraktion hat Spuren von Rückgrat gezeigt.

Auch im Bundestag pflegt die Abgeordnete Schmidt eher einen forschen Stil. Zwar schlägt ihr bei ihrer ersten Rede im Plenum am 29. Januar 1981 das Herz bis zum Hals, und auch das neue Kostüm, das sie sich zugelegt hat, kann sie nicht beschirmen, dennoch teilt sie aus. Ja, sie inszeniert das Sich-Vorwagen auch als Markenzeichen und lässt es die Opposition wissen (»*Hier sage ich ausdrücklich, dass meine Meinung nicht mit der Fraktion abgestimmt ist.*«). Sie, die Neue, gibt das große Ziel aus: »*In dieser Republik ist Frauenpolitik ein Bohren harter Bretter. Wir haben noch viel zu tun. Wir Frauen in allen Parteien können uns noch nicht in allen Parteien durchsetzen. Da helfen auch die Statistiken des Herrn Kroll-Schlüter nicht, laut denen in Bayern oder Baden-Württemberg der Prozentsatz der Frauen in einflussreichen Positionen angeblich ein bisschen höher ist. Mir ist es völlig egal, ob das zwei Prozent oder fünf Prozent oder sechs Prozent sind. Ich gebe erst Ruhe – und, davon gehe ich aus, Sie auch – wenn es fünfzig Prozent sind.*«

Das ist mutig und erfordert langen Atem. Vor allem aber drückt die Abgeordnete damit aus: Mich bekommt ihr nicht so schnell aus diesem Parlament, ich bleibe. Als ausgesprochene Linke in der Partei tut sie sich schwer mit der Regierung Schmidt/Genscher, andererseits hilft die Positionierung, eigene Konturen zu entwickeln; so spricht sie sich 1982 mit sieben Kollegen gegen den Haushaltsentwurf der eigenen Regierung aus. Sie wird Vorsitzende des SPD-Arbeitskreises »Gleichstellung von Mann und Frau«, ein Posten, bei dem man vielen Leuten auf die Füße tritt und selbst getreten wird. Es wäre aber falsch, Renate Schmidts Rhetorik und ihre politische Selbstbehauptungsstrategie nur auf das Motiv der schlagfertigen Powerfrau zu stützen; das hätte sich wohl auch schnell abgenutzt. Sie fuchst sich rein, gilt bald als exzellente Sachkennerin und erkämpft sich auch so Redezeit. Wer reden darf, ist sichtbar, wer als Rednerin ausgewählt wird, gilt als Stimme der Fraktion.

Als solche scheut sie auch vor ungewöhnlichen Beiträgen nicht zurück. Am 19. März 1981 spricht sie in einer Debatte über den Bericht der Enquetekommission »Frau und Gesellschaft«, das ist ihr Thema. Der Vortrag ist einerseits knochentrocken und sachlich, dann berichtet sie von ihrer Tätigkeit als Betriebs-rätin, wodurch die Rede größere Anschaulichkeit gewinnt, und schließlich trägt sie sogar eine Art Gedicht vor: »*Du hast Hände, die schreiben und streicheln und bauen können. Du hast einen Mund, der sprechen und küssen und lächeln kann. Du hast Beine, die gehen und stehen und tanzen können. Du hast Augen, du hast einen Kopf. Du kannst sehen, denken, rechnen, überlegen und for-dern. Du kannst erfinden, dichten, erkennen, verändern. Eigent-lich bist du ein Mensch, keine Kuh, kein Staubsauger, keine Kaf-feemaschine, keine Legehenne, keine Puppe. Du bist ein Mensch. Du kannst sogar einen Menschen zur Welt bringen. Deshalb bist du arbeitslos, deshalb bekommst du weniger Ausbildung, weniger Lohn. Du bist eine Frau.*«

Nun kann man von dem Gedicht halten, was man will – und die Rednerin setzt sich in so einer männlich dominierten Sach-zwangarena der Gefahr aus, verspottet zu werden –, doch es bleibt ein Versuch, eine andere Tonalität einzubringen, eine lyrische Dringlichkeit und eine subjektive Perspektive. Renate Schmidt schließt einerseits an Ausdrucksformen der Frauen-bewegung an und wehrt sich andererseits gegen die verwaltete Sprache, gegen die Nivellierung des eigenen Ausdrucks, gegen die innere Bürokratisierung. Vor dieser schleichenden, sich un-merklich vollziehenden »Verbonnerung« hat sie Angst. Nach-dem sie schon einige Jahre in Bonn hinter sich gebracht hat, dik-tiert sie einem Reporter in den Block: »Die Männer sitzen da und bestätigen sich laufend nur gegenseitig, wie wichtig sie doch für dieses Land seien, obwohl sie in Wirklichkeit allesamt ver-nichtend wenig voneinander halten. Das ist einfach zum Kotzen, wie sich da eine Fiktion an die andere reiht.« Die Frau mit den vielen Leben vor dem Bonner Leben spürt allmählich, wie der »Höhenrausch« des politischen Lebens nach ihr greift, die Sucht, sich unentbehrlich zu fühlen, um die Betriebsrädchenhaftigkeit der eigenen Existenz zu betäuben. Ab welchem Level ist frau ret-tungslos Politikerin?

Renate Schmidt und Willy Brandt
auf dem außerordentlichen Bundesparteitag
der SPD in Berlin, 1989

Renate Schmidt pendelt: zwischen Bonn und Nürnberg, zwischen dem Leben in verräucherten Sälen und dem bunten Chaos der Nürnberger Familien-WG, zwischen euphorischem Idealismus und parlamentarischer Desillusionierung. In den Terminkalender politischer Rastlosigkeit bricht der Tod ein, 1984 stürzt Gerhardt Schmidt auf offener Straße zu Boden und ist sofort tot, das Herz. Wie weiter? Die beiden älteren Kinder sind erwachsen, doch der jüngste Sohn ist vierzehn und braucht die Mutter. Abschied aus Bonn? Zurück in den Beruf? Was bleibt nach 23 Ehejahren? Der politische Betrieb kennt keine Trauerzeit. Die Bonner Mühle mahlt und mahlt. Die Abgeordnete lebt Parallelwelten: Trauer, Trauerunterdrückung, Neuorganisation der Familie, Bonn und Nürnberg, Taubheit, Aggression, neben sich stehen. Sie findet erst langsam zu sich zurück, sie braucht zwei Jahre, um wieder in die Spur zu finden. Aber was ist die Spur? Noch mehr Politik, noch mehr Kampf?

Mehr Kampf! Ja. Dazu steht sie. Kampf ist ihr Überlebenselixier. Stürzen, aufstehen, weitermachen. Das ist ihr Dreiklang. »Wir leben«, sagt sie 1990 mit Blick auf die Phase ihrer Trauer, »in einer Aufbruchsära, die mich unmittelbar betrifft und mit mir Millionen von Frauen in diesem Land. Ihren Bedürfnissen nach umfassender Akzeptanz, nach Ausbau ihrer selbstverständlichen Rechte, aber auch in der rigiden Umkehr von der zerredeten Frauen, in die anstehende Männerfrage, weiß ich mich verpflichtet. Deshalb mache ich weiter in Bonn.«

Klingt das zu pathetisch? Oder ist es nicht doch empathisch gedacht und gefühlt von einer, deren Biografie – wieder und wieder vorgetragen – immer auch politisches Instrument war, um das Leben in der Politik anschaulich zu machen und umgekehrt? Wenn Renate Schmidt erzählt, dass ihre Großmutter vor 1919 nicht wählen durfte, dass ihr Mann ihr bis in die späten Siebzigerjahre jederzeit den Arbeitsplatz hätte kündigen können, wenn sie daran erinnert, dass sie selbst mit 17 vom Gymnasium flog, aber ihr »Tanzstundenherr« sehr wohl das Abitur machen durfte, und wenn sie dann noch berichtet, wie sie als Programmiererin unterbezahlt wurde, 48 Stunden arbeitete, während unfähigere Männer sehr viel mehr Gehalt bekamen, dann sind das repräsentative Lebensromane, die eine starke Erzählerin brauchen.

Vielleicht ist das auch ihr Antrieb, sich neben Bonn auch noch Bayern zu widmen. Back to the Roots. Sie wird 1991 die erste Landesvorsitzende der SPD in Bayern, und die »rote Renate« lehrt die CSU, die gerade mit einigen Amigo-Affären beschäftigt ist, im Landtagswahlkampf 1994 das Fürchten. Sie kann Bierzelte ebenso zum Kochen bringen wie die Mannsbilder, sie kann Fässer anzapfen und aus Sprechblasen die Luft rauslassen. Max Streibl, der schwächliche Kopist des heiligen Franz Josef Strauß, versucht, ebenso mannhaft wie das Vorbild zu poltern und nennt die aufkommende Rivalin »Krampfhenne«, »Mäuschen« und »Sprüchamsel«. Doch mit solchen Sprüchen blamiert sich Streibl sogar bei den CSU-Frauen, die zwar jahrzehntelange Diskriminierung gewohnt sind, aber in den Neunzigerjahren einen derartigen Chauvi nicht mehr an der Spitze sehen wollen. Der »Spiegel«-Journalist Jürgen Leinemann begleitet die Wahlkämpferin, die im roten BMW von Termin zu Termin hetzt: »Renate Schmidt war plötzlich wieder da, die 1980 zusammen mit Schröder im Bundestag angefangen hatte und die Vorstellung, einmal Kanzlerin zu werden, durchaus nicht abwegig fand. Als ich die einstige Vizepräsidentin des Bundestages 1994 im Wahlkampf begleitete, pflegte die Powerfrau aus Nürnberg mit dem ›robusten Gemüt‹ zehn bis sechzehn Stunden zu arbeiten, ohne Sonntagspause.« Das Zitat stammt aus Leinemanns Buch »Höhenrausch«, in dem er die »wirklichkeitsleere Welt der Politiker« geißelt und sie allesamt als Polit-Junkies zeichnet, die von der Droge Politik nicht lassen können. Ein Buch, wie es nur der große »Spiegel«-Autor schreiben konnte, der ja selbst ein bekennender Politik-Junkie war und den Betrieb wie kaum ein anderer von innen kannte. Doch so sehr er die Scheinriesen des Geschäfts entlarvt, so überzeugend er die Déformation professionnelle der Politik-Entertainer herausarbeitet, so haarscharf schrammt er doch auch wieder an den idealistischen Motiven vieler Politiker vorbei, die sich oft selbst viel kritischer sehen als von außen einsehbar. Und gerade eine Politikerin wie Renate Schmidt bleibt in diesem Buch eine Schattenexistenz, weil ihre Hyperaktivität nur belegen muss und soll, dass auch sie auf Droge ist. Diese summarische Einordnung in ein Generationenporträt unterschlägt aber die Vermittlungs- und Dolmetscherleistung von Politikern und Politikerinnen, die versuchen – wenn sie gut sind –, zwischen Parlament und Gesellschaft, zwischen Volk und Volksvertreter zu vermitteln, Resonanzen auszulösen, Resonanzen aufzufangen und ins Parlament zu tragen.

Jürgen Leinemanns Buch schließt mit einem Kapitel über die »Lebensamateure«, die jungen Nachwuchspolitiker, die kaum gelebt haben und in der Politik erst mal krachend scheitern, weil sie keinen inneren Kompass haben.

Renate Schmidt war von Anfang an »Lebensprofi«. Die erlittenen Ungerechtigkeitserfahrungen ihrer Generation sind ihr ein lebensechter politischer Antrieb. Und diese Ungerechtigkeit nahm ja in der Bonner Männerrepublik nicht ab, dieser Republik, in der die stärksten Männer dem Publikum immerzu weismachen wollten und oft genug konnten, dass sie ganz und gar unentbehrlich waren. Denkt man über Politikerinnen wie Schmidt nach, dann ist das eine heilsame Entmythisierung dieses maskulinen Narrativs, das die *Frau an sich* wie selbstverständlich negiert. Bis ins Jahr 2005 konnten die Männer die Fiktion aufrechterhalten, dass eine Frau nicht nur nicht zur Wahl steht, sondern dass eine Frau das gar nicht kann und man sich auch deshalb nicht auf die Suche begeben muss. Adenauer gegen Schumacher, Adenauer gegen Brandt, Brandt gegen Barzel, Schmidt gegen Strauß, Kohl gegen Rau, Scharping, Lafontaine und Schröder: Immer ging es um alles, Einheit oder Teilung, um Freiheit oder

Sozialismus, Stärke oder Schwäche, um Krieg oder Frieden, aber nie ging es um Mann oder Frau. Nur der Mann konnte an der historischen Wegscheide den Weg weisen, während das Publikum zähneklappernd nur entscheiden musste: dieser oder jener starke Mann. Die Abwesenheit der Frau auf dem Sessel des Kanzlers war eine stillschweigende Übereinkunft und Voraussetzung der Bundesrepublik. Ein Konsens, der nicht erst ausgehandelt werden musste, ein Vertrag, der nicht geschlossen werden musste. Frau nicht!

Im zweiten Kabinett von Gerhard Schröder wird Renate Schmidt 2002 Bundesministerin für Familie, Senioren, Frauen und Jugend, ein Amt, auf das sie lange hingearbeitet hatte. In ihrer Amtszeit von 2002 bis 2005 engagiert sie sich für bessere Kinderbetreuungseinrichtungen, familienfreundlichere Arbeitsbedingungen, für die bessere berufliche Integration von Jugendlichen, für alleinerziehende Sozialhilfeempfängerinnen, und sie bringt das Elterngeld auf den Weg. Ist das ein Happy End für die Politikerin Renate Schmidt und ihre Hochleistungsbiografie?

Wir stehen im »Langen Eugen« in Bonn, 19. Etage, wo wir uns zum Interview getroffen haben. Im ehemaligen Abgeordnetenhochhaus sitzen heute die Vereinten Nationen. Sie schaut ein letztes Mal aus dem Fenster. Das Regierungsviertel hat sich verändert, sie erkennt es kaum wieder, da wächst ein neues Hochhaus in die Höhe, dort steht ein neuer Hotelkomplex. »Wo ist noch mal das Kanzleramt?«

Sie muss los. Termine. Nach Nürnberg, mal wieder.

»Heinrich, der Wagen bricht!« –
»Nein, Herr, der Wagen nicht,
Es ist ein Band von meinem Herzen,
Das da lag in großen Schmerzen,
Als ihr in dem Brunnen saßt,
Als ihr ein Frosch wart.«
Brüder Grimm, 1812

13. Der eiserne Heinrich

Die Lastwagenfahrerin Ingrid Psimmas war keine Frau, die sich leicht einschüchtern ließ. Aber was sie 1986 im Bayerischen Landtag erlebte, war nichts anderes als eine sexistische Hetzjagd. Psimmas war die erste Politikerin, die sich in Bayern öffentlich als Lesbe geoutet hatte, womit sie zur Zielscheibe aller Chauvinisten wurde. Am 11. Dezember sprach die Grünen-Abgeordnete im Landtag über sexuelle Belästigung, Gewalt gegen Frauen und Vergewaltigung in der Ehe. »Aber da brauchen Sie doch keine Angst zu haben!«, rief ihr ein CSU-Abgeordneter höhnisch zu. Als die Abgeordnete fordert, dass die Zukunft weiblicher werden müsse, giftet sie die CSU-Abgeordnete Barbara Stamm an: »Sind Sie überhaupt weiblich?«

Während ihrer gesamten Rede wird Ingrid Psimmas angefeindet und durch Zwischenrufe unterbrochen. Als sie sich danach in den Wandelgängen des Landtags aufhält, sagt ein Abgeordneter vernehmlich: »Bei manchen Frauen lohnt es sich nicht, sie zu vergewaltigen.« In einer Sitzung des Ältestenrats versucht Landtagspräsident Franz Heubl, die Empörung zu dämpfen, und gibt dem Opfer der Aggressionen die Schuld: »Wenn unsere

Rednerin ladylike gekleidet gewesen wäre, dann würden sich die Männer auch gentlemanlike verhalten.« Ingrid Psimmas hatte es lediglich gewagt, eine schwarze Lederhose zu tragen.

Die erste Spitzenpolitikerin, die gegen ihren Willen als Lesbe geoutet wurde, war die niedersächsische Ministerin für Wissenschaft und Kultur Helga Schuchardt. »Deutsche Ministerin liebt eine Frau« titelte die »Bild«-Zeitung 1992. Für den Ministerpräsidenten Gerhard Schröder war das kein Problem. Als er seine Ministerin nach der Veröffentlichung das erste Mal trifft, stößt er nur spöttisch die Zunge gegen den Gaumen, »Ts, ts, ts«, und schmeckt die Schlagzeile genüsslich ironisierend ab. Damit war das Thema, auch medial, ein für alle Mal abgeräumt.

Auf eine derart entspannte Reaktion hätte Renate Hellwig als CDU-Politikerin kaum hoffen dürfen, zumal sie 1980 zur »Wahlmannschaft« des bayerischen Ministerpräsidenten Franz Josef Strauß gehörte, als er Helmut Schmidt herausforderte. Ob er sich auch eine Frau als Bundeskanzler vorstellen könne, wurde Strauß damals vom »Spiegel« gefragt, woraufhin der »bayerische Löwe« Helga Wex und Renate Hellwig nannte.

Helmut Kohl hat der selbstbewussten Unionspolitikerin nie verziehen, dass sie ausgerechnet den Mann unterstützte, der ihn für einen »politischen Pygmäen« und »total unfähig« hielt. Seither nährte Helmut Kohl einen tiefen Groll gegen die Frau, die ihm so oft widersprach. In Bundesvorstandssitzungen geriet sie immer wieder mit dem Parteivorsitzenden aneinander, mal forderte sie die Quote für Frauen, mal nahm sie es auf sich, den Ärger in der Partei stellvertretend für viele andere, die sich nicht aus der Deckung wagten, vorzutragen. Nach solchen Interventionen nahm sich der Kanzler seine Kritikerin coram publico zur Brust und drosch verbal so lange auf sie ein, bis jeder verstanden hatte, dass es sich nicht lohnte, mit ihm in den Ring zu steigen. »Und wenn wir dann eine Klausurtagung hatten und abends gemütlich beisammensaßen, bestellte er komischerweise gerne mich an seinen Tisch. ›Frau Hellwig, warum müssen Sie denn immer so widerborstig sein?‹ Daraufhin erwiderte ich: ›Das hab ich von meinem Vater geerbt. Der hat immer gesagt: In einer Demokratie musst du den Mund aufmachen. In einer Diktatur kannst du es nicht.‹ – ›Aber Sie können das doch auch mal zurückhaltender formulieren.‹ – ›Sie müssen sich auch Dinge anhören, die Ihnen nicht passen, sonst sagt es Ihnen ja niemand. Dankbar sollten Sie mir sein.«

Renate Hellwig wird am 19. Februar 1940 in Beuthen (Oberschlesien) geboren. Die Familie flieht im Krieg nach München, wo sich der Vater Kurt Hellwig, ein Goldschmiedemeister, eine Existenz als Juwelier aufbaut. In ihrer Jugend diskutiert die Tochter viel mit dem Vater, der sich selbst bezichtigt, im »Dritten Reich« ein mutloser Mitläufer gewesen zu sein und aus Furcht um seine berufliche und familiäre Existenz nicht offen zu seinen zahlreichen jüdischen Kunden gestanden zu haben. Der Vater ermuntert seine Tochter daher, aus seinen Fehlern zu lernen und sich politisch zu engagieren.

Nach dem Abitur studiert die junge Frau Rechtswissenschaften in München und Berlin und schließt das Studium 1967 mit einer Promotion ab. Während ihrer Berliner Studienzeit gesteht sie sich nach einem ersten unglücklichen Verliebtsein in einen Mann ein, dass sie lesbisch ist. Nach einem halbjährigen Praktikum bei der Europäischen Union in Brüssel entscheidet sie sich dafür, in die Politik zu gehen. Bereits zwei Jahre nach ihrem Parteieintritt gelingt es ihr 1972, in den baden-württembergischen Landtag einzuziehen. Doch der politische Erfolg wird von einem tragischen Ereignis überschattet: In der Wahlnacht erfährt sie, dass ihr Vater bei einem Raubüberfall getötet worden ist.

Vielleicht ist es dieser jähe Tod, der sie anhält, sich der Aufforderung des Vaters, sich politisch zu engagieren und sich stets furchtlos einzumischen, besonders verpflichtet zu fühlen. In der männerdominierten Landespolitik hat sie dazu genügend

Gelegenheit: Zusammen mit den deutlich älteren Kolleginnen Toni Menzinger und Hanne Landgraf ist sie eine von lediglich drei Frauen in der Landtagsfraktion. Damals reicht es schon aus, Mitglied in der Frauen-Union zu werden, um in den Ruf zu kommen, eine »verbissene Frauenrechtlerin« zu sein.

Wie aggressiv Männer die Politik als ihr angestammtes Revier verteidigten, illustriert ein Vorkommnis, an das sich Renate Hellwig besonders lebhaft erinnert: »Ich hatte in der Fraktion wieder einmal ganz energisch für ein Gesetz gegen die Diskriminierung von Frauen argumentiert. Ein Kollege war über meine Rede dermaßen empört, dass er aufsprang, auf mich zukam und mir eine Ohrfeige gab. Ich bin ja nicht der Typ, der so was auf sich sitzen lässt, und schlug sofort zurück. Wir hätten uns richtig geprügelt, wenn die anderen Kollegen ihn nicht von mir weggerissen hätten. So viel hatte ich da schon begriffen: ›Wehr dich rechtzeitig, solange es möglich ist, sonst wirst du gleich untergebuttert‹.« Den provinziellen Paschas in ihrer Fraktion machte es besonderes Vergnügen, die selbstbewusste Kollegin zu provozieren. Günther Oettinger und Erwin Teufel leisteten sich folgenden Dialog in ihrer Anwesenheit: »Kannst du dir erklären, warum die Frauen seit über 2.000 Jahren unterdrückt werden?« – »Ja, weil es sich bewährt hat!« Renate Hellwig erwiderte knapp und trocken: »So alt und noch immer Kindsköpfe!« In diesem frauenfeindlichen Milieu kam frau kaum auf den Gedanken, sich als lesbisch zu outen. Ein derartiges Bekenntnis hätte sofort das Ende aller politischen Ambitionen nach sich gezogen.

Junggesellinnen wurden insbesondere in der CDU/CSU misstrauisch beäugt. Warum erfüllt sie das Familienleitbild der Union nicht mit Leben? Was verbirgt sich hinter der Ehelosigkeit? Eine geschiedene Frau wäre für ein hohes Amt ebenso wenig geeignet wie eine alleinerziehende Mutter. Aber die Junggesellin? Ist sie zu hässlich für einen Mann? Ist sie eine Schreckschraube? Liebt sie etwa – schrecklich, das denken zu müssen – Frauen? Ist sie eine männerfeindliche Emanze? Solchen Verdächtigungen und Ressentiments sahen sich unverheiratete Frauen in der Politik überhaupt, aber vor allem im konservativen Lager ausgesetzt.

An der Basis in Baden-Württemberg hat Renate Hellwig in den streng konservativen Kreisverbänden oftmals für Furore gesorgt. Ihre Forderungen nach mehr Chancengleichheit und Gleichberechtigung sorgten regelmäßig für helle Aufregung. Die »Südwest Presse« titelt am 15. November 1974: »CDU-Frauen blasen zum Denkmalsturz. Sie wollen Gleichberechtigung nicht nur auf dem Papier«. Dennoch kommt 1975 ihr Wechsel als Staatssekretärin in das rheinland-pfälzische Ministerium für Soziales, Gesundheit und Sport nach Mainz überraschend. Warum, fragte man sich, nimmt sie trotz eines innerparteilichen Abstimmungssieges im Wahlkreis Esslingen das in Aussicht stehende Bundestagsmandat nicht an? Wählt sie den leichten, den sicheren Weg? Schließlich sprach sich herum, dass Helmut Kohl seinen Favoriten Gerd Langguth mit diesem Wahlkreis bedenken und fördern wollte, deshalb musste die Frau geräuscharm auf einen anderen Posten gehievt werden.

Nach fünf Jahren in Rheinland-Pfalz zieht Renate Hellwig 1980 dann doch in den Bundestag ein. Unbequeme Politikerinnen wie Renate Hellwig werden von den Männern als »würdige Stellvertreterinnen und wütige Arbeitstiere« geschätzt, wie Margrit Gerste 1984 in der »Zeit« schreibt, aber wenn es um wirkliche Macht geht, gehen sie meistens leer aus. Zum innerparteilichen Riesenkrach kommt es 1981, als sich die streitbare Politikerin mit Norbert Blüm, dem Vorsitzenden der Sozialausschüsse, anlegt. Die familienpolitischen Leitsätze, die er 1981 unter dem Titel »Die sanfte Macht der Familie« zur Diskussion stellt, werden von Renate Hellwig als »reaktionär« bezeichnet, er selbst bekommt von ihr das Etikett »Frauenfeind« verliehen. Sie lehnt das Leitbild des voll erwerbstätigen Vaters und der nicht erwerbstätigen Mutter strikt ab. Stattdessen, fordert sie, müsse auch die Frau einen Teil ihrer Identität im Arbeitsleben und nicht nur im Familienkreis finden. Sie definiert 1982 ihre Vorstellung von moderner Mütterlichkeit folgendermaßen: »Mutter sein bedeutet Vorbild sein für die Kinder. Wie sollen Kinder von der Mutter ›Erwachsensein‹ lernen, wenn die Mutter ihren eigenen Wert als Mensch nur durch die Kinder erleben darf? Selbstverwirklichung durch Mutterarbeit ist ein verräterisches Wort, weil es Mütter einsperrt.«

Die Kontroverse der beiden CDU-Politiker wird, ungewöhnlich genug für diese hierarchische, straff auf Machterhalt getrimmte Partei, auch in der Öffentlichkeit ausgetragen, insbesondere die »Zeit« druckt verschiedene Stellungnahmen und Interviews von Renate Hellwig und Norbert Blüm ab. Die Wochenzeitung bezieht eindeutig Stellung, wessen Auffassung sie letztlich teilt. Am 30. Oktober 1981 heißt es: »Uns scheint immer noch, dass ihre Haltung, die Rolle der Mutter in der Familie betreffend – nicht nur braves Hausmütterchen –, die zeitgemäßere ist und dass Norbert Blüms Haltung, er möge es bitte mit Fassung tragen, eine ›reaktionäre‹ genannt werden könnte.«

Für eine Frau und einen Bundestagsneuling wie Renate Hellwig war ihr selbstbewusstes und konfliktfreudiges Auftreten in einer Partei, die stets auf die organisierte Geräuschlosigkeit setzte, um dem Kanzler das Rückgrat der Macht zu stärken, ein beinah todesmutiges Entree. Das zweite Handicap auf dem Weg zur eigenen Macht war das gerüchteumflorte Dasein als Junggesellin. Zwar wussten viele in der Unionsspitze um die sexuelle Orientierung der Abgeordneten, aber man schwieg sich aus. Renate Hellwig selbst machte keinen Hehl aus ihrer Partnerwahl, aber enge Freunde rieten ihr davon ab, sich zu outen oder gar ihre Beziehung in der Öffentlichkeit zu leben. Auch wohlwollende Parteifreunde gaben ihr zu verstehen, dass man sie fallen lassen müsse, wenn sie sich in der Öffentlichkeit als Lesbierin zu erkennen gäbe. Auch ihre damalige Lebensgefährtin ist gegen diesen Schritt, weil sie gesellschaftlich nicht an den Rand gedrängt werden möchte.

Renate Hellwig auf dem CDU-Parteitag in Bremen, 1989
(hinten Wolfgang Schäuble, links Helmut Kohl, rechts Heiner Geißler)

Renate Hellwig fügt sich, wird aber dennoch keine stromlinienförmige Karrieristin. Helmut Kohl indes bremst sie immer wieder aus. Viele ihrer Initiativen werden im Keim erstickt oder in ihrer Wirkung torpediert. Immer, wenn sie zum Sprung auf ein Ministeramt ansetzt oder Vorsitzende der Frauen-Union werden will, setzt ihr der Parteivorsitzende und Kanzler Rita Süssmuth vor die Nase. Er spielt die Frauen gegeneinander aus, schürt Rivalitäten. Als sie 1986 bei der Wahl zum Vorsitz der Frauen-Union gegen Rita Süssmuth antritt, die von Kohl und Heiner Geißler unterstützt wird, bezeichnet sie sich in ihrer Bewerbungsrede selbst als das »kampferprobte und schon leicht ramponierte Schlachtross«. Nach ihrer Niederlage ist ihre Energie in frauenpolitischen Fragen erschöpft, zu oft hat sie erleben müssen, dass sich die Frauen in ihrer Partei auseinanderdividieren ließen. Sie erinnert sich an ihre politischen Anfänge als Praktikantin bei der Europäischen Union und wird zur engagierten Europapolitikerin ihrer Partei. Sie übernimmt 1984 den Vorsitz der Europakommission und 1991 den Vorsitz des EG-Ausschusses des Deutschen Bundestages. Doch ihr Traum, EU-Kommissarin zu werden, erfüllt sich nicht. Auch auf diesem politischen Feld fährt ihr Helmut Kohl wiederholt in die Parade.

In seiner »Kleinen Geschichte der CDU-Frauen-Union« (1990) schreibt der Historiker Hans Süssmuth, der Mann von Rita Süssmuth: »Es ist erstaunlich, dass in unserer Gesellschaft die verantwortlichen Politiker und Politikerinnen aller Parteien 45 Jahre lang die Chance vertan haben, der größeren Hälfte der Bevölkerung unseres Landes, nämlich den Frauen, die Gleichberechtigung auch faktisch zu ermöglichen. Noch erstaunlicher ist, dass die Frauen in der Bundesrepublik, die wissen sollten, dass sie mehr als fünfzig Prozent der Gesamtbevölkerung ausmachen, diesen gegen das Grundgesetz verstoßenden Zustand ertragen und nicht stärker revoltieren.«

Man kann diese Verwunderung ansatzweise teilen, aber sie übersieht doch mindestens dreierlei: Politikerinnen waren bis

1990 eine Minderheit, eine oft ohnmächtige Gruppe. Zweitens hatten die männlichen Politiker kein gesteigertes Interesse an einer Machtteilung, also auch kein Interesse an der Gleichberechtigung. Und zum Dritten: Die meisten Politikerinnen waren in ihren Parteien engagierte Kämpferinnen für die Gleichberechtigung der Frauen, sie fanden aber weder in der eigenen Partei noch in der Öffentlichkeit die Resonanz, die ihnen zu wünschen gewesen wäre. Einer »Entwicklungshelferin für die Frauen« wie Renate Hellwig kann man nun kaum den Vorwurf machen, sie hätte nicht jede Chance genutzt, für die faktische Gleichberechtigung von Frauen einzutreten. In dem Buch »Unterwegs zur Partnerschaft« schrieb sie 1984: »Eine Demokratie kann nur fortbestehen, wenn *alle* Bürger sie mitverantwortlich gestalten. Wenn nur die männliche Hälfte der Bevölkerung sich berufen und verpflichtet fühlt, diesen politischen Auftrag zu erfüllen, so haben wir damit erst die halbe Demokratie erreicht. Die ganze Demokratie wird in ihrer vollen Blüte erst verwirklicht sein, wenn Frauen in gleichem Maße wie die Männer nicht nur zur Wahl gehen, sondern Mitglieder in den Parteien sind und etwa die Hälfte Parlamentarier in den Gemeinderäten, Landtagen und Bundestagen stellen.«

Unsere Gesellschaft ist freier und bunter geworden, sie ist vielfältiger und offener geworden, das lässt sich auch daran ablesen, wie Renate Hellwig heute ihre Partnerschaft leben kann und dabei auf sehr viel mehr Akzeptanz stößt als noch vor zwanzig oder dreißig Jahren. Mit Blick auf die politische Sphäre muss man jedoch feststellen, dass es immer noch viele Männer (und Frauen) gibt, die sich eine nach Macht strebende Frau überhaupt nur als Lesbe vorstellen können bzw. »die Lesbe« als Stigma denken, als »entartete« Frau, eben weil sie nach Macht strebt.

Derartig stereotype Denkstempel finden sich nicht nur an Stammtischen oder in hasserfüllten Echokammern des Internets, sie betreten mitunter ganz freimütig die Bühne wie etwa in dem

2011 veröffentlichten Roman »Die Dirigentin« des ehemaligen Redaktionsleiters der ZDF-Kultursendung »aspekte« Wolfgang Herles, in dem eine Kanzlerin als machtlüsterne Lesbe karikiert wird. Dabei wird die Politikerin in doppelter Weise denunziert, denn die Figur der lesbischen Politikerin ist gleich zweifach aus der natürlichen Ordnung ausgebrochen: Sie entzieht sich dem Mann als heterosexuelle Partnerin, und sie begegnet ihm als Rivalin auf seinem ureigensten Feld.

In ihrer Generation war Renate Hellwig eine der wenigen CDU-Frauen, die dem Kanzler offen die Stirn boten, ja, die davon träumten, selbst einmal Kanzlerin zu werden. Diesen Traum einzuräumen, ihn auszusprechen, wird auch heute noch kaum eine der damaligen Spitzenpolitikerinnen wagen, weil ihnen dann sofort attestiert würde, sie könnten historische Machtgefüge nicht richtig einschätzen, sie würden sich selbst überschätzen und erst rückblickend Machtansprüche erheben, die sie zu aktiven Zeiten aus Mutlosigkeit nie artikuliert hätten. Dieser machtpolitische Realismus hat aber auch dazu geführt, dass Frauen nicht nur wegen der fehlenden Machtchancen nicht als Kanzlerin gedacht wurden, sondern auch, weil sich so das Denkmuster einschleichen konnte: Frau kann Kanzler nicht!

Noch heute kribbelt es Renate Hellwig in den Fäusten, wenn sie an den Bremer Parteitag der CDU 1989 denkt. Die Gegner Helmut Kohls wagten sich nicht aus der Deckung, trauten sich die Attacke nicht zu. Renate Hellwig war kurz davor, ihre Kandidatur zum Parteivorsitz anzumelden, weil sich keiner der Widersacher zutraute, gegen Kohl anzutreten. »Du musst, du musst, du musst kandidieren«, beschwor sie Lothar Späth, doch der blickte blass vor sich hin und hörte kaum zu. Erst als Renate Hellwig androhte, sie selbst würde jetzt in den Ring steigen, kam Leben in den Mann, allerdings nur, um sie von diesem gewagten Schritt abzuhalten. Natürlich war ihr klar, dass sie keine Chance gehabt hätte, aber es wäre darum gegangen, ein Zeichen der Opposition zu setzen, dem Parteivorsitzenden klarzumachen, dass er nicht mehr unumstritten ist, dass er die Partei nicht als Alleinherr-scher bestimmen und andere Auffassungen mundtot machen kann. Auch Renate Hellwigs damalige Lebensgefährtin beschwor sie, diesen Schritt nicht zu wagen. Oh ja, sie hätte ihn liebend gerne »ausgehebelt«, den Parteivorsitzenden, aber »er stand noch in Saft und Kraft«.

Mit der Bundestagswahl 1998 verliert Renate Hellwig ihren Wahlkreis, sie tritt aus dem Bundesvorstand der CDU zurück und beendet ihre parteipolitische Karriere. Sie erlaubt sich wieder ein Leben, ein Privatleben, das nicht von der Politik bestimmt wird. Nach der Jugend- und Ausbildungsphase, nach der Politik beginnt nun ihr drittes Leben. In dem Buch »Mut zur Verant-wortung. Frauen gestalten die Politik der CDU«, es erscheint 2013, beschreibt die frühere Rund-um-die-Uhr-Politikerin, was sich seit ihrem Renteneintritt geändert hat: »Im dritten Leben haben sich andere Prioritäten herausgebildet. Wahrscheinlich die wichtigste ist für mich, dass ich endlich meine Veranlagung und mein Leben als Lesbierin nicht mehr verheimlichen und be-schönigen muss. Jetzt habe ich endlich – seit nunmehr acht un-endlich glücklichen Jahren – eine Lebenspartnerin, die sich offen zu mir als Lebenspartnerin bekennt. Wenn ich an all die Jahre des ständigen Versteckspiels, der Verleugnung dieses wichtigen Bestandteils meiner Person zurückdenke, so kommt es mir vor, als hätte ich damals im Korsett des ›armen Heinrich‹ gelebt, und die eisernen Bande sind mit einem Krachen gesprungen.«

Renate und Ursa gehen neue Wege. Ein schönes Paar, denkt man, wenn sie, wie an diesem sonnigen Tag, Hand in Hand am Rhein spazieren.

14. An der Peripherie

Wäre der Mann eine Randfigur, stünde die Welt kopf. Der Mann kann sich das nur schwer vorstellen, denn wozu sind Beine da? Wo er steht, geht und wirkt, ist das Zentrum, der Mittelpunkt, den Frauen gehört der Rand. Von dort aus darf sie beobachten, was er vollbringt. Das war schon immer so. Betrachten Sie einmal alte Gemälde, denken Sie daran, wo Frauen früher in der Kirche sitzen mussten, lesen Sie ältere Romane und achten Sie auf die Frauenfiguren, die den Weg des Helden schmücken wie Blumen. Der Held pflückt sie im Vorübergehen. Die Straße ist die Dienerin des Mannes. Auf ihr eilt er allen Abenteuern entgegen, als Soldat, Kaufmann, als Fürst und Feldherr.

Die B 9 ist eine Bundesstraße mit einer Länge von 450 Kilometern. Sie führt von Kranenburg an der niederländischen bis nach Lauterbourg an der deutsch-französischen Grenze. Die Ursprünge dieser Straße reichen bis in die Römerzeit zurück. Die B 9 führt auch durch Bonn und quert das frühere Zentrum der Macht. Bevor Konrad Adenauer starb, hieß die südliche Hauptausfallstraße noch Koblenzer Straße, sie reichte vom Koblenzer Tor bis zum Bundeskanzlerplatz. An der Adenauerallee lagen das

Außenministerium, die Villa Hammerschmidt (Sitz des Bundespräsidenten), das Palais Schaumburg (der frühere Dienstsitz des Bundeskanzlers), das neue Bundeskanzleramt und viele andere Regierungsgebäude der alten Republik. Hier bilden die großen toten Männer eine einträchtige Asphaltkoalition. Die Adenauerallee geht in die Willy-Brandt-Allee über, die von der Genscher- und der Heussallee gekreuzt wird, dann trifft Willy auf die Friedrich-Ebert-Allee, die auf den Helmut-Schmidt-Platz zuläuft. Im Asphalt vereint ist der stets rauchende Schmidt mit seinem ärgsten Widersacher Franz Josef Strauß, dessen Allee auf den verkehrsumtosten Helmut-Schmidt-Platz stößt. Dass die Franz-Josef-Strauß-Allee wiederum in die Petra-Kelly-Allee übergeht, darf getrost als skurriles Versöhnungswerk zeitgenössischer Straßennamenvergabe betrachtet werden. Im Frühjahr 2019 wird beschlossen, dass Friedrich Ebert einen Teil seines Straßenstücks abgeben muss, denn Bonn will nun auch Helmut Kohl mit einer Allee ehren.

Straßennamen sind Wegweiser. Sie bieten uns Orientierung, sie zeigen uns, wo wir sind, woher wir kommen. Das gilt jedoch nicht nur für den Raum, für die Topografie, sondern auch für den Geist der Zeit. Straßennamen sollen unser Kompass sein für das Selbstbild, das wir pflegen wollen. Sie sind Auskunftsschilder zeitgenössischer Mentalität, sie sind pädagogische Mahnmale und kulturelle Denkmäler. Kein Wunder, dass sich an Straßennamen häufig Konflikte entzünden. Denn welche Erinnerungspolitik verfolgt man? Will man lokale oder nationale Geschichte speichern? Will man auf Tiere, Pflanzen, Dinge oder Menschen hinweisen? Wer ist ein Held? Aus Helden werden Schurken und umgekehrt.

Frauen waren dabei fast immer eine zu vernachlässigende Größe. Auf den Straßen wirkt, kämpft und rollt der Mann. Er hält sich für den Erzieher der Nation. Die Frauen sind bei der Zahl der Straßennamen überall in der Minderzahl. Bei der letzten Zählung in München (2009) waren von 6.129 Straßen lediglich 288 nach Frauen benannt; im gleichen Jahr war das Verhältnis in Hamburg noch einseitiger: Von 8.000 Straßen trugen nur 275 den Namen einer Frau.

Seither hat sich viel getan. Dass auch Räume »erziehen«, Bewusstsein bilden, dass auch Frauen dem Raum ihren Stempel aufdrücken müssen, wenn sie Gleichberechtigung durchsetzen wollen, hat sich herumgesprochen und Einzug gehalten in kommunale Gremien. Man/frau ist auf einem guten Weg. Der führt jedoch mitunter in Gefilde der Trostlosigkeit.

Um nach Bonn-Ückesdorf zu kommen, braucht man ein Auto. Die Anbindung an den ÖPNV ist dürftig. Hier ist in den letzten Jahren ein Neubaugebiet entstanden, das etwa tausend Menschen Platz bietet. Ein blitzblank polierter (Alb-)Traum für Besserverdienende. Die schicken Ein-, Zwei- oder Mehrfamilienhäuser können ihre Glücksformatierung nicht verbergen: So sehen Sieger aus!, singen die Straßen. Alles riecht nach Katalog, selbst die Wolken wirken wie digital auf »heiterer Sommertag« getrimmt. Die Häuser sieht man kaum vor leistungsstarken Autos, viele SUVs. Jede Familie, erzählt ein Anwohner, hat mindestens zwei Autos. Ich frage ihn, ob er weiß, wer die Frauen sind, nach denen hier die Straßen benannt wurden. Seine Frau, die neben ihm steht, schüttelt den Kopf. Er jedoch weiß: »Alles Politikerinnen!« Auf der anderen Straßenseite spielt eine ältere Frau mit ihrem Enkelkind. »Wissen Sie, wer die Frauen auf den Straßenschildern sind?« – »Ich bin nicht von hier, meine Tochter wohnt hier.« Ich frage einen Paketboten. »Wer die sind? Na, Frauen, aber mehr weiß ich auch nicht! Berühmt sind se nicht, oder?«

Offenbar bot sich in Ückesdorf die Chance, den Frauenanteil im Heer der Bonner Männerstraßen mit einem Schlag überproportional zu steigern. Sieben auf einen Streich. Man gelangt über die Hedwig-Dransfeld-Straße in die Neubauschatulle, dann stößt man auf die Helene-Wessel-Straße, es folgen Frieda

Nadig, Hildegard Wegscheider, Elisabeth Schwarzhaupt, Marie-Elisabeth Lüders und schließlich Susanne Miller. Die Siedlung ist so clean, architektonisch so gemaßregelt, so geschichtslos, dass man, wenn man auf die Straßenschilder schaut, die Toten noch vor den Lebenden bedauert. Das ist also euer Los! An die Peripherie abgeschoben, abgedrängt.

Man versteht aber auch die Alteingesessenen, die sich heimatliche Bezüge gewünscht hatten. Eine Frau hatte sich Straßennamen nach Blumen gewünscht: Lavendel-, Jasmin- und Oleanderweg. Der Festausschuss im benachbarten Röttgen hatte andere Vorstellungen und schlug drei ehemalige Bürger aus Röttgen vor, allesamt Männer. Einen Forstmeister, einen Bürgermeister und einen Pfarrer. Doch in der Bezirksvertretung Bonn entschied man mit den Stimmen der SPD, der Grünen und der Linken gegen die Männer aus Röttgen und setzte die Frauen durch. Als Gründe nannte man, Frauen seien zu bevorzugen, und man müsse die lange Namensliste jetzt mal abarbeiten.

Diese Praxis wirkt wie ein letzter Bärendienst, den man den Frauen erwiesen hat. Dass Frauen bevorzugt werden sollen, ist zwar richtig, wird aber dann falsch, wenn die Beziehung zwischen Ort und Persönlichkeit gestört und disparat ist. Diese Frauen gehören nicht an den Rand, nicht in ein steriles Raumschiff, sondern ins Zentrum, dahin wo die Geschichte zu Hause ist und die Straßen uns bilden. Das Zipfelchen Straße, das Bonn Elisabeth Schwarzhaupt in Ückesdorf gönnt, ist kläglich, gemessen an ihrer historischen Bedeutung. Die erste Bundesministerin der Republik wird durch die Benennung ebenso marginalisiert, wie Adenauer sie einst marginalisieren wollte, als der Kanzler sie im Kabinett stets nur mit »Fräulein« anredete. Etwas Ähnliches gilt für Marie-Elisabeth Lüders, die erste Alterspräsidentin des Deutschen Bundestages 1949. Gerade weil die herausragende Parlamentarierin mit ihrer Biografie die Weimarer Republik mit der Bundesrepublik verband, hätte man ihr einen geschichtsträchtigeren Ort gewünscht. Und auch Helene

Wessel und Frieda Nadigs, zwei der vier Mütter des Grundgesetzes, wirken hier, vor den Toren der Stadt, verloren, ihre Namen
zerfallen zu einsamen Buchstaben, die sich weder mit der Landschaft, den Häusern noch den Menschen in ihnen verbinden.
Wer so Erinnerung stiften will, betreibt stattdessen Entsorgung.

Elisabeth Schwarzhaupt, mindestens, sollte die Adenauerallee
queren und ihn und uns daran erinnern, wohin sie als Politikerin wies und heute noch weist.

»Ohne Frauen ist die Demokratie nur halb.«
Renate Hellwig

15. Lovely Rita

Karl Carstens hatte Angst, und Richard Stücklen hatte Angst. Philipp Jenninger sorgte sich und hatte Angst. Wolfgang Schäuble sorgte und fürchtete sich und hatte Angst. Und Helmut Kohl fürchtete sich so sehr, dass er das Ding nur mit einem Hubschrauber zu überfliegen wagte. So wie er die Friedensdemonstration im Bonner Hofgarten 1983 nur aus der Luft in Augenschein genommen hatte, so näherte sich Helmut Kohl dem Ding ebenfalls nur aus sicherem Abstand. Drei Bundestagspräsidenten hatten seit 1976 Nein gesagt und der Kanzler ebenfalls. Und auch Wolfgang Schäuble setzte im Parlament seine ganze Beredsamkeit ein, um zu verhindern, dass das Ding entstünde.

Am 25. Februar 1994 stimmte der Deutsche Bundestag über die geplante Verhüllung des Berliner Reichstags durch das Künstlerpaar Christo und Jeanne-Claude ab. Wolfgang Schäuble – das hatte er 1991 in der Debatte um die Hauptstadtfrage bewiesen – konnte durch seine Autorität, seinen historischen Spürsinn und seine Rhetorik eine Debatte entscheiden, ihr seinen Stempel aufdrücken. Heute sind sich die meisten Beobachter einig, dass erst Wolfgang Schäubles Rede den Umschwung brachte und daher das Votum am Ende zugunsten Berlins ausfiel. Es gehe, hatte Schäuble 1991 angemahnt, um die Zukunft Deutschlands. Doch so optimistisch Wolfgang Schäuble in dieser Frage gedacht hatte, so pessimistisch und zukunftsvergessen zeigte er sich jetzt. Er warnte davor, den Reichstag zu verhüllen, dieses deutsche Symbol könne Schaden nehmen, seine Würde sei durch das geplante Kunstwerk gefährdet, und man habe doch derzeit größere Sorgen. Warum den vielen deutschen Sorgen noch eine weitere hinzufügen? Warum sich auf ein ungewisses, ja, gefährliches Experiment, das die Menschen polarisiere, überhaupt einlassen? Nein! Auch Helmut Kohl schlug mit seinem roten Abstimmungstäfelchen, das seine Ablehnung signalisierte, auffordernd auf den Tisch: Versammelt euch hinter mir, folgt mir, sagt Nein! zu diesem Unfug.

Die Abstimmung an diesem Tag im Bonner Wasserwerk kann man auch als eine Konfrontation zwischen Helmut Kohl und Rita Süssmuth lesen. Sie war die erste Parlamentspräsidentin, die Christos Pläne zur Reichstagsverhüllung nicht ablehnte, sondern ihn unterstützte und für das Projekt warb. Ihr Blick auf die Idee des weltberühmten Künstlerpaars unterschied sich fundamental von der Herangehensweise ihrer Gegner. Während Schäuble und Kohl sich vor dem ungewissen Ausgang fürchteten, sah Süssmuth in der offenen und nicht festzulegenden Rezeption ein Moment der Freiheit. In einer historischen Orientierungsphase und Spannungssituation, in der das wiedervereinigte Deutschland um seine Identität und seinen Platz in Europa rang, fürchteten die konservativen Männer, das verhüllte Symbol könnte den gesellschaftlichen Frieden stören und Instabilität fördern.

Liest man Wolfgang Schäubles Rede heute, dann wirkt der sich darin zeigende Paternalismus, die fürsorgliche Bevormundung des Bürgers, wie ein Symptom der eigenen Verzagtheit. Versteinerte Verhältnisse. Helmut Kohls Einstellung in dieser Frage zeigt nicht nur seine Borniertheit gegenüber dieser Art moderner Kunst, sie zeigt auch die selbstgefällige Monumentalisierung der eigenen Statur. Dass die Entscheidung über das Projekt nicht in seiner Macht stand, sondern im Verantwortungsbereich der Parlamentspräsidentin lag, ärgerte Helmut Kohl maßlos. Noch kurz vor dem Beginn der Verhüllungsphase ließ Kohl mitteilen, er gehe lieber auf den Kurfürstendamm zum Kaffeetrinken als zum eingewickelten Reichstag.

Die triumphale Aufnahme der Verhüllung, die vom 24. Juni bis zum 6. Juli 1995 dauerte, also zwei Wochen, überführte Helmut Kohl und seinen treuen Knappen Schäuble einer besonderen Form mangelnder gesellschaftlicher Sensibilität. Jeder, der den verhüllten Reichstag in Berlin erlebt hat, wird das Ereignis in eine Empfindungsachse setzen, die vom Mauerfall 1989 bis zum Sommermärchen 2006 reicht, als sich Deutschland als Gastgeber der Fußball-WM der staunenden Weltöffentlichkeit als Willkommensweltmeister präsentierte. Der Wind des Wandels blähte die Segel dieses zukünftigen Staatsschiffs der Deutschen, und das Sommerlicht Berlins wurde niemals beeindruckender eingefangen und in gleißenden Sinn verwandelt. Niemand wusste genau, wie das Ereignis zu deuten war, aber das Misstrauen gegen die Architektur der Macht, gegen die kontaminierte Geschichte des Bauwerks schwand und machte einer eher hoffnungsvollen Erwartung Platz. Tag für Tag, Abend für Abend zogen Deutsche und Menschen aus aller Welt zum Reichstag und verwandelten die Aktion in ein demokratisches Möglichkeitsfeld, ein ziviles Happening. Friedlicher Dialog und sommerlicher Glückskonsens. Wenn so die Berliner Republik aussah, musste sich die Welt vor diesen glücksbegabten Deutschen nicht fürchten. Der gelungene Umbau des Reichstags durch Norman Foster und vor allem die begehbare Glaskuppel haben ein bisschen den Esprit jener zwei Wochen, ein bisschen demokratische Sinnlichkeit in den Alltag der Republik hinübergerettet.

Die Liberalität der Parlamentspräsidentin Rita Süssmuth und ihr Vertrauen auf die urbane Geselligkeit der Gesellschaft markieren einen fundamentalen politischen Unterschied zu dem Mann, der sie einst zur Ministerin machte. Helmut Kohl hatte das Vermögen, ins Offene zu gehen, verloren. Überall spürte er misstrauisch der Macht nach, der Macht gehörte seine gesamte Aufmerksamkeit. Auch deshalb hatte der Kanzler seine Ministerin 1988 entmachtet und sie auf den politisch eher unbedeutenden Posten der Parlamentspräsidentin weggelobt. Dabei hatte er kaum annehmen können, dass die unbequeme Frau dieses repräsentative Amt so offensiv politisch gestalten würde und damit die innerparteiliche Unruhe, die sie stiftete, keineswegs vorüber war. Er war das System, sie dessen Sprengmeisterin.

Auf den ersten Blick hat Rita Süssmuth nichts Explosives an sich. Als wir uns das erste Mal im Herbst 2018 begegnen, wirkt sie fragil, sofort möchte man ihr einen Tee holen. Sie hat gerade eine Erkältung hinter sich, was aber offenbar nichts an ihrem dichten Terminplan ändert. Es ist nicht einfach, überhaupt ein Treffen mit ihr zu vereinbaren. Auf Achse, immer noch, Nachdenklichkeitsstifterin, Impulsgeberin. Ja, sie ist auch beunruhigt. Sie findet, dass es gegenwärtig an jungen Rebellinnen fehlt, dass sich im Augenblick »Heimatschnörkeleien« breitmachen und längst überwunden geglaubte Rollenbilder zurückkehren. Zu Beginn unseres Gesprächs zeige ich ihr ein Foto, es zeigt das Kabinett von Helmut Kohl aus dem Jahr 1987. Auf den Stufen der Villa Hammerschmidt stehen sie, Krawattenmänner und zwei Damen. 18 sehr selbstgewisse Männer und zwei Frauen, eher scheu, eher zweifelnd. Rita Süssmuth steht in der zweiten Reihe, eine Stufe höher als der Kanzler und der Bundespräsident Richard von Weizsäcker. Einerseits ist sie der heimliche Fluchtpunkt des Bildes, sie bildet die Mitte, andererseits wirkt sie wie eingezwängt, so als wollten der Kanzler und der Präsident sie verdecken.

»Wie eine schwache Frau«, sagt sie, »habe ich mich gefühlt.« Sie schüttelt den Kopf. »Stolz hätte ich sein können«, sagt sie, »jetzt bin ich endlich dabei. Aber das Gefühl hatte ich nicht.« Wie ein Fremdkörper habe sie sich gefühlt. Zorn steigt in ihr auf. So viele Jahre später noch. Sie schüttelt noch mal den Kopf: »Wenn ich dieses Bild heute sehe, das sieht nicht nach Macht aus. Ich bin auch nicht der Typ, der sagt, ich will jetzt Macht repräsentieren. Aber dass diese Männer nicht mal auf den Gedanken kommen, die beiden Frauen ...« Sie vollendet den Satz nicht und gibt mir das Foto zurück.

Rita Süssmuth hat Erfahrungen mit Männerformationen, mit Gremien, die nur aus Männern bestehen, mit Männergruppen, wo die Männer noch nicht einmal merken, dass sie zu einem einzigen Gesamtmann zusammenschmilzen, einen vielarmigen und vielköpfigen Mannskörper im Raum bilden, ja, dass diese Masse Mann selbst ein Raum ist, der sich um die einzige Frau in diesem Raum gleichsam zusammenzieht. So eine Szene erlebt sie 1966, als sich die promovierte Erziehungswissenschaftlerin um eine Dozentenstelle an der Hochschule bewirbt. Da sitzen sieben Männer wie ein Sperrriegel vor ihr, eine akademische Festung aus Bart und Schlips, und die erste Frage ist gleich ein frauenfeindlicher Volltreffer. Wieso bewerben Sie sich hier? Wissen Sie nicht, dass sich auch ein Familienvater mit acht Kindern auf diese Stelle beworben hat? Zwar bekommt sie die Stelle, doch das Erlebnis wirkt lange nach und die Frage, woher Männer die Macht und das Selbstverständnis nehmen, Frauen auszugrenzen, abzulehnen, ihre gesellschaftliche Rolle zu bestimmen.

Es sind letztendlich diese Fragen – diese immer noch nicht gelösten Fragen –, die Rita Süssmuth recht unverhofft nach Bonn führen, in Helmut Kohls Kabinett, in den machtpolitischen Gral der Bundesrepublik. Wir schreiben das Jahr 1985, und seit der Gründung der Bundesrepublik, seit 1949, ist Rita Süssmuth erst die neunte Ministerin. In 36 Jahren Bundesrepublik haben es also nur neun Frauen in die Regierung geschafft. Rita Süssmuth ist demnach immer noch eine der Ersten, eine Pionierin, eine Alibifrau, eine Konzessionsfrau, ein Feigenblatt.

Die Ministerinnen Rita Süssmuth (Mitte) und Dorothee Wilms (rechts)
im dritten Kabinett Kohl auf der Treppe der Villa Hammerschmidt, 1987

Oder ist sie doch mehr? Was unterscheidet sie von ihren Vorgängerinnen Elisabeth Schwarzhaupt (CDU), Käte Strobel (SPD), Aenne Brauksiepe (CDU), Katharina Focke (SPD), Antje Huber (SPD), Marie Schlei (SPD), Anke Fuchs (SPD) und Dorothee Wilms (CDU)? Sie ist, anders als ihre Vorgängerinnen, eine Quereinsteigerin, sie trägt keinen Parteistempel auf der Seele. Obwohl sie 1981 in die CDU eingetreten ist, hat sie nur im vorpolitischen Raum gearbeitet. Sie leitete das Institut für Frau und Gesellschaft und machte dort, was sie bis dahin am liebsten tat: Sie erkundete die Gesellschaft, analysierte die Rolle der Frau, forschte, warb Forschungsmittel ein, regte Studien an oder verfasste sie, brachte Teams zusammen und schuf einen intellektuellen Organismus, eine familiäre Denkfabrik, in der darüber nachgedacht wurde, wie man die Lebenssituation von Frauen verbessern und die männlichen Sperrriegel und erdrückenden Männerräume aufbrechen und Frauen in alle Machträume einschleusen könnte.

Für Rita Süssmuth betätigte sich CDU-Generalsekretär Heiner Geißler als Schleuser, als Einschleuser in die CDU, die an allen Schalt- und Schlüsselstellen von Männern besetzt war. Die Frauen-Union spielte machtpolitisch kaum eine Rolle, Helmut Kohl ließ diese Lobbygruppe der Frauen meist links liegen. Anfang der Achtzigerjahre dominierte noch ein rückwärtsgerichtetes Frauen- und Familienbild in der Partei. In den Leitsätzen der Christdemokratischen Arbeitnehmerschaft (CDA) herrschte der Gedanke der »natürlichen Ordnung« vor: der Mann der Kopf der Familie und die Frau ihr Herz. Sozialpolitiker wie Norbert Blüm propagierten Konzepte wie »Die sanfte Macht der Familie«, in der die »Mütterlichkeit« als Allheilmittel gegen die Verwüstungen der modernen Industriegesellschaft empfohlen wurde. Familie als Vätergenesungswerk, als Vorschein des Paradieses für Männer auf Erden.

Heiner Geißler erkannte im Wettbewerb mit der SPD und den aufkommenden Grünen die Rückständigkeit dieses Frauenbildes, mit solchen Angeboten waren auf Dauer keine Wahlen zu gewinnen. Deshalb organisierte er von oben herab den Frauenaufbruch. Der Essener Parteitag der CDU, 1985, ging als Frauenparteitag in die Geschichte der Union ein. Aber war die Partei schon so weit, wie es der frauenbewegte General wünschte? Jürgen Leinemann, der den Parteitag für den »Spiegel« beobachtete, hatte starke Zweifel: »Die Kluft zwischen dem progressiven Frauen- und Gesellschaftsbild im Leitantrag zum Thema ›Neue Partnerschaft zwischen Mann und Frau‹ und der fast ungebrochen patriarchalisch geprägten Weltsicht, die sich in Stil und Inhalt der Mehrheit aller Emanzipationsbeiträge niederschlug, diese Kluft war vielleicht das Absonderlichste dieses für die konservative Union an Ungewöhnlichkeiten reichen Tages. Der Widerspruch ist wohl nur daraus zu erklären, dass die entschiedenste Feministin in der Union derzeit ein Mann ist – Heiner Geißler.«

Tatsächlich blieben die Frauen und Delegierten brav. Keine blies zum Sturm auf die Männerbastion, die »Neue Partnerschaft« klang so progressiv, da beugte frau sich der Parteitagschoreografie, die das Bild vom Frauenaufbruch in die Gesellschaft tragen wollte. Doch die Inszenierung konnte nicht darüber hinwegtäuschen, dass es in der Frauen-Union rumorte. Heiner Geißler hatte im Vorfeld angekündigt, er wolle sich fortan auf den Posten des Generalsekretärs konzentrieren, weshalb er nach dem Parteitag als Familienminister zurücktreten werde. Jetzt sah Renate Hellwig die Chance, eine alte Forderung zu verwirklichen: »Ich habe in der Frauen-Union gesagt: ›Kinder, das ist jetzt der Augenblick, jetzt müssen wir fordern, dass endlich eine zweite Frau ins Kabinett kommt. Kohl kann sich den ganzen Essener Parteitag schenken, wenn er das nicht glaubhaft verkündet.‹ Dann haben die lieben Damen erklärt: ›Aber dann nimmt er ja keine von uns, weil er sehr verärgert sein wird‹, woraufhin ich gesagt habe: ›Na, dann mach ich das eben allein.‹ Und dann hab ich das öffentlich eingefordert, zweite Frau muss ins Kabinett, und hatte damit eine sehr große Presseresonanz. Daraufhin hat Kohl mir ausrichten lassen, ich solle mir nicht einbilden, dass ich die zweite Frau sein werde. Zu Schäuble und Geißler hat er gesagt: ›Ich bin doch nicht so blöd und nehme mir wie Edward Heath eine Margarete Thatcher an die Brust.‹ Aber immerhin musste er auf dem Parteitag verkünden, dass die zweite Frau kommt.«

Wie recht Jürgen Leinemann mit dem Bonmot hatte, dass die größte Feministin der Partei bis zu diesem Zeitpunkt ein Mann war, zeigte sich alsbald nach Rita Süssmuths Amtsantritt. Heiner Geißler hatte sie dem Kanzler vorgeschlagen, und die Professorin hatte in sich einen Hunger nach Macht verspürt, Macht als Möglichkeit, die Gesellschaft nicht nur zu beobachten, sondern sie zu gestalten. Von Regierungssprecher Friedhelm Ost (CDU) wurde sie dem Publikum in einer Talkshow folgendermaßen vorgestellt: »Wir haben ein neues Regierungsmitglied, es ist sehr hübsch.«

Was hielt frau dem entgegen? Sie lobte öffentlich die Frauen der Grünen, sie bekannte sich als Feministin, und in einem ihrer ersten Interviews gab sie Simone de Beauvoir als großes Vorbild an. Da ächzte und stöhnte manch einer in der Partei auf, ausgerechnet diese französische Emanze, diese libertäre, sündige, Abtreibung gutheißende, Mütter verunglimpfende Frau als Vorbild? Das galt nicht wenigen in CDU und CSU als Skandal.

Auch der Kanzler grollte. Die Ministerin solle weniger die erwerbstätigen Mütter umgarnen, sondern stärker auf Familienmütter setzen, und in der Frage nach dem Paragrafen 218 sei auch Vorsicht angeraten. »Die Dame«, hörte man von Kohl, »geht mir auf die Nerven, sie soll mit ihren Stöckelschuhen auf dem Boden der Realitäten bleiben.«

Was den Kanzler vor allem nervte, war der unübersehbare Höhenflug seiner neuen Ministerin, die zwar bestimmte Milieus in der Partei erschreckte, dafür aber überparteilich elektrisierte und einen beachtlichen Senkrechtstart hinlegte. Jede Talkshow wollte sich mit ihr schmücken, jede Zeitung sie interviewen, sie reiste kreuz und quer durch die Republik, speiste überall ihre intellektuelle Energie ein und brachte selbst die Politmüden auf die Beine, weil sie Türen in Gesellschaftsräume öffnete, die noch nie betreten worden zu sein schienen. Aus ihrem Mund klang manch Altes neu und frisch, einfach vernünftig. Ja, sie hatte die Fähigkeit, so etwas wie utopisches Denken freizusetzen, nicht abgehoben, nicht revolutionär, sondern immer darauf abzielend, wie man Arbeit gerechter, familien- und frauenfreundlicher organisieren könne, wie man die abweisenden Betonfassaden der Parteien aufbrechen müsse, wie die demokratische Kultur zu stärken und Ausländerfeindlichkeit abzubauen sei. Sie reiste als kleines Kraftwerk der Mitmenschlichkeit durch die Republik, eine Streetworkerin für jederfrau und jedermann.

Die Frau entwickelte unübersehbar Charisma. Kein überwältigendes, unterwerfendes Charisma, sondern eines, das allen Co-Autoren und -Autorinnen im dialogischen Raum gehören sollte. »Lovely Rita« wurde sie von Alice Schwarzers Zeitschrift »Emma« getauft. Süssmuths basisnahes Agieren, ihre verständliche Intellektualität und frauenpolitische Modernität, erwischte sogar die grünen Frauen auf dem falschen Fuß, denn, so klagte manche von ihnen, die »Rita Süssmuth überholt uns links«. Christa Nickels hat die Kollegin immer geschätzt: »Sie war eine wertkonservative Frau, aber ihrer Zeit dennoch weit voraus. Die würde heute gut in die CDU von Angela Merkel passen. Damals war sie ein weißer Rabe in diesem schwarzen Haufen. Man hatte sie geholt, um sich den Anschein von Zukunftsfähigkeit zu holen, auch vor dem Hintergrund des Frauenaufbruchs und uns grünen Frauen. Und dann war sie ja als Gesundheitsministerin gleich mit der HIV-Krise konfrontiert. Da ist sie völlig unorthodoxe Wege gegangen und war deshalb äußerst umstritten in der eigenen Partei.«

Das Aufkommen der Immunschwächekrankheit Aids erschütterte seit Anfang der Achtzigerjahre die Welt. Als Rita Süssmuth ins Amt kam, hatte die Aidskrise gerade ihren Höhepunkt erreicht, und mit dem Hollywoodstar Rock Hudson starb der bis dahin prominenteste Aidskranke. Angst ging um, schlich sich in jede Beziehung, überall schien der Killervirus zu lauern.

Die anfängliche Unkenntnis über die Krankheit, ihre Übertragungswege und Risiken schürte Ängste, hysterische Stimmen griffen um sich. Man sprach bald von »Schwulenseuche« oder »Schwulenpest«, eine unkontrollierbare Epidemie schien auf die Menschheit zuzurollen. Sehr konservative und fundamental christliche Stimmen betrachteten die Krankheit als »Strafe Gottes« für Ehebrecher, für Homosexuelle, Drogenabhängige und Prostituierte. Ja, mancher Apokalyptiker rechnete gleich mit der sexuellen Liberalisierung der Achtundsechzigergeneration ab und betrachtete die Krankheit als Symptom eines allgemeinen Sitten- und Werteverfalls. Die Homos seien schuld, sie würden durch ihr ungezügeltes und rücksichtsloses Verhalten die Volksgesundheit schädigen. Der Ruf nach hartem Durchgreifen war vielfach zu vernehmen.

Für die Gesundheitsministerin war die Aufgabe in einer christlich-konservativen Partei daher besonders schwer. Sie musste nicht nur gegen die Krankheit ankämpfen, sondern sich auch gegen die rabiaten Rezepte der Hardliner in CDU und CSU durchsetzen, die forderten, man müsse die Infizierten und Erkrankten unter Quarantäne stellen, kasernieren und wegsperren; auch eine generelle Meldepflicht und Zwangsuntersuchungen wurden verlangt. Peter Gauweiler, Franz Josef Strauß und Hans Zehetmair vertraten solche Eindämmungsfantasien. Aus manchen Tönen konnte man noch perfidere Ordnungsvorstellungen heraushören. Stellte die Seuche nicht auch eine Chance dar, die sexuelle Permissivität abzuschaffen? Die Jugend insgesamt wieder auf »tugendhaftere und sittlichere Pfade« zurückzuführen? Sexuelle Verirrungen und Perversionen auszumerzen? Hans Zehetmair meinte mit Blick auf Homosexuelle: »Es kann nicht um noch mehr Verständnis für Randgruppen gehen, sondern darum, sie auszudünnen. Diese Randgruppe muss ausgedünnt werden, weil sie naturwidrig ist.«

Eine der großen Leistungen der Ministerin war, in diesem Klima der Angst und aufkeimenden Verfolgung auf Aufklärung, Information, Wissenschaft und Empathie zu setzen. Der Slogan »Aids geht alle an« sollte landesweit plakatiert, durch Werbespots und Anzeigen verbreitet, durch Broschüren und Bücher mit Informationen fundiert werden.

Helmut Kohl zögerte. Wem sollte er folgen? Der harten, repressiven Verfolgungslinie? Entstünde nicht am rechten Rand eine radikalere Partei, wenn man kraft- und tatenlos, wenn man grenzenlos tolerant wirkte? Süssmuth schaffte es, ein Treffen zwischen den weltweit führenden Aidsexperten und Helmut Kohl zu arrangieren. Der Kanzler nahm sich Zeit. Hörte zu. Schließlich folgte er den Rezepten seiner Ministerin, deren Kampagnen schon bald Erfolge zeitigten. Während zu Beginn der Krise die Mehrheit der Deutschen für Zwangsmaßnahmen plädierte, wendete sich das Blatt, als die Ministerin in die Aufklärungsoffensive ging. Nun waren die Deutschen überwiegend der Auffassung, dass man Süssmuths Kurs, einem rationalen Kurs, folgen sollte. Diese Umfrageergebnisse waren letztlich auch für die Ministerin überlebenswichtig, denn eine Reihe von Landtagswahlen stand vor der Tür, und die Partei und Helmut Kohl waren in den Umfragen einträchtig im Sinkflug.

Im Rückblick, aber auch im Hinblick auf heute grassierende Ängste, populistische Angebote und fremdenfeindliche Ordnungsvorstellungen sollte man Rita Süssmuth nicht nur Respekt zollen, sondern ihre historische Leistung als hochaktuelles Vademecum für die Demokratie herausstellen: In Krisenzeiten setzte sie auf Expertenwissen, auf sachliche Informationen, auf die Mündigkeit und Eigenverantwortung der Bürger und auf die Sensibilisierung für die Nöte und Bedürfnisse betroffener Menschen. Und sie ging den für sie unbequemen, den gradlinigen Weg, der eher ihrer Identität als Wissenschaftlerin als machtorientiertem Parteidenken entsprach. Langfristig bewirkten ihr persönlicher Einsatz und politischer Ansatz, dass sich die Einstellungen gegenüber Homosexuellen zum Besseren wandelten, dass homophobe Einstellungen langsam abgebaut wurden und sich überhaupt ein toleranteres gesellschaftliches Klima in Sachen Sexualität entwickelte. Ihr dialogischer Ansatz war integrativ, er spaltete nicht, spielte Milieus nicht gegeneinander aus, sondern führte »Randgruppen« vom Rand ins Zentrum des gesellschaftlichen Bewusstseins. Ihre »Wege aus der Angst« förderten sozialen Zusammenhalt und stärkten die Substanz der Demokratie, denn die Glaubwürdigkeit, die sich die Politikerin erwarb, kam der Politik über den Tag und das Parteibuch hinaus zugute.

Doch an solchen langfristig angelegten Szenarien, an solchen den Tag und den tagesaktuellen Machtkampf übersteigenden politischen Dimensionen hatte Helmut Kohl wenig Interesse. Kohl und seine Ministerin blieben in seltsam paradoxer weise aufeinander bezogen. Sie stellte sein Machtmonopol und das der Männer infrage und doch – oder gerade deswegen – stabilisierte sie ihn in der Männerpartei CDU. Sie war – auch durch die Unruhe, die sie säte – eine Stabilitätsgarantin seiner Macht. Umgekehrt war er das auch für sie, denn die enorme Beliebtheit, der sie sich in der Öffentlichkeit erfreute, verdankte sie auch der Ansicht, dass sie die Einzige war, die dem Chef am Kabinettstisch ordentlich Kontra gab.

Wie sehr die beiden aufeinander bezogen blieben, zeigte auch der Kampf der Ministerin um die Erweiterung ihres Ressorts um den Bereich »Frauen«. Rita Süssmuth setzte im Juni 1986 durch, dass das Bundesministerium für Jugend, Familie und Gesundheit einen neuen Namen bekam: Fortan war sie die erste Ministerin für Jugend, Familie, Frauen und Gesundheit. Rita Süssmuth war nun also die erste Frauenministerin der Bundesrepublik.

Doch damit war noch wenig gewonnen, denn die Ministerin besaß noch keineswegs die Macht und das Recht, Gesetze, die Frauen ganz unmittelbar betrafen, an sich zu ziehen, mitzugestalten oder Einspruch zu erheben. Die Männer mauerten, kein Ministerium wollte etwas abgeben von seiner Macht. Die Ministerin kämpfte beharrlich, sie nervte, sie ließ sich nicht einschüchtern, doch es dauerte mehr als ein Jahr, bis sie einen Teilerfolg verbuchen konnte. Zwar wurden dem Frauenministerium jetzt das Recht, Gesetze einzubringen, das Rede- sowie das Vertagungsrecht im Kabinett eingeräumt, doch alle diese Rechte mussten eng mit dem Kanzler abgestimmt werden. So behielt der Kanzler auch formal den Daumen auf der Ministerin und ihren frauenpolitischen Offensiven. Nur wenn es Süssmuth gelang, Kohl von Fall zu Fall zu überzeugen, konnte sie den anderen Ressorts ein Stückchen Macht abzwacken und den mauernden Männern die Frauenpolitik aus der Hand nehmen. Und weil Rita Süssmuth keine Leisetreterin war und wurde, selbst wenn der Kanzler sie gelegentlich mit der Stimmfülle seines 160-Kilo-Körpers anherrschte, stellte diese Konstruktion einen permanenten Konfliktherd im Kabinett dar.

Philipp Jenninger stürzte über seine Stimme. Er fiel, weil sein oratorisches Vermögen mangelhaft war. Der Bundestagspräsident trat am 11. November 1988 zurück, weil er den Inhalt einer Rede, die an die Pogrome gegen jüdische Deutsche am 9. November 1938 erinnern sollte, nicht angemessen transportieren konnte. Jenninger wurde missverstanden. War dieser Demokrat tatsächlich ein Antidemokrat, ja, ein verkappter Antisemit? Keineswegs, aber er exekutierte den Text wie eine kalte Sprechmaschine im Angesicht der Unmenschlichkeit.

Der politische Ansehensverlust, nicht nur für die Union, war gewaltig. Wie konnte ein Politiker derart an den gebotenen Gefühlen vorbeisprechen? Wie konnte der Präsident des Bundestages so wenig Herzensbildung offenbaren? Kann man es dem Kanzler verdenken, dass er bei der Suche nach einem Kandidaten mit hoher Akzeptanz, mit Stimme und sozialer Intelligenz bei

Rita Süssmuth landete? Kohl presste seine Ministerin in dieses Amt, und sie ließ es zu. Damit war die große Unbequeme auf einen recht bedeutungslosen Posten versetzt, von dem weniger Ungemach für den Kanzler drohte. Nahm er zumindest an. Andererseits konnte sie auf diesem repräsentativen Stuhl glänzen. Für die Union aufspielen, so sein Kalkül.

Nein, Rita Süssmuth wollte nicht. Bei ihr und in ihrem Ministerium flossen die Tränen. Schachmatt. Enthauptet. Kalt gestellt. Aus dem Spiel genommen. Ohnmächtig. Wer setzte sich nun für die Frauen ein? Wer bot dem Kanzler Paroli? Selbst heute, mehr als dreißig Jahre danach, stockt Rita Süssmuths Stimme noch, wenn sie von diesen rabenschwarzen Tagen erzählt. Nein, sagte sie damals in die Kameras, unmittelbar vor ihrer Vereidigung zur Bundestagspräsidentin, ich bleibe ich, ich habe nicht vor, mich aus der Politik zu verabschieden. Das klang trotzig, aber wer sie kannte, wusste, dass es stimmt.

Waltraud Schoppe war als Parlamentarierin immer für eine Überraschung gut; wie kaum eine andere Frau las sie den Männern die Leviten und stritt für Frauenrechte. Auch in der Debatte am 24. November 1988 setzt die Grünen-Abgeordnete ein Überraschungsmoment, denn dass jemand eine parteipolitische Konkurrentin derart zu würdigen weiß, ist selten vorgekommen in unserer parlamentarischen Geschichte seit 1949. Schoppe führt aus: *»Ich wollte etwas zum Weggang von Frau Süssmuth sagen. Die Berufung der Ministerin war seinerzeit ein kluger Schachzug. Denn unter dem Druck wachsender Frauenforderungen musste sich auch die Union den Frauen stellen. Die Wirkung der Ministerin, ihre Erfolge und Misserfolge werden von links bis rechts sehr kontrovers diskutiert, und weil sie eine Frau ist, wird sie kritischer beurteilt, als es bei Männern üblich ist. Kühle Strategie, wie sie in der Politik geschätzt wird, scheint nicht ihre Stärke gewesen zu sein. Sie hat Symbolkraft entwickelt, die sich aus beharrlicher Parteinahme für die Frauen speist. Wenn wir die Nachkriegsgeschichte betrachten, ist es ihr gelungen, in kürzester Zeit Popularität und*

Anerkennung zu gewinnen, wie es nur wenigen Frauen in der Po-
litik bisher gelungen ist. Ich sage das aus der Opposition heraus,
sozusagen aus einer natürlichen Gegnerinnenschaft heraus, durch-
aus mit Respekt (Beifall bei den Grünen, der CDU/CSU und der
FDP).

Wir leben in einer Zeit tiefgreifender Umbrüche, zu denen
auch eine sich ändernde Geschlechtsrollenidentität gehört. Es ist
der Ministerin gelungen, bis weit in das bürgerliche Lager hinein
Problemkompetenz für Frauenfragen zu schaffen. Das ist ein Ver-
dienst, das nicht zu unterschätzen ist (Beifall bei der CDU/CSU
und der FDP), setzt dies doch Bewusstseinsprozesse in Gang, die
unumkehrbar sind. Gewiss, sie hat Niederlagen eingesteckt [...]
Aber ich weigere mich an dieser Stelle und zu diesem Zeitpunkt,
Attacken gegen eine Frau zu reiten, die mit ihren Forderungen in
dem Kabinett in einem Meer von Ignoranz watete. Man muss sich
nur mal die Männer angucken, die da sitzen (Beifall bei den Grü-
nen und der SPD – Lachen bei der CDU/CSU). Wenn hier Minis-
terschelte gefordert ist, dann kann ich nur sagen: Die Minister für
Finanzen, für Wirtschaft, für Verteidigung, für Soziales und für
Umwelt machen nicht nur Fehler; sie richten angesichts der so-
zialen und ökologischen Krise unverantwortbares Unheil an (Sehr
gut! bei der SPD). Ich kann Ihnen sagen: Wenn einer von denen
gegangen wäre, hätte ich ihm keine Träne nachgeweint (Beifall
bei den Grünen und der SPD – Bohl [CDU/CSU]: Ganz über-
raschend! – Lachen bei der CDU/CSU). Was ich tragisch finde ist,
dass eine Frau aus Pflichtbewusstsein und in typischer Frauen-
manier nicht Nein sagen konnte (Bohl [CDU/CSU]: Können Sie
nicht Nein sagen?) Der Ministerin wird vorgeworfen, sie sei keine
Machtpolitikerin (Zuruf von der CDU/CSU: Abwarten!). Das ist
ein Vorwurf, den auch andere Frauen kennen. Aber was Macht
ist, meine Herrschaften, unterliegt in dieser Gesellschaft männ-
lichem Definitionsmonopol. [...] Es geht nicht mehr um Macht als
solche; es geht um eine Neubestimmung von Macht, die dringend
notwendig ist.«

Rita Süssmuth, 1985

Rita Süssmuth hatte die Macht zeitweilig neu bestimmt, und sie hatte Denkanstöße gegeben, wie man seine Macht erwirbt, behauptet und sie einsetzt. Rita Süssmuth selbst schien für eine Weile so etwas wie die geglückte Republik zu verkörpern, eine Metapolitikerin, die erste gefühlte Kanzlerin, die einem imaginären paritätisch besetzten Kabinett vorstand. Die Rede von der fünften Fraktion in Bonn, also dem Zusammenschluss von Frauen aller Parteien, war durch sie erst in Gang gesetzt worden, weil sie zwischen Generationen, Geschlechtern, Parteien und verschiedenen Schichten der Gesellschaft vermitteln konnte. Machtpolitisch mag sie mitunter dilettantisch verfahren sein, wie sie selbst einmal sagte, aber ihre Karriere beweist, dass auch eine Frau dem mächtigsten Mann gefährlich werden konnte. Zwar gelang es ihr auf dem Bremer Parteitag 1989 nicht, Helmut Kohl als Parteivorsitzenden abzulösen, wie sie es mit Heiner Geißler, Lothar Späth und Kurt Biedenkopf erwogen hatte, doch dass sie, die Quereinsteigerin, der »weiße Rabe«, überhaupt in die Reichweite des Kanzlersturzes kam, war schon ein unerhörtes Signal: Frauen suchen die Macht und versuchen zugleich, den Machtbegriff der Männer zu verändern.

Als die Schlacht in Bremen geschlagen war, als feststand, dass der Parteivorsitzende die Frondeure ausgestochen und den größten Rebellen und Feministen Heiner Geißler kaltgestellt hatte, raffte sich der entlassene General vor den Delegierten noch einmal dazu auf, mit der renitenten Frau gegen die bräsige Festung Kohl zu schießen. Wer gesehen hat, welche Distanz in diesem Augenblick zwischen Rita Süssmuth und Helmut Kohl lag, beide saßen sie in der ersten Reihe, wird Süssmuths Selbstbehauptungswillen mindestens ebenso hoch einschätzen wie Kohls Willen zur Macht. »Was wäre eigentlich aus der CDU als Volkspartei geworden«, rief Geißler mit aller Inbrunst und Überzeugung in die Halle, »wenn wir nicht den Frauenparteitag in Essen gehabt hätten, als Folge davon nicht – das sage ich jetzt ganz bewusst – nicht die politisch bedeutendste, populärste und angesehenste

Frau in unserer Mitte hätten, nämlich die Rita Süssmuth. Was wäre dann?«

Kohl grient stillvergnügt in sich hinein, verschwendet keinen Blick auf die Frau neben sich, rührt keine Hand zum Beifall, während der Applaus anschwillt – und Süssmuth nimmt die Huldigung mit einem verkniffenen Lächeln zur Kenntnis. Ein Universum aus Eis dehnt sich aus zwischen Mann und Frau, zwischen Kanzler und Präsidentin, zwischen der Macht und der Machtsucherin. Obwohl Kohl höllische Schmerzen leidet wegen einer aufgeschobenen Prostataoperation, könnte der Ausdruck der Selbstzufriedenheit auf seinem Gesicht, der innerlich glimmende Triumph kaum größer sein. Besser als jeder andere weiß der »schwarze Riese«, dass der Körper, die leibliche Präsenz, ein Instrument der Macht ist und dass er deswegen, entgegen dem Rat der Ärzte und vollgepumpt mit Schmerzmitteln, in der ersten Reihe sitzen muss. Es muss unübersehbar zum Ausdruck gebracht werden, dass *er* der Riese ist, die leibhaftige Partei, und die anderen sind Zwerge.

Heiner Geißlers Frage, was gewesen wäre, wenn Rita Süssmuth nicht zur CDU gestoßen wäre, zielt mitten hinein in die Diskussion, was die CDU ohne Angela Merkel wäre und ob ihr Modernisierungskurs fortgeführt oder von den nostalgischen Erben Helmut Kohls korrigiert wird. Der Aufstieg der Kanzlerin ist eng verknüpft mit Rita Süssmuths Entmachtung durch das alte »Schlachtross« Kohl. Die Verweigerung ihres emanzipatorischen Kurses durch den Patriarchen, der so erzeugte Reform- und Modernisierungsstau, die fortgesetzte Praxis verschwiegener Männerwirtschaft diskreditierten nicht nur Kohl selbst, sondern langfristig auch seine Möchtegernerben. Innerparteilich stabilisierte Rita Süssmuth eine Zeit lang den großen Vorsitzenden, doch als der sie abschob, hatte er zugleich die Tür geöffnet für Angela Merkel, die manches vom Kanzler lernen und sich abschauen würde, die sich aber schließlich doch als Meisterschülerin der nur gefühlten Kanzlerin Rita Süssmuth erweisen würde.

Rita Süssmuth blieb auch in ihrer zehnjährigen Amtszeit als Bundestagspräsidentin ein Stachel im Fleisch des Riesen, immer wieder erhob sie Einspruch, wenn in ihrer Partei erzkonservative oder gar reaktionäre Tendenzen sichtbar wurden. Sie sprach sich 1990 für die Anerkennung der Oder-Neiße-Grenze aus, als Helmut Kohl noch lavierte und die westlichen Partner irritierte. Sie bewies Mut, als sie sich 1993 gegen Kohls vorgestrig denkenden Kandidaten Steffen Heitmann für das Amt des Bundespräsidenten wandte. Sie definierte die Bundesrepublik als Einwanderungsland, sie plädierte für eine liberale Fassung des Paragrafen 218 (anders als Merkel), sie verbündete sich mit den Frauen der rivalisierenden Parteien und sprach sich 1996 für eine Einführung der Frauenquote innerhalb der CDU aus (anders als Merkel).

Wie macht man einen solch unbequemen Geist mundtot? Wie beschädigt man jemandes moralische Integrität? Wie zerstört man das öffentliche Ansehen einer Person, deren Machtbasis vor allem in der Öffentlichkeit liegt? Man stellt das positive Bild infrage, man füttert die Medien mit Informationen, die die Öffentlichkeit jedes Zutrauen in diese Person verlieren lassen. Schon die »Dienstwagenaffäre« setzt Rita Süssmuth 1991 zu. Und 1996 wiederholt sich das Spiel: Die Parlamentspräsidentin soll die Flugbereitschaft der Bundeswehr zu privaten Zwecken genutzt haben. In beiden Fällen wird sie von den Vorwürfen entlastet und freigesprochen, aber »meine Glaubwürdigkeit als Politikerin war doch beschädigt«, so Süssmuth später.

Die meisten Beobachter stufen beide Affären als innerparteiliche Kabale ein, um die widerständige Stimme abzustellen, und sind sich darin einig, dass entweder Kohl selbst das Durchstechen diskreditierender Informationen veranlasste oder jemand es seinem vermuteten Willen nach tat. Ein Herrscher muss mitunter gar nichts sagen, um verstanden zu werden. Auch die Grüne Christa Nickels ist sich sicher: »Das ist die rabenschwarze Seite eines Helmut Kohl gewesen, die er eben auch hatte. Das war eine Intrige, wie sie im Bilderbuch steht, aus dem Handbuch von Machiavelli. Ich bin lange genug in der Politik und habe so etwas auch im kleineren Maßstab erlebt; um so etwas durchzustehen, gehört schon unglaublich viel Durchhaltevermögen dazu, aber auch die Selbstgewissheit, dass man was einzubringen hat. Rita Süssmuth hat die Affäre gestanden, aber sie hat es nur gestanden, weil sie unglaublich viel Zuspruch aus der Bevölkerung bekommen hat, Waschkörbe voller Post, aber auch Zuspruch aus der Politik.«

Als Rita Süssmuth und ich uns zu einem zweiten Gespräch treffen, ist dieses Mal die Kamera dabei. Wir drehen im »Rheinhotel Dreesen«, das »weiße Haus am Rhein«, ein mythischer Ort der alten Bundesrepublik. Alle Kanzler und Bundespräsidenten waren in diesem Hotel, das 1894 eröffnet wurde, zu Gast, es wird kaum einen Parlamentarier geben, der hier früher nicht getafelt oder schon mal übernachtet hat. Der dokumentarische Film soll »Frauen und Flusslandschaft« heißen und erzählen, wie Frauen auf die Bonner Republik zurückblicken, wie sie sich ihren Anteil an der Macht erstritten und wie sie um die Gleichberechtigung der Frauen gekämpft haben.

Rita Süssmuth ist wie immer viel beschäftigt und hat anschließend noch Termine. Während wir miteinander sprechen, ziehen in ihrem Rücken unablässig Binnenschiffe durchs Bild, stromaufwärts und stromabwärts. Wenn Rita Süssmuth über Helmut Kohl spricht, dann hört man immer noch eine tiefe Verwunderung, ein fortgesetztes Nachdenken in ihrer Stimme. Da ist offenbar etwas, was sich der Deutung entzieht, und vielleicht war das auch ein Teil seiner besonderen Macht: Kohl ließ sich nie auf ein Bild festlegen, er entzog sich allen Gleichnissen, trat Metaphern zu Boden, die man für ihn fand, und verschwand im Dickicht der Interpretationen und widerstreitenden Urteile. Frauen haben – und das ist mir bei allen Interviews mit Politikerinnen aufgefallen – einen anderen Blick auf Machtkörper und Szenen, sie schenken auch Details Aufmerksamkeit, lesen

Gesten, sind auch an Atmosphären und Schwingungen interessiert. Politikerinnen haben eine gesteigerte Lesefähigkeit, wenn es darum geht, Gesichter, Kleidung, Körper und das Numinose in der Politik zu erfassen. Sicher können Männer das auch, aber mir scheint, sie räumen es in der Öffentlichkeit seltener ein, weil derartige Lektüren schnell als *abwegig* oder zu *empfindsam,* als eher *unmännlich* verstanden werden könnten.

Auf meine Frage, wie Helmut Kohl die Partei zusammengehalten und ob er auch mit seinem Körper Politik gemacht habe, antwortet Rita Süssmuth zunächst, dass der Parteivorsitzende auch ein sehr liberaler Geist gewesen sei, jemand, der auch zuhören konnte, ja, jemand mit dem sie Sternstunden nachdenklichen und einfühlsamen Sprechens erlebt habe. Aber da gab es eben auch die andere Seite, die sie immer noch beschäftigt: »Diese Körperfülle! Diese Größe! Wenn der seinen Mantel umschlug, dann hatte man den Eindruck: Unter dem verschwinde ich. Und wenn ich nicht unter ihm verschwinde, bleibe ich doch eine kleine Figur. Das ist mir und Lothar de Maizière mal am 3. Oktober 1991 in Hamburg so ergangen, zum Jahrestag der Einheitsfeierlichkeiten. Der Kanzler war sehr zufrieden, auch mit meiner Rede, und sagte: ›Nun kommt mit in die Stadt!‹ Da merkten wir: Wir können neben ihm gar nicht bestehen. Wir gehören da gar nicht hin! Wo er war, hatte man zu sein, aber nicht als selbstständiger Mensch, sondern in seinem Gefolge. Es war eben nicht nur der Mantel oder die Körpergröße, es war die Art und Weise, wie er sie nutzte.«

Rita Süssmuth hält inne und hängt einen Augenblick ihren Gedanken nach. Die Kamera läuft, die Ausläufer des Siebengebirges zeichnen sanfte Schwünge ins Bild, und der blaue Ausflugsdampfer »Moby Dick« schiebt sich träge voran.

Später, die Kameras sind abgeschaltet, wird Rita Süssmuth noch erzählen, dass sie hier das eine oder andere Mal auch Gast war, mit der Familie, mit Freunden. Helmut Kohl jedoch, der große Esser, bei dem Politik durch den Magen ging und der mit

Pfälzer Saumagen europäische und transatlantische Partner in Freunde verwandelte, war hier Stammgast. Im »Dreesen«, erfährt man, aß er am liebsten Rumpsteak und Bratkartoffeln. Seine Art zu tafeln, zu speisen war ein feudaler Anachronismus in der Demokratie, ein höfisches Ritual in seiner Partei. In ihren Erinnerungen »Wer nicht kämpft, hat schon verloren« hat Rita Süssmuth diese feudale Machtpraxis genau seziert. Kohl habe seinen Körper im Laufe der Jahrzehnte zum »Körper der Partei« gemacht, wobei er nicht nur ein Elefantengedächtnis gehabt habe, in dem er alles speicherte, was die Partei betraf, sondern auch eine »Elefantenhaut«, unter der er die Partei barg wie unter einem gewaltigen Dach. Helmut Kohl wurde eine Art Haus, eine leibliche Repräsentation der Parteizentrale. Diejenigen, die sich eng an den Elefanten schmiegten, die sich unter seiner Haut komfortabel einrichteten, fanden sich gewärmt und geborgen, doch für andere, wie Rita Süssmuth, hatte diese Vorstellung »etwas Einengendes«.

Mit dem eigenen Körper Politik zu machen, war für den Pfälzer eine probate Machttechnik. Betrat er einen Raum, dann bestimmte er dessen Gravitationsfeld. Leutselig winkend in die eine Richtung, abweisend in die andere, hier ein kräftiger Schlag auf die Schulter, dort ein lascher Händedruck, hier machte er jemandem zum Kameraden, indem er den Arm wie zufällig einhakte, dort strafte er jemanden ab, indem er ihm hartnäckig den Rücken zukehrte. Mit seiner Größe komponierte er auch Bilder, zwang die Kameraleute, ihm zu folgen, wehrte sie ab oder präsentierte sich ihnen und den jeweils Auserwählten an seiner Seite.

In solchen Momenten verfuhr Kohl ganz instinktsicher und intuitiv, er konnte den Thron, den er bestieg, jederzeit durch eigene Kraft errichten, durch erteilte oder verweigerte Nahbarkeiten. Wenn er wollte, konnte er sich den roten Teppich durch Blicke, Gesten oder Momente des Innehaltens auch selbst ausrollen, er gab dann dem Gegenüber die Chance, ihm zu huldigen, damit der Paterfamilias wiederum die Chance bekam, dem anderen seine Gnade zu gewähren. So wucherte um den so erdfesten Mann ein mythisches Gewebe, der »Mann aus Oggersheim«, »der Pfälzer«, »die Birne«, »der schwarze Riese«, der »Aussitzer«, der »Elefant«, der »Bimbeskanzler«, der »Vater der Einheit«, der »Fels«, der »große Europäer«, »der Alte«. All diese Namen verbanden ihn auf die eine oder andere Weise mit der Partei, die sich zunächst ihn einverleibt hatte, den jungen, aufstrebenden Mann in Rheinland-Pfalz, und der sich dann wie kein zweiter diese Partei einverleibt hatte. Der Großesser hat immer wieder auf der Partei herumgekaut, sie wiedergekäut, durch alle Mägen gezogen, bis sie sein Leib war – das war seine Wahrhaftigkeit.

Rita Süssmuth hat sich diese Partei nie so zu eigen machen können. Nicht nur, weil sie ein Leben vor und neben der Partei hatte, nicht nur, weil sie von Teilen der Partei immer als die Fremde betrachtet wurde, sondern auch, weil sie kein Talent zum parteipolitischen Wiederkäuen hatte. Ihr Resonanzraum war immer die Gesellschaft, und das Parlament war ein Chor polyfoner Argumente, ein diskursiver Streit um bessere Lösungen und Konzepte. Für Kohl hingegen war die Partei die wichtigste Echokammer, das Echolot, mit dem er die Wirklichkeit, die Gesellschaft sondierte. Er regierte mit dem Telefon, seinem Ohr und seiner Stimme, die er wie Wein in die durstigen Provinzen ausschenkte. Wenn er einen Ortsvorsitzenden am frühen Morgen mit einem seiner Erkundungsanrufe überraschte, dann war der Mann – und es waren weiterhin fast nur Männer – gesegnet, motiviert und mit Energie versorgt für ein halbes Parteileben. Das Gleiche galt für die Männer, mit denen Kohl aß, das Mahl teilte. Es waren immer Boygroups und Küchenkabinette, die gemeinsam das Brot brachen.

Angela Merkel gleicht in ihrem Verhältnis zur Partei natürlich Rita Süssmuth sehr viel mehr als Helmut Kohl. Auch Merkel war die Fremde und ist es teilweise noch, auch sie war eine Seiteneinsteigerin und Wissenschaftlerin, auch sie hatte ein Leben vor und neben der Partei und ließ sich weder von der Partei noch vom Kanzler schlucken. Angela Merkel hat sich die Partei vielmehr wie einen Lernstoff einverleibt, sie hat die Partei nicht gegessen, sondern gelernt. Sie hat sich die Partei letztlich vom Leib gehalten, schwebte immer ein Stückchen über ihr und steckte in einer Haut, in der nur sie, aber nicht auch noch die Partei Platz fand.

Kohl hat die Partei im wahrsten Sinne des Wortes inkarniert, und das deftige Essen, das er liebte, war nichts anderes als Parteiarbeit, Politik am Wirtshaustisch. Seine Liebe ging durch den Magen, durch alle seine Mägen, er hatte einen Partei- und einen Machtmagen, einen Europa- und einen Deutschland-Magen, einen USA- und einen Russland-Magen und sicherlich gab es auch irgendwo einen gewaltigen Doppelmagen für die deutsche Wiedervereinigung.

Schließlich war es die Partei, die den alten Elefanten ausspie, sich nicht mehr versammeln wollte unter seinem Dach, unter seiner Haut. Die Partei, die im Magen des Riesen oder auf dem Rücken des Leitbullen das Gehen verlernt hatte, musste, wie Angela Merkel 1999 in der »FAZ« schrieb, erst einmal das Laufen lernen.

Am Abend des 24. Februar 1994 ist Rita Süssmuth noch pessimistisch. Ausgerechnet sie. Der Kanzler hat ihr im Vorübergehen drohend zugeworfen: »Sie werden nie eine Mehrheit kriegen!« Auch das Stimmungsbild in den Fraktionen scheint gegen sie zu sprechen. Helmut Kohl hat die namentliche Abstimmung durchgesetzt, um seine Schäfchen besser hinter sich zwingen zu können. Ist es Zweckpessimismus? Die Politikerin wettet sogar ein paar Flaschen Champagner darauf, dass die Abgeordneten die Reichstagsverhüllung ablehnen werden; sie ist geknickt. Kohls starke Hand ist an diesem Abend überall zu spüren, viele Abgeordnete der Regierungskoalition beten seinen Willen nach. *Er* ist dagegen, bekommen die Parteigänger Christos oft zu hören, also sind *wir* es auch.

Doch es sollte bekanntlich anders kommen. Fünf Millionen Menschen besuchen den verhüllten Reichstag in zwei Sommerwochen des Jahres 1995. Immer wieder hört man Wörter wie »magisch« und »Magie«. Die Zeitungen schreiben vom »Jahrhundertereignis«, doch eine Verlängerung lehnen Christo und Jeanne-Claude ab. Die unwiderrufliche Vergänglichkeit gehört zu ihrem Werk. Noch bevor mit dem Handy das Zeitalter der Momentifizierung anbricht, mit dem alles in einen kostbaren Moment verwandelt werden soll, gelingt den Künstlern und ihrem Publikum ein Lidschlag für die Ewigkeit.

Wie sehr Rita Süssmuth zu diesem magischen Ereignis beigetragen hat, klingt in der Éloge an, die Florian Illies viele Jahre später in der »Zeit« veröffentlicht: »Für ihre politischen Taten will ich sie nicht rühmen. Sondern für ihren Einsatz für die Kunst. Erst weil Christo und Jeanne-Claude in der Bundestagspräsidentin Rita Süssmuth eine Person fanden, die ihnen in puncto Penetranz, Geduld und Überzeugungskraft ebenbürtig war, konnte 1995 der Reichstag verhüllt werden. Dass am 25. Februar 1994 tatsächlich 292 Parlamentarier für die Verhüllung stimmten, war einer der größten Siege in Rita Süssmuths Karriere. Sie hatte die kunstfernen, veränderungsscheuen Hinterbänkler davon überzeugt, das Gebäude mit Silberfolie verkleiden zu lassen – von einem Künstlerpaar mit wirrem Haar und Schimanski-Westen. Von der Verhüllung ging ein Zauber aus, der ein ganzes Land betörte, wie es die Kunst nur ganz selten zu leisten vermag. Die politische Zaubermeisterin des Jahrhundertwerks: Prof. Dr. phil. Rita Süssmuth.«

16. Hannelore

Von allen Politikerinnen dieses Landes muss sie die gewissenhaf-
teste und die unglücklichste gewesen sein. Selbst ihren Abschied,
ihr Aus-der-Welt-Gehen, vollzog sie wie einen protokollarischen
Akt. Sie schrieb zwanzig Abschiedsbriefe, sie ließ niemanden aus
und sie bedachte jeden mit freundlich-liebevollen Worten.

Was für eine Kraft muss es gekostet haben, zwanzig Mal Abschied vom eigenen Leben zu nehmen? Muss einem dabei nicht
schon das Herz brechen, bevor man es selbst zu Tode betäubt?
Woran ist Hannelore Kohl, die sich in der Nacht vom 4. auf den
5. Juli 2001 mit einer Überdosis Schlaftabletten und Morphium-
sulfat das Leben nahm, gestorben? Ist sie an dem politischen
Gift der Spendenaffäre gestorben? Oder hat die Bonner Republik, dieses seltsam amputierte, glücklich-unglückliche Halbland,
ihre Finger im Spiel gehabt? Hat der Kanzler selbst sie getötet,
hat sein gewaltiges Historiengewicht sie letztlich erdrückt?

Warum – die Frage mag auftauchen – wende ich mich nun
Hannelore Kohl zu? Sie war doch keine Politikerin? Sie besaß doch kein Mandat? Mit welchem Recht steht sie hier in
der Galerie der aktiven Politikerinnen? Natürlich war sie eine

Politikerin, natürlich spielte sie eine Rolle im Kampf um die Macht, und natürlich besaß sie als Frau des Bundeskanzlers ein Mandat, zwar kein politisches, aber doch ein symbolisches, ein kulturelles Mandat. Keine andere Frau eines Bundeskanzlers hat sich ihrem Mann so verschrieben wie sie, keine andere First Lady hat so sehr für *ihn* geworben und Wahlkampf betrieben wie sie. Rut Brandt war im Grunde genommen öffentlichkeitsscheu, und auch sie fürchtete die Härte der politischen Auseinandersetzung. Loki Schmidt war natürlich loyal, aber sie schuf sich als Natur- und Pflanzenschützerin eine eigene botanische Welt, in der sie hoch angesehen war und in die ihr Mann garantiert nicht folgen konnte. Hannelore Kohl jedoch stand mit preußischer Disziplin an der Seite ihres Mannes und unterwarf sich einem männlich geprägten Politikbegriff (Politik als Kampf, als Schlacht, Gefecht, Denken in Freund-Feind-Kategorien), der ihr eigentlich zutiefst zuwider war. Sie warf sich – aus Treue, Liebe und Überzeugung – in den politischen Kampf, sie durfte sich aber nie zu weit vorwagen, weil sie sonst für den politischen Gegner ebenso angreifbar gewesen wäre wie für die eigene Partei, denn in der war eine politisch ambitionierte Kanzlergattin gar nicht vorgesehen. Sie durfte seine Politik begleiten, unterstützen, nachvollziehen, eine eigene Politik durfte sie nicht gestalten. An Hannelore Kohl zerrten und zogen widerstreitende Rollenbilder, und in keines passte sie ganz, und hier beginnt das Unglück ihres Lebens.

Hannelore Kohls Tragik war, dass ihre Tragik nur ihr gehörte und es keinen Vergleich gab. Keine andere Frau eines Bundeskanzlers hat versucht, es mit der Welt des Bundeskanzlers aufzunehmen, keine andere Frau verschrieb sich der Republikshow so sehr wie sie, obwohl sich alles in ihr dagegen sträubte. Sie war ein freundschaftsbegabter Mensch und hatte viele Freundinnen, aber keine steckte in ihrer Haut und keine konnte nachvollziehen, was es hieß, mit diesem Mann, mit dieser Partei und diesem Land verheiratet zu sein. Diese unheilige Trinität – Kanzler & Partei & Land – verwehrte jeder Sehnsucht nach Normalität die Erfüllung. Sie war keine normale Frau, wäre es aber gerne gewesen. Sie war keine normale Mutter, wäre es aber gerne gewesen. Sie war keine normale Ehefrau, wäre es aber gerne gewesen. Sie war keine normale Deutsche und wäre es doch so gerne gewesen.

Sie war die Frau des Bundeskanzlers, und damit wurde sie in einen Rollenkonflikt gestürzt, der für sie nicht zu lösen war. Selbst ihr Tod gab sie nicht frei, denn dieser Tod wob rückwirkend an allen Bildern mit und verlieh ihnen eine untergründig tragische Botschaft. Da, wo sie vielleicht wirklich glücklich und unbeschwert gewesen war, sah der Betrachter jetzt nur noch Schatten und Leid, verborgene Konflikte und Zeichen ihrer Unterdrückung. Jetzt – im Lichte dieses Todes, im Wissen um ihre Einsamkeit – lief scheinbar alles auf diese letzte Nacht hinaus, auf dieses unglückliche Lebensende im Sommer 2001.

Sie sitzt in Talkshows und sagt Sätze wie diese: »Ich brauche das Herz eines Löwen, häufig, nicht immer, aber mitunter. Ab und zu möchte ich die Samthandschuhe dann auch ausziehen dürfen, aber auch wieder anziehen, und was mir am Löwen noch imponiert, ist, dass er ständig auf dem Sprung ist, und das brauch ich auch, das sind im Prinzip die drei Eigenschaften, die gut sind, und wenn ich jetzt sage: ›Katze‹, dann wäre etwas Schleichendes noch drin, das möchte ich gar nicht. Wenn es dann den Angriff geben muss, weil man gefordert ist oder in die Lage gesetzt wird, dann muss man eben seine Kräfte mobilisieren, aus dem Stand.« Sie spricht an dieser Stelle über ihre Rolle als Mutter, die ihre Kinder verteidigt, aber auch über ihre Existenz, das Image, das man ihr verpassen will, und über ihren Mann, dessen Verteidigung auch zu ihren Aufgaben als Ehefrau gehört. Ein Löwe mit Samthandschuhen? Das meint wohl, mitunter muss frau die Krallen ausfahren, um zurückzuschlagen. Aber was für ein in sich widersprüchliches Bild! Halb Tier, halb Mensch, halb Natur, halb Zivilisation, halb Fell, halb Textil. Durch diese Metapher geht ein Riss wie durch dieses Leben.

Die Frau, die davon spricht, das Herz eines Löwen brauchen zu müssen, sagt diese Sätze im Jahr 1986. Wenn man diese Sätze, wie ich jetzt, aus dem Archiv eines Fernsehsenders geborgen hat, taucht man durch diese Zeitkapsel selbst ein in das Land, das wir waren. Wenn ich von dort aus die Frau betrachte, die Hannelore Kohl hieß, sehe ich sie mit dem oberflächlichen Blick eines jungen Mannes, eher noch eines Jugendlichen, für den diese Frau Teil eines unheimlichen Bildes ist. Diese vorbildliche Familie Kohl, die aus dem Fernseher strahlte, von Plakaten lächelte oder aus Illustrierten winkte, bestritt all das, was ich selber war, weil ich selber Teil einer viel weniger geordneten, aufgeräumten und übersichtlichen Familie war. War das nicht eine Propagandafamilie? Und spürte man nicht schon damals, dass in diesen Bildern ein Zwang tobte, den die Fotoinsassen selbst nur schwer zu ertragen vermochten? Unweigerlich musste ich an eine Art Staatstheater denken, und da ich damals Friedrich Schillers »Die Räuber« las und seine dramaturgische Schrift »Die Schaubühne als moralische Anstalt betrachtet« (1784), kam mir dieses Familienschauspiel selbst wie eine moralische Anstalt vor, wie eine Bühne, mit der wir erzogen und gebildet werden sollten. »Die Schaubühne«, schrieb Schiller, »ist mehr als jede andere öffentliche Anstalt des Staats eine Schule der praktischen Weisheit, ein Wegweiser durch das bürgerliche Leben, ein unfehlbarer Schlüssel zu den geheimsten Zugängen der menschlichen Seele.« Dass diese Familie in Dienst genommen wurde, dass ihr Dienstherr, die Politik, das Land, der Kanzler, sie disziplinierte und ihre »geheimsten Zugänge der Seele« in Anspruch nahm, lag klar auf der Hand, selbst für einen Zwanzigjährigen in der Provinz. Und wie sehr, dachte ich, muss dieses Bild euch auf den Seelen liegen, euch, die ihr im Zentrum dieses Bildes steht, wenn es mir schon fühlbar ist als Gemälde aus Blei und Imperativ, mein Leben bitte dergestalt auszurichten, wie es am besten ist für dieses Land? So sehr ich also diese Zwangskomposition ablehnte, so sehr gab es auch etwas wie Mitgefühl für diese unnormale Familie, die Normalität behaupten musste, das war ihr Auftrag.

Da sitzt sie, in dieser Talkshow, und stellt sich. Die Sendung aus dem Jahr 1986 heißt »Ich stelle mich« und wird von dem Journalisten Claus Hinrich Casdorff moderiert.

Casdorff: Hemmt es die Selbsteinschätzung, wenn man gezwungen ist wie Sie, durch das Protokoll immer zwei Schritte hinter dem eigenen Mann herzulaufen und nur bei einem Gruppenfoto in der gleichen Reihe zu stehen wie der Mann, in diesem Falle der Bundeskanzler?«

Kohl: »Nein, zunächst muss man das Protokoll als eine wertfreie, neutrale und hilfreiche Eigenschaft oder Institution sehen, das gilt weltweit, und man weiß immer, was man zu tun hat, und das finde ich toll. Hat man die Spielregeln mal begriffen, kann einem nicht mehr so viel passieren.«

Casdorff: »Aber gnädige Frau, Sie sind eine Frau wie viele andere, die darunter leiden oder die es schwer finden, schwer haben, dass sie so im Schatten ihres Mannes stehen.«

Kohl: »Das behaupten sie immer.«

Casdorff: »Tun Sie gar nicht?«

Kohl: »Nö!«

Casdorff: »Sie sind mit dieser Rolle zufrieden?«

Kohl: »Ich bin doch da immer auf mich selber angewiesen, und das ist dann richtig, es ist ja nicht der Mann, der das macht, sondern der Amtsinhaber.«

Casdorff: »Dann laufen Sie also zwei Schritte hinter dem Amtsinhaber her, und das können Sie ertragen. Also stört es Sie nicht, eine stumme, wenn auch attraktive Figur zu sein bei solchen Anlässen, das nehmen Sie hin, das Protokoll schreibt das vor, und ›Ich, Hannelore Kohl‹ richte mich danach ohne Schwierigkeiten?«

Kohl: »Ja, stumm haben Sie jetzt auch wieder behauptet, aber Sie sind nicht immer dabei.«

Hannelore Kohl ist gewitzt und schlagfertig, sie hat das Studio-publikum auf ihrer Seite, sie bekommt mehrfach Beifall, wenn sie den Moderator entwaffnet hat, wenn sie die Zumutung, die in diesen Fragen steckt, als Zumutung entlarvt, und wenn sie die stereotypen Rollenzuschreibungen des männlichen Moderators pariert. Denn dessen journalistische Haltung ist nicht etwa ge-kennzeichnet durch einen wissen wollenden, informationssu-chenden Ansatz, sondern durch deprimierende Unhöflichkeit und männliche Arroganz. Mehrfach an diesem Abend muss Hannelore Kohl ihr Gesicht mit aller Kraft zusammenhalten, da-mit es nicht entgleist, damit nicht vor allen Augen deutlich wird, wie sehr sie der Interviewer verletzt, indem er die Frau wieder und wieder auf ein reines Anhängsel des Mannes, des Kanzlers reduziert. Sie kann sagen, was sie will, die Gewissheiten des Ge-genübers sind nicht zu erschüttern. Das Bild, das er von ihr hat, soll nicht infrage gestellt werden, sondern nur bestätigt.

Im Bannstrahl dieser Ignoranz – und das zitierte Beispiel ist nur eines von vielen – verbarrikadiert sich die Frau auf offener Bühne und zeigt sich doch, so glänzend sie auch reagiert, an-greifbar. Sie wird so das, was sie gar nicht sein will, eine Politi-kerin, die jedes Wort auf die Waage zu legen hat, die Partei er-greift für ihren Mann und die Kinder und damit mit der Partei verschmilzt, deren Teil sie doch gar nicht sein möchte, der CDU. Sie mag die Partei wählen, ihre Inhalte schätzen, ihre Ideen tei-len, aber eine Parteipolitikerin wollte Hannelore Kohl nie sein, sie fürchtete die Kabalen und Kämpfe in der Partei und die Aus-einandersetzungen mit den anderen Parteien. Parteipolitik, wie sie sie hautnah erlebte, bereitete ihr Schmerzen, weil sie die Ver-letzungen sah, die Machtkämpfe, die Attacken und Thronstürze, die vergifteten Komplimente und das falsche Lächeln. Politik war für sie, die doch so gerne aufrichtig und offen leben wollte, eine Arena der Unaufrichtigkeit. Sie, die sich am liebsten gar nicht verstellte und unter Geselligkeit ein freundliches, masken-loses Beisammensein und Aufeinander-zu-Gehen verstand, war permanent gezwungen, mit sozialen Masken zu operieren. Tatkraft, Optimismus, Gravität, Herzlichkeit, Undurchdringlichkeit, Einsilbigkeit, das große Willkommen und das makellose Auf Wiedersehen.

An der Seite ihres Mannes ist alles Politik, selbst da, wo sie nicht sein soll. In dem Versuch, das Haus politikfrei zu halten, muss sie selbst zur Politikerin werden. Ihre Häuser sind Festungen, die permanent angegriffen werden, nicht nur durch die immerzu abwesend-anwesende Terrorgefahr der RAF, sondern durch den Alltag, durch den »Terror« der biederen Leute, die draußen wissen wollen, was sich drinnen tut. Um ihre Familienfestung abzudichten, gilt es, einen sozialen Kokon zu spinnen, der dicht hält, der die Politik verbannt, nur ist jeder Faden dieses Kokons bereits ein politischer.

Hannelore Kohl ist keineswegs provinziell in dem Sinne, wie es ihr Kritiker vorwerfen, aber sie trägt eine totalitäre Fürsorgepflicht in sich, die viele Leute als provinziell einschätzen. Wenn sie sich etwa mit einer kaum auskurierten Gehirnerschütterung zur Vereidigung ihres Mannes als Bundeskanzler quält, dann vor allem aus Pflichtgefühl und Selbstlosigkeit. Sie weiß, dass ihr Fernbleiben als Zeichen gedeutet würde, als Statement. Nichts, was sie tut, kann nicht irgendwann gegen sie, ihre Familie und ihren Mann verwendet werden, deshalb spannt sie stets alle Kräfte an, um Schaden abzuwehren, um die Bilder, durch die sie geht, störungsfrei und harmonisch zu gestalten.

Zu diesem Lebensdrama gehört wohl auch, dass sie ein tiefes Harmonieverlangen in sich trägt, aber in eine Arena praktizierter Disharmonie gestellt ist. Sie hat mehrfach CDU-Politikerinnen gefragt, wie sie es denn aushalten, diesen Streit, diese Konflikte, nein, sie könne das nicht, nach Hause gehen und alles abstreifen. Das Freund-Feind-Denken ihres Mannes ist ihr wohl eigentlich fremd, aber die Tinktur dieses Denkens fließt peu à peu unter die Haut, bestimmt das eigene Empfinden, und irgendwann sieht sie selbst nur die eigenen oder die gegnerischen Truppen.

Viele Wegbegleiter schildern ihre hohe Sprachfertigkeit, ihr Vermögen, druckreif zu sprechen, aber um wie vieles lieber würde sie ihre Wörter springen und laufen lassen und nicht jedes ängstlich behüten? Aber ihr Sprechen wirkt wie ein sehr präzises Maurerhandwerk, ein Wort wird neben das andere gesetzt wie ein Stein neben den anderen, bis man in selbst errichteten Satzmauern sicher ist vor den Spießen und Rammböcken des Gegenübers. Sie will sprechend ein Haus bauen zum Leben, endet aber stets in einer Festung. Da ist viel Krieg in ihrer Sprache, eine Emissärin mit weißer Flagge, die stets beschossen wird.

Nach welchem Rollenbild hätte Hannelore Kohl denn leben sollen? Mit der neuen Weiblichkeit der Frauenbewegung hatte sie nichts zu tun. Aber auch die »Neue Partnerschaft«, die die CDU ab Mitte der Achtzigerjahre propagierte, passte nicht zu ihr, denn selbst dieses Frauenbild war zu modern für sie, die sich so gern kleinmachte, die davon sprach, dem Mann den Rücken frei zu halten oder allen Ernstes meinte: »Mein Anteil ist so klein, dass ich ihn gar nicht erwähnen möchte.« Oder: »Wir wollen es so sagen: Es ist immer schön, nicht im Wege zu sein.«

Mit solchen Sätzen zog sie Unverständnis, ja mitunter Hohn und Spott auf sich, denn wer wollte in den ausgehenden Achtzigerjahren noch als dienende Existenz durchs Leben gehen, wo es doch jetzt darauf ankam, sich mindestens einmal oder mehrere Male selbst zu verwirklichen, sich frei zu machen, sich zu finden? Vielleicht hat das Konzept der Christlich Demokratischen Arbeiterschaft (CDA), »Die sanfte Macht der Familie«, am besten zu ihr gepasst, wo die Mutter und ihre Mütterlichkeit als große Apotheke der Volksgesundheit beschrieben wurden.

Doch lag nicht genau darin, in der Erwartung der mütterlichen Heilungskräfte, das ganze Dilemma auf der Hand? Wie sollte diese Frau einen Mann und eine Familie beschirmen, die als konservatives Familienleitbild wie ein leuchtender Stern über dem Land zu stehen hatte?

Dabei war doch alles ganz anders: Die Kinder wurden in der Schule angefeindet, verprügelt, gemobbt, der »schwarze Riese« von einem Teil der Presse verhöhnt, vom politischen Gegner bekämpft, satirisch demontiert wie kein zweiter Kanzler und allenfalls von der Hälfte des Landes geliebt (wenn das der richtige Ausdruck ist), dafür aber von der anderen Hälfte herzlich verachtet.

Die Kühlschränke im Hause Kohl waren stets gefüllt, weil man nie wusste, ob die große Belagerung nicht unmittelbar vor der Tür stand, weil man in schweren Nächten Halt suchte an Speis und Trank. Die staatliche Teilung Deutschlands, die mit Stacheldraht und Schießbefehl befestigte Grenze, lief ja auch durch diesen Mann und diese Familie, weil er, der Kanzler, eine Art inländischen Kalten Krieg inkorporierte, zwischen Schwarz und Rot, Links und Rechts, zwischen Achtundsechzigern und konservativem Justemilieu. Und dieser Mann, den sie beschützen wollte, musste geteilt werden mit einer Familie, die so viel größer und gefräßiger war als die ihre, mit der CDU. Die Partei wurde vom Patriarchen mit straffer Hand geführt. Und weil eine ordentliche Familie auch eine Mutter braucht, war Helmut Kohl diese Mutter in Personalunion gleich mit. Wie kann frau mit so einer monströsen Familie konkurrieren?

Auf der Suche nach Hannelore Kohl habe ich viele Stunden Filmmaterial gesichtet: Talkshows, Interviews, Wahlkampfauftritte, Reden, im heftigsten Gewühl an der Seite ihres Mannes, in aller Welt mit allen Großen dieser Welt. Ich habe viele Bilder, die ich von ihr in mir gespeichert hatte, korrigieren müssen. In der Rückschau wird deutlich, dass vieles an Entstellung und Verzerrung Projektionen des Kalten Krieges waren, man sah die Frau, die man sehen wollte, weil sie mit diesem Mann zusammen war. Man selbst machte sie zur abgeleiteten Größe und übersah dabei, dass sie selbst Größe hatte, diese aber bis zur Selbstaufgabe verleugnete. Sie wirkt reif, erwachsen, oft angespannt, aber auch schlagfertig, spontan, selbstbewusst, sehr schnell, klug, aber dann auch wieder reizbar, dünnhäutig, verkrampft und innerlich vereist. Der Wechsel zwischen Körperspannungen ist mit den Händen zu greifen, sie war ein äußerst sensitiver Mensch, sehr begabt, ihr Gegenüber zu lesen, Atmosphären zu wittern. Sie tanzte, scheint mir, zwischen allen Zeiten und war eine Unzeitgemäße in ihrer Rolle als dienende Frau. Man konnte schlichtweg kaum erkennen, dass das nahezu Heroische an ihrer Existenz war, dass sie glaubte, sie könnte es mit ihm, der Partei und dem Land aufnehmen. Das konnte kein Mensch.

Und wie oft hat man sie geprügelt und ihn gemeint. Und wenn man ihn prügelte, kassierte sie die Prügel gleich mit. Wie, fragte sie einmal eine Journalistin, halten Sie es bloß mit diesem Mann aus? Sie sind doch so viel klüger als er? Mit solchen kalkulierten Provokationen musste sie oft zurechtkommen, auch mit gehässigen Kommentaren, die ihr galten. Nachdem sie einmal bei Wolfgang Lippert in »Wetten, dass …?« und bei Thomas Gottschalk in dessen gleichnamiger Talkshow auf RTL zu Gast war, schrieb der »Spiegel« über sie: »Fernsehsternchen«, »beschwipster Backfisch«, »Blondine«, »Barbie aus der Pfalz«, »biedere Schirmherrin«, »übermotivierte Gemahlin«, »enthemmte Sirene« – um nur einige Giftpfeile zu nennen.

Dabei war völlig klar, dass sie jede Gaudi mitmachte, wenn es nur dazu führte, dass sie mehr Spenden für ihre ZNS-Stiftung einwarb, also jene Stiftung, die sich um schädelhirnverletzte Menschen und ihre Angehörigen kümmerte. Da gab sie dem Affen Zucker, und sie konnte es. Warum konnte man das nicht ein bisschen leichter nehmen, wie es diese Art von Auftritt und Fernsehen verdient? Warum musste man dieser Frau den Krieg erklären und überall Wahlkampf wittern, wo noch keiner war? Natürlich war sie auch eine begnadete Wahlkämpferin ihres Mannes, und das trug ihm auch Sympathien und manche Stimme ein, aber warum tat man so, als wäre das nicht legitim?

Man kam mit dieser Frau nicht zurecht, sie entsprach nicht

den zeitgenössischen Rollenbildern. Sie war vorzüglich ausgebildet, sprach hervorragend Englisch und Französisch: Warum, fragten sich viele, machte sie nicht mehr daraus? Warum machte sie sich so klein?

Andererseits war sie eine äußerst selbstbewusste Frau, die manchen erfahrenen Journalisten ins Stottern brachte, wenn sie ihm mitunter rüde den Spiegel vorhielt und blitzschnell verstand, was sie liefern sollte, aber nicht liefern wollte. Sie war nicht das brave Hausmütterchen, zu der man sie gerne stilisierte. Sie war klug, legte aber wenig Wert darauf, es zu zeigen. Sie war mitunter bis zur Penetranz präzise in der Verfolgung ihrer Ziele, war aber ebenso hilfsbereit und engagiert, wenn sie fand, es könnte ihm, der Partei und dem Land dienen. Sie hätte so gerne mit sich gegeizt, aber sie fand keinen Weg, sich rarzumachen. Als die Familie von Rheinland-Pfalz nach Bonn zog, war sie todunglücklich. Die Macht, die er haben wollte, vor der fürchtete sie sich. Sie wusste, was auf sie zukommen würde.

Im Kanzlerbungalow in Bonn muss sie oft gestanden und durch die Gardinen zum Rhein hinabgeschaut haben. Zwischen ihr und dem Fluss noch eine Wand aus Panzerglas, aus Angst vor Beschuss von der anderen Rheinseite. Sicher, die Gardinen sind tausendmal gewaschen oder tausendmal gewechselt seither, aber es wirkt so, als hinge in den Fäden noch das Unglück dieser Jahre, ihrer Existenz in diesem eigenartigen Bungalow, der so bescheiden und durchsichtig sein will und fast zerspringt vor verordneter Versöhnung. Nun lebt mal schön, seid heiter und froh, sagen jeder Stein und jede Glasscheibe. Jenseits der Frage, ob dieses von Sep Ruf entworfene Haus architektonisch gelungen ist oder nicht, spürt man doch in jedem Raum kontaminiertes Gelände. Die beiden Schlafzimmer sind so klein, man glaubt kaum, dass so bedeutsame Menschen und Mythen in ihnen liegen konnten. Der kreisrunde Tisch, an dem König Kohl stets seine Tafelrunde versammelte, erzählt von Männern, die Politik machten und dabei vergaßen, dass sie Väter und Ehemänner waren. Ihre Frauen starben nicht alle, aber das Leben zog sich ganz langsam aus ihnen zurück. Keine von ihnen hatte mit einer vergleichbar monumentalen Aufgabe zu leben wie Hannelore Kohl. Ihr wurde alles zur Aufgabe. Selbst die Selbstaufgabe wurde zur ihrer Aufgabe. Zwanzig Briefe schreiben. Ihr Leben war ein Mausoleum zu Lebzeiten.

Selbst die Trauerfeier, die man für sie abhielt, wurde vom Altkanzler dominiert, dem Mann, dem sie ihr Leben gewidmet hatte. Jürgen Leinemann schrieb im »Spiegel« über die Szene: »Massig und entrückt, das Gesicht von Tränen aufgeweicht und verdüstert in grimmem Leid, dominierte er mit seiner machtvollen Körperlichkeit das Requiem für die unglückliche Frau. Millionen Bundesbürger konnten am Fernseher miterleben, wie dieser Mann alles an sich raffte, als gehörte es ihm persönlich – das Leid der Familie und das Mitgefühl der Menschen, die Einheit Europas, die deutsche Geschichte und die ›zerstörenden und auf Vernichtung zielenden Kräfte‹ seiner politischen Feinde, die Monsignore Erich Ramstetter, der alte Freund, in seiner Predigt nicht zu erwähnen vergaß.«

»Frauen, wenn wir heute nichts tun,
leben wir morgen wie vorgestern.«
Annemirl Bauer

17. Die Königin des Bottichs

Ihre Oma war Gastwirtin und eine Instanz in mindestens drei Dörfern: Immendorf, Waurichen und Apweiler. Als Witwe musste Schmitze Marie, wie sie überall liebevoll genannt wurde, mit den Männern allein zurechtkommen. Ihre Gäste waren überwiegend knurrige Bauern. Große Worte durften die Mannsbilder ruhig führen, aber benehmen mussten sie sich. Wer das nicht konnte, flog raus. Auch wenn die Oma im Keller Wäsche machte, saß das Mädchen oft dabei, und es war unschwer zu sehen, wie stark diese Frau war. Große Betttücher und Tischdecken wurden in einen Bottich geworfen, mit einer Stange hin und her gewendet, rausgezogen, geschrubbt, gespült und aufgehängt. Es war eine Plackerei, Schwerstarbeit. Als Schmitze Marie starb, zogen drei Dörfer den Hut und heulten an ihrem Grab Rotz und Wasser, vor allem die Männer.

Christa Nickels wächst inmitten starker Frauen auf, ihre Großmutter, die Mutter und Tanten, sie alle sind kraftvoll, eigenwillig und es gewohnt, auf eigenen Beinen zu stehen. Ihre Mutter heiratet 1951 den Erben eines großen Bauernhofs, und obwohl ihr das Leben als Bäuerin nicht in die Wiege gelegt ist, packt sie beherzt zu. Ihre Mutter hat das Gymnasium besucht, spielt vier Instrumente, und abends, wenn die Arbeit getan ist, greift sie zum Akkordeon und singt dazu. »Die Gedanken sind frei« ist eines ihrer Lieblingslieder. Dann sitzen die Kinder zu ihren Füßen und staunen über die flinken Finger, die gerade noch die Tiere gefüttert, Kartoffeln geschält oder die Wäsche gemacht hatten.

Der Vater, der den Hof eher aus Pflicht als aus Neigung übernommen hat, war spät aus der Kriegsgefangenschaft heimgekehrt. Die Kriegserlebnisse lassen ihn nicht los, nachts wacht er schreiend in durchgeschwitzten Hemden auf. Die erschütterte Psyche des Vaters belastet auch die Familie, weil vieles unausgesprochen, ungeklärt bleibt. Christa Nickels wächst mit sieben Geschwistern auf, es herrscht ein geistig offenes Klima. Wenn der Vater im Radio die Debatten aus dem Bundestag verfolgt – besonders der SPD-Politiker Fritz Erler hat es ihm angetan –, dann spricht sie mit, kann ihre Meinung sagen. Ihre Eltern fördern die Bildung der Kinder, wer sein Abitur machen will, soll es machen. Wie ungewöhnlich diese Haltung auf dem Land gerade im Hinblick auf Mädchen Ende der Fünfzigerjahre noch ist, zeigt eine Szene, die Christa Nickels noch deutlich vor Augen steht: »Unser Busfahrer, der uns zur Schule fuhr, regte sich am ersten Tag wahnsinnig auf: ›Was soll denn der Blödsinn, deine Eltern sind doch Landwirte! Wer soll das denn alles bezahlen? Die Bücher! Ihr heiratet doch sowieso und kriegt Kinder!‹« Christa Nickels besucht das Bischöfliche Gymnasium St. Ursula. Die Schwestern sind streng, aber offen im Kopf. Zwar dürfen die Mädchen nicht mit Hosen im Klassenzimmer des Mädchengymnasiums sitzen, aber eigenständiges Denken wird gefördert. Als Kind und Jugendliche kommt Christa Nickels kaum aus ihrem Dorf raus, sie ist »erdverbunden und verwurzelt«, aber es gibt viele Bücher und früh ein Fernsehgerät. Auch der Glaube gehört seit frühester Kindheit zu ihrem Leben, und wenn es mal hart auf hart kommt, dann betet sie ihren Rosenkranz, so wie es schon ihre Mutter tat, krempelt die Ärmel hoch und macht weiter. Dieser Glaube hat der Grünen-Politikerin mitunter Spott in der eigenen Partei eingetragen. Wenn sich Realos und Fundis mal wieder zerstritten hatten, ging sie auf Vermittlungstour und musste sich dafür anhören, da komme die »Sendbotin der Herz-Jesu-Fraktion«, doch tatsächlich genoss die »Parteidiplomatin« gerade wegen dieser Pendeldiplomatie großen Respekt, nicht nur in der eigenen, sondern auch in den anderen Parteien des Bundestages.

Aufgewachsen ist die 1952 geborene Politikerin im westlichsten Zipfel der alten Bundesrepublik. Der Kreis Heinsberg liegt unmittelbar an der Grenze zu den Niederlanden, geprägt ist die Gegend von Landwirtschaft und kleinen Betrieben. Hier macht sie 1971 ihr Abitur. Für ein Studium ist sie zu ungeduldig, zu lebenshungrig, sie will etwas Handfestes tun, jetzt und sofort, und wird deshalb Krankenschwester. Mit der gleichen Zielstrebigkeit stürzt sie sich ins Familienleben, sie heiratet früh ihren ersten Freund und bekommt zwei Kinder.

Hier hat eine ihre Koordinaten früh gefunden und ein Wertesystem gleich dazu, Werte, die sie motivieren, über den eigenen Tellerrand hinaus zu denken. Die Kriege in Vietnam und Biafra empören und politisieren sie, die Hochrüstung im Kalten Krieg und die Forcierung der zivilen Kernkraft besorgen sie. Es soll nicht bei Gefühlen bleiben, sie sucht Möglichkeiten, sich politisch zu organisieren. In dieser Phase, Ende der Siebzigerjahre, spürt Christa Nickels Verhärtungen in der Gesellschaft, in Institutionen, in der Politik, auch in der Kirche. Sie schaut sich um, bei der CDU, bei der SPD. Doch überall rennt sie mit ihren Sorgen gegen Wände, überall wird man mit den gleichen Sprüchen abgewimmelt. Die Sprache ist floskelhaft, die Wahlplakate zeigen immer die gleichen alten Männergesichter mit ebenso martialischen wie leeren Parolen. So stößt Christa Nickels auf die Grüne Aktion Zukunft (GAZ), eine Initiative des Politikers Herbert Gruhl. Der war bis 1978 Bundestagsabgeordneter der CDU, verließ die Partei aber wegen ihres naturzerstörenden Wachstumskurses. Mit dem Buch »Ein Planet wird geplündert« hatte Gruhl bereits 1975 einen Ökobestseller gelandet, der viele seiner Leser motivierte, sich für den Umweltschutz einzusetzen. Über die GAZ findet Christa Nickels zu den Grünen, deren Landesverband NRW sie 1979 in Hersel bei Bonn mitbegründet. Diese ersten Treffen sind regelrechte Schlachten zwischen den unterschiedlichsten Strömungen, Menschen und Ideen, und Christa Nickels ist mittendrin. Sie schnauft vor Begeisterung, wenn sie von diesen Gefechten erzählt. Dabei wird ihre eigene politische Rauf- und Selbstbehauptungslust ebenso deutlich wie ein Talent, verfeindete Lager abzurüsten, Sprengköpfe zu demontieren, Konsens zu organisieren.

Christa Nickels gehört zur ersten Bundestagsfraktion der Grünen, die 1983 in den Deutschen Bundestag einzieht. Es ist ein Kulturschock: für die Grünen und die etablierten Parteien. Die junge Abgeordnete fühlt sich beim Anblick des Plenums voller Männer an die grauen Herren aus Michael Endes Roman »Momo« erinnert. Alle tragen verwechselbare Anzüge, verwechselbare Haarschnitte, verwechselbare Krawatten, verwechselbare Gesichter. Die Herren tragen Parlamentsmasken, sind betriebsame Parlamentsdarsteller mit einer leblosen Parlamentssprache. Nur abends, beim Bier und Skat, schaut ab und an ein Mensch unter der Maske hervor.

Die Grünen wiederum werden wahlweise als Terroristen, Spinner, Kommunisten, Chaoten, Spontis und Faulenzer betrachtet. Jürgen Leinemann schrieb 1984 im »Spiegel« über diesen Hass: »Der Unrat, den die feinen Herrschaften in privater Runde über die ›Zottelhaarigen‹ und speziell jene weiblichen Geschlechts ausleeren, ergänzt die Dokumentation demokratischer Unreife ins Widerliche.« Wenn die Frauen der Grünen reden, hagelt es sexistische Sprüche. »In der Kneipe meiner Oma hätten sich die knorzigen Bauern so eine Sprache nicht erlaubt, und das war ein tiefschwarzer Wahlkreis, da hat die CDU 90 Prozent geholt. Das hab ich diesen Herren auch mal gesagt, und dann war Ruhe.«

Die Kluft zwischen der grünen Fraktion und den anderen Parteien, aber auch die Distanz zwischen Parlament und Gesellschaft beschreibt die Abgeordnete Nickels in einer Rede am 20. September 1984, als das Parlament über seine Form und Reform debattiert: *»Die Debatten hier sind deshalb so langweilig und die Bürger sind deshalb so sauer, weil dieses Parlament, Herr Barzel, eben nicht mehr ein Instrument des ganzen Volkes ist, weil es die Überlebensfragen – Luft, Wasser, Boden, Wald, Gesundheit sind extrem gefährdet – nicht sieht und sie wirtschaftlichen Interessen opfert. Es ist doch wirklich ein Stück weit pervers, dass die Bürger sich zum Teil gegen das Parlament diese Überlebensgrundlagen erkämpfen müssen. Indem Sie das zugelassen haben, ist diese Verbindung zwischen dem Parlament und den Wahlbürgern ein Stück weit aufgehoben. Man hat das Gefühl: Das hier ist ein Raumschiff Bonn. [...] Ich will Ihnen sagen, dass uns Grünen das sehr leid tut. Denn dieses Parlament ist ein ganz großer Fortschritt zu allem, was wir früher jemals hatten; es ist schade, dass es so auf den Hund gekommen ist. Wissen Sie, was ebenfalls sehr schade ist? Dass Sie ganz allein den Grünen, den Schmuddelkindern des Parlaments, die Arbeit überlassen, zu versuchen, eine Bresche in die Wand zwischen der Wahlbevölkerung und diesem Parlament zu schlagen. [...] Die Grünen gäbe es nicht im Parlament, wenn Sie nicht so vieles falsch gemacht hätten. Wir sind die Überbringer der Nachricht, dass die grundsätzlichen Lebensinteressen der Bevölkerung überhaupt nicht wahrgenommen werden. Anstatt diese Nachricht aufzunehmen, versuchen Sie jetzt, den Boten rauszuschmeißen und beiseitezuschaffen.«*

Die Grünen mussten sich gar nicht als Moralapostel aufspielen, weil sie unweigerlich eine moralische Integrität besaßen, für die sie gar nichts konnten. Im Zuge der Flick-Parteispendenaffäre war bekannt geworden, dass CDU/CSU, SPD und FDP im Laufe der Siebzigerjahre mindestens 26 Millionen Mark an illegalen Parteispenden angenommen hatten. Man sprach von der »gekauften Republik«, und als die christlich-liberale Koalition

1984 durch ein Gesetz versuchte, die Spender und Parteifunktionäre nachträglich zu amnestieren, brach ein Sturm der Entrüstung los. In diesem Zusammenhang steht auch eine der berühmtesten Invektiven des Parlaments, als Joschka Fischer dem Vizepräsidenten des Parlaments Richard Stücklen am 18. Oktober 1984 zurief: »Herr Präsident, mit Verlaub, Sie sind ein Arschloch!« Stücklen hatte zuvor den Grünen Jürgen Reents von der Sitzung ausgeschlossen, weil der angedeutet hatte, dass Helmut Kohl der Weg zum Parteivorsitz durch Flick-Spenden freigekauft worden sein könnte. In ihrer Eigenschaft als Parlamentarische Geschäftsführerin der Grünen hatte Christa Nickels daraufhin eine Unterbrechung und Vertagung der Sitzung beantragt, doch Stücklen, erbost und aufgewühlt, entzog ihr das Wort, was zur besagten Verbalexplosion Fischers führte.

Die Herablassung und Feindseligkeit der angestammten Abgeordneten traf vor allem die Frauen der grünen Fraktion, zumal diese sich in einer Art »Zweifrontenkrieg« befanden, schließlich saßen die Machos auch in der eigenen Partei. Herablassend reagierten auch viele Journalisten auf die »grünen Damen«. Als Christa Nickels als parlamentarische Geschäftsführerin Nachfolgerin des auch bei Journalisten ungemein beliebten, weil unterhaltsamen Stars Joschka Fischer wurde, wollte man von ihr wissen, ob sie sich denn dieser Aufgabe als Frau auch gewachsen fühle. Schlagfertig antwortete die Parlamentarierin: »Die Aufgabe hängt ja nicht am Geschlecht, sondern am Kopf!«

Schwieriger wird es für sie im Rechtsausschuss, wo sie als einzige Nichtjuristin und Nichtakademikerin sitzt. Sie paukt die Materie mit ungeheurem Fleiß. So wie sie sich in die Geschäftsordnung hineingefressen hat und bald als Spezialistin gilt, so wühlt sie sich in nächtelangem Studium in den Stoff. Dennoch gibt es Parlamentarier, die sie weder als Abgeordnete noch als Kollegin und Frau respektieren. Wenn sie im Rechtsausschuss Frauenthemen anspricht, etwa Vergewaltigung in der Ehe, schießt der bis

dahin unaufmerksam wirkende Kollege von der CSU hinter der
»Bild-«Zeitung hervor und zischt: »Blödsinn! Unfug! Quatsch!
Sie sollten mal zum Psychiater gehen! Nehmen Sie doch Valium.
Es gibt keine Vergewaltigung in der Ehe.«

Diese Anfeindungen treffen Christa Nickels (»Es war wirklich
schlimm«), doch sie ist nicht gewillt, klein beizugeben. Zusammen mit zwei Mitarbeiterinnen probt sie die Auftritte im Rechtsausschuss. Die drei Frauen legen sich ein Skript zurecht, eine
spielt den untätigen Ausschussvorsitzenden, eine andere übernimmt die Rolle des aggressiven Sexisten, und Christa Nickels
ist Christa Nickels. »Wir haben dann richtig geübt, und während
wir übten, musste ich schon so furchtbar lachen, dass es schwierig war, unser Stück zu Ende zu bringen. Und im Rechtsausschuss kam dann die Erinnerung an dieses kleine Drama wieder
hoch, und ich hab dann den Männern ein paarmal rotzfrech ins
Gesicht gelacht, wenn die wieder ausflippten. Das war mein Gegenschlag, und dann waren die fertig. Weinen dürfen sie nicht.
Vergessen Sie's!«

Eine parlamentarische Sternstunde erlebt Christa Nickels 1983
im Zuge der Nachrüstungsdebatte, als das Parlament über den
NATO-Doppelbeschluss diskutiert. Das Unbehagen über den
Rüstungswettlauf hatte die junge Frau politisiert und war einer
der Gründe dafür gewesen, dass sie den Grünen beitrat.

Bereits Anfang der Achtzigerjahre lernt sie so auch Petra Kelly
kennen. Bei einer Friedensdemonstration gegen die Stationierung neuer Atomsprengköpfe begegnet Nickels der rastlosen
Aktivistin das erste Mal. Kelly ist beeindruckt von der engagierten Krankenschwester, die die pazifistische Basis in Heinsberg
zusammengetrommelt hat und Hunderte auf die Straße bringt.
Spontan regt sie an, dass sie 1982 nach Japan zum Hiroshima-Gedenktag reisen soll, um dort für die deutschen Grünen und die
Friedensbewegung zu sprechen. Sie selbst, sagt Kelly mit großer
Bestimmtheit, könne die Einladung nicht annehmen, weil sie zur
gleichen Zeit eine Veranstaltung der Hopi-Indianer in Arizona

besuchen müsse. Christa Nickels wehrt sich mit Händen und Füßen, zweifelt an sich, doch Kelly lässt nicht locker, und schließlich sagt die Umworbene zu.

Auch heute noch ist Petra Kelly für Christa Nickels eine internationale Ikone, deren Bedeutung weit über Deutschland hinausreicht und die als Vorbild gerade in Zeiten des Klimawandels und der Fridays-for-Future-Bewegung wiederzuentdecken wäre: »Für mich war Petra Kelly die erste globale Politikerin und ihrer Zeit weit voraus. Sie gehört für mich in eine Reihe mit Willy Brandt. Sie hat schon damals von einem Europa der Regionen gesprochen, und sie hat sich schon damals für die Rechte von Aborigines und Indianern eingesetzt, sie hat sich für Tibet engagiert und die Black-Power-Bewegung. Sie bekam ja waschkörbeweise Post aus aller Welt, und sie war einfach unfähig, sich einem Leid oder einer Ungerechtigkeit zu entziehen, wenn sie es sah. Sie kannte keine Ich-Grenzen.«

Schon damals ist Nickels auch von Kellys amerikanischem Politikstil beeindruckt, von ihrer Art, mit Symbolen und Zeichen Politik zu machen, aber auch die eigene Biografie, den eigenen Körper ganz offen in Protestaktionen einzubeziehen. Angeregt durch diese Art, Politik auch performativ zu verkörpern, hat Christa Nickels ihren ganz besonderen Auftritt in der Nachkriegsdebatte, Bilder entstehen, die bis heute zu den ikonischen Momenten des heißen Herbstes 1983 gehören. Nicht nur die Republik schaut auf Bonn, die ganze Welt will an diesen beiden Tagen wissen, wo die Deutschen stehen. Bleiben sie im westlichen Bündnis? Oder obsiegt ein neutralistisch gesonnener Pazifismus? Löst man die Krise friedlich? Oder kommt es zur Gewalt? Besteht die Demokratie diese Bewährungsprobe?

»Das Regierungsviertel«, schreibt Ada Brandes in der »Stuttgarter Zeitung«, »ist nicht wiederzuerkennen. Wasserwerfer, unzählige Einsatzwagen, eine Reiterstaffel, Gitter, Stacheldrahtrollen, Straßensperren und Tausende von Polizisten – der erste Eindruck ist, das Parlament werde nicht, wie angekündigt, von der Friedensbewegung ›belagert‹, sondern von der Polizei.« Am 21. November hatte Bundeskanzler Kohl gesprochen und die Nachrüstung mit aller Macht verteidigt. In den beiden Tagen der Debatte kam es zu hitzigen Wortwechseln und Verdächtigungen. Sogar bewaffnete Sicherheitskräfte sind hinter der Regierungsbank positioniert, denn man fürchtet gewaltsame Aktionen der Grünen. Die Rüstungsgegner sprechen vom »atomaren Holocaust« und vergleichen den Widerstand gegen die Stationierung der Raketen mit dem Widerstand gegen Hitler. Abgeordnete der Regierung wiederum werfen der Friedensbewegung und den Grünen »Psychoterror«, »Nazimethoden« und »Nazireden« vor, Otto Schily wird als »Mini-Goebbels« bezeichnet.

Christa Nickels hingegen schlägt einen anderen Ton an. Als sie ans Rednerpult geht, schauen alle Abgeordneten gespannt auf die bunte Papierkette, die sie um den Hals trägt. Die Stenografen schauen sich ratlos an, was sollen sie ins Protokoll schreiben? Was ist das? Christa Nickels klärt auf: »*Herr Präsident! Meine Damen und Herren! Ich möchte Sie zuerst bitten, nicht zu lachen. Die Kette, die ich um den Hals habe, ist kein Karnevalsartikel, sondern wird in Hiroshima und Japan höher geachtet als das Bundesverdienstkreuz hier. Ich bitte Sie, der Kette die gebührende Achtung auch hier zu erweisen.*«

Dann erzählt sie von ihrem Besuch in Hiroshima, von ihrer Reise im Auftrag von Petra Kelly. Sie sei an der Seite des betagten Professors Moritaki durch die Stadt gegangen, er sei ein Überlebender des Atombombenabwurfs, und sie habe diesen Tag und seine Opfer mit seinen Augen gesehen. Die Rednerin spricht frei, und ihre innerliche Bewegung ist ihr ebenso anzumerken wie ihre Aufregung. Gleich zu Beginn ihrer Rede betritt der Kanzler den Saal und nimmt auf der Regierungsbank Platz.

Am Anfang bekommt sie noch Zwischenrufe aus den Unionsreihen, doch je länger Nickels spricht, desto ruhiger wird es. Die Gesichter der Abgeordneten rüsten ab, manche täuschen Zeitungslektüre vor, doch tatsächlich hören sie aufmerksam zu. Auch der Bundeskanzler, der sich anfänglich unbeeindruckt zeigt und mit Außenminister Genscher die Köpfe zusammensteckt, wirkt immer unsicherer. Christa Nickels spricht darüber, wie die Erinnerung an den Atomtod in den Menschen in Hiroshima weiterlebt, wie sie unter ihre Haut kriecht, in die Knochen, in die Zellen, wie der Strahlentod den ganzen Körper heimsucht. Immer wieder adressiert sie ihre Rede an den Kanzler und wirft ihm vor, dass er nicht selbst nach Hiroshima gefahren ist, obwohl er in Japan war, obwohl er ganz in der Nähe gewesen sei. »*Wenn Sie dagewesen wären, dann hätten Sie – dessen bin ich sicher – auch so eine Kette bekommen, wie ich sie jetzt hier um den Hals trage. Diese Kette besteht aus tausend Kranichen. Der Kranich ist in Japan ein Nationalsymbol für Glück und Frieden. Es gibt einen alten Brauch, eine alte Legende: Wer tausend Kraniche faltet, dem werden Glück, Segen und ein langes Leben zuteil. Nachdem die Bombe gefallen war, haben sich viele Überlebende in ihrem Elend und ihrer Verzweiflung an dem Gedanken wieder aufgerichtet und versucht, tausend Kraniche zu falten, ehe sie den Strahlentod gestorben sind. Diese Tradition haben Kinder in Hiroshima aufgegriffen, und jedes Jahr am 6. August schmücken sie die Denkmäler mit solchen Ketten, schicken solche Ketten in die Krankenhäuser und beschenken damit auch Besucher sowie Menschen in der ganzen Welt, die für den Frieden kämpfen. Eine solche Kette haben Hibakshas, Überlebende von Hiroshima, vor einiger Zeit Bürgern eines kleinen osthessischen Dorfes in der Fulda-Senke geschenkt.*«*

Während Christa Nickels diese Sätze vorträgt, einerseits mit einer alttestamentarischen Wucht, ohne ideologischen Schaum vor dem Mund, ohne aggressive Feindseligkeit, aber doch mit einer spürbaren Bestürzung über das Verhalten des Kanzlers, ist Helmut Kohl sichtbar angefasst, er blinzelt hektisch, so als müsste er den Augen jede potenzielle Rührung in Tränengestalt austreiben. »*Wir geben Ihnen die Kette hier zu treuen Händen. Wir bitten Sie: Denken Sie bei Ihrer Entscheidung an die Überle-*

benden von Hiroshima, denken Sie an die Bürger des osthessischen Dorfes und auch an deren Kinder!« Das Protokoll verzeichnet an dieser Stelle: *»(Abg. Frau Nickels [Grüne] überreicht dem Bundeskanzler eine Papiergirlande – Lebhafter Beifall bei den Grünen und bei Abgeordneten der SPD)«.*

Was dann geschah, hat Theo Sommer in der »Zeit« vom 25. November festgehalten: »Helmut Kohl, überrascht und leicht betreten, legte für einen Augenblick die Maske bieder-grienender Herablassung ab, mit der er bis dahin alle kritischen Argumente angehört hatte, erhob sich, nahm die Kette aus tausend Kranichen entgegen und verriet einen Lidschlag lang, was viele zuvor an ihm vermisst hatten: Betroffenheit.«

In dieser mitunter so vergifteten, fruchtlosen Debatte, in der sich beide Seiten moralische oder ideologische Hochrüstung vorwarfen und sich wechselseitig die Dialogfähigkeit absprachen, war Christa Nickels' Rede ein Brückenschlag nicht nur zwischen der grünen Partei und ihren Gegnern, sondern auch zwischen dem Parlament und der Friedensbewegung. Eine ganze Reihe von Mitgliedern der Regierungskoalition bedankten sich anschließend bei ihr, auch öffentlich, weil sie anerkannten, dass die Rednerin bei allem Trennenden doch versucht hat, etwas Verbindendes herzustellen. Nachdem Helmut Kohl die Kette der tausend Kraniche entgegengenommen hatte, blieb sie noch eine Weile vor ihm auf der Regierungsbank liegen. Irgendwann verschwindet sie aus dem Bild. Hat der Kanzler sie weggeworfen? Nein, am späten Abend übergab Helmut Kohl sie einem seiner engsten Berater, Alois Mertes, Staatsminister im Auswärtigen Amt. »Nehmen Sie die Kette für Ihre Tochter mit!« Der Politiker und seine Familie haben dem Friedenszeichen bis heute Respekt erwiesen.

Nach zwei Jahren im Deutschen Bundestag ist Christa Nickels erst einmal erleichtert, dass sie gemäß dem Rotationsprinzip der Grünen 1986 vorerst aus dem Bundestag ausscheidet. Sie sagt damals in einem Interview mit dem »Spiegel«, sie wüsste nicht, ob ihre Ehe gehalten hätte, wenn sie in Bonn geblieben wäre. Politik ist eine nimmersatte Menschenfresserin. Gerade die Grünen merken das. Weil die »Schmuddelkinder« des Parlaments Musterschüler sein wollen, weil sie – und das gehört zweifelsohne zu ihren historischen Leistungen – dem Parlamentarismus eine zivilgesellschaftliche Blutauffrischung verabreichen, wühlen sie sich mit besonderer Verbissenheit in die parlamentarische Arbeit. Das trifft auch und vor allem auf Christa Nickels zu, die zusammen mit Antje Vollmer ein strategisches Duo bildet. Was männliche Allianzen wie Gerhard Baum (FDP) und Burkhard Hirsch (FDP), Otto Schily und Joschka Fischer können, können sie auch: ihre Talente und Temperamente in ein konstruktives Spiel bringen, Strategien der Selbstbehauptung entwickeln, politische Ziele definieren und Schlagkraft entwickeln. Während Vollmer eher langfristig denkt, hat Nickels ein Gespür für den Augenblick, den Krisenmoment oder das Gelegenheitsfenster. Während Vollmer akademisch geschult ist, erweist sich Nickels als begnadete Autodidaktin. Während Vollmer den Intellekt anspricht, versteht sich Nickels darauf, emotionale Resonanzen eines Problems aufzuspüren. Und wenn Vollmer ihre Gedankenspiele hinter einer höflichen Maske verbirgt, tendiert Nickels eher dazu, professionellen Masken mit ihrer eigenen Maskenlosigkeit zu begegnen; die eine Philosophin, die andere Situationistin. Bernd Ulrich, damals wissenschaftlicher Mitarbeiter von Antje Vollmer und heute stellvertretender Chefredakteur der »Zeit«, nennt Nickels einmal »the Queen of the Bottich«, womit er wohl ihre schlagfertige Redlichkeit meint, ihr Talent, die Dinge auf den Punkt zu bringen, ohne drum herum zu reden, auch die Kraft, aus schmutziger Wäsche das einzige weiße Laken zu ziehen oder so lange die Floskeln aus den Reden zu schrubben, bis diese frei sind von allem parlamentarischen Pomp und ausgelutschten Phrasen. Ja, und aufs Lachen versteht sie sich auch.

Christa Nickels (Bündnis 90/Die Grünen), 1990

Christa Nickels kehrt 1987 in den Bundestag zurück, bleibt bis 1990, und ist dann wieder von 1994 bis 2005 Abgeordnete im Parlament. In der rot-grünen Bundesregierung ist sie Parlamentarische Staatssekretärin im Bundesgesundheitsministerium, und von 1998 bis 2001 bekleidet sie das Amt der Drogenbeauftragten der Regierung. Als erste grüne Politikerin wird sie 2001 in das Zentralkomitee der deutschen Katholiken gewählt, nachdem sie sich lange für einen besseren Dialog ihrer Partei mit der katholischen Kirche eingesetzt hat.

Ihr Talent, in einer Debatte das Verbindende über das Trennende zu stellen, das parteipolitische Kalkül hintanzustellen und stattdessen mit selbstloser Subjektivität und Ich-Offenheit in eine kontroverse Situation zu ziehen, zeigt sich auch in der legendären Wehrmachtsdebatte des Deutschen Bundestages am 13. März 1997. Die Wanderausstellung »Vernichtungskrieg. Verbrechen der Wehrmacht 1941 bis 1944«, die vom Hamburger Institut für Sozialforschung konzipiert und erarbeitet worden war, hatte das erste Mal am 5. März 1995 ihre Pforten in Hamburg geöffnet und wurde anschließend in 33 deutschen und österreichischen Städten gezeigt. Die erfolgreichste politische Ausstellung in der Geschichte der Bundesrepublik löste heftige gesellschaftliche Kontroversen aus. Die breite deutsche Öffentlichkeit wusste nicht, in welcher Weise die Wehrmacht am Holocaust beteiligt gewesen war, welche Verbrechen sie an der Zivilbevölkerung im Osten begangen hatte und wie sie sich zum Werkzeug von Hitlers antisemitischen und rassistischen Vernichtungsfeldzügen hatte machen lassen. In den meisten Familien war – trotz der innerfamiliären Auseinandersetzungen während der Achtundsechzigerjahre – die Rolle der Väter, der einfachen Soldaten, kaum hinterfragt worden. Vielmehr herrschte oft noch das Verständnis vor, dass der einfache »Landser« ein ebenso »sauberer« wie »ehrenhafter« Soldat gewesen sei, ein Opfer der Umstände, ein »kleiner Mann« eben, ohne Schuld und Schatten. Man ahnte manches, man fürchtete sich aber auch davor, etwas Mörderisches in der Biografie des eigenen Vaters zu entdecken.

Die Ausstellung schockierte auch deshalb so viele Besucher, weil man dem Verbrechen ins Gesicht sah – und das Verbrechen lachte, die Männer zeigten sich harmlos und bieder. Es waren einfache Soldaten, die jemanden ins Genick schossen, jemanden am Galgen aufknüpften oder sich neben Erhängten scheinbar stolz fotografieren ließen. Die Journalistin Renate Faerber-Husemann beschreibt ihre damaligen Gefühle: »Ich erinnere mich noch, wie meine Schwester und ich die Wehrmachtsausstellung besucht haben. Wir sind da mit großer Beklommenheit reingegangen und haben nicht über dieses Gefühl gesprochen. Das konnten wir erst hinterher, als wir wieder draußen waren. Wir hatten beide die gleiche Angst: Hoffentlich sehen wir hier unseren Papa nicht. Diese Furcht hat uns beide sehr umgetrieben, und ich glaube, dass das vielen Menschen unserer Generation so ging. Alle hatten Angst davor, einen Großvater, Vater oder Bruder dort zu sehen, dort, wo man ihn auf keinen Fall sehen wollte.« Die Ausstellung polarisierte, Rechtsextreme griffen sie an, Befürworter hielten demonstrierend dagegen, in vielen Länderparlamenten kam es zu erregten Auseinandersetzungen. Während die einen es begrüßten, dass der Mythos der »sauberen Wehrmacht« als verlogene Entlastungserzählung entlarvt wurde, wandten sich die anderen gegen »Kollektivschuldthesen« und »Pauschalverurteilungen«. In vielen Familien wurde das erste Mal über die Väter im Krieg gesprochen.

In dieser aufgeheizten Atmosphäre beantragten Bündnis 90/ Die Grünen, dass die Wehrmachtsausstellung im Bonner Bundestag gezeigt werden sollte. Der Bundestag war schon auf dem Sprung nach Berlin, und das wiedervereinigte Deutschland war dabei, seine Rolle in Europa und der Welt zu suchen. Die vergangenheitspolitische Diskussion war auch deshalb so aufgeladen, weil die Frage im Raum stand, wer man in Zukunft sein wollte, sein müsste. Könnten die Deutschen eine Nation wie jede andere sein, oder würde zur deutschen Normalität das fortwährende Eingedenken der monströsen Schuld gehören? Die einen wollten endlich ungestört neuen Vaterlandsstolz pflegen, andere warnten vor einer nationalistischen Vergangenheitsentsorgung. Und welche Rolle sollte die Bundeswehr künftig in Kriegs- und Krisensituationen spielen, gab es überhaupt eine militärische Tradition, auf die man sich berufen konnte? Oder war alles toxisch? Die Resonanzen dieser Fragen waren auch am 13. März 1997 im Plenarsaal zu hören.

Diese Bundestagsdebatte ist auch deshalb lange in Erinnerung geblieben, weil viele Abgeordnete den Blick in die eigene Familiengeschichte wagen. Ungewöhnlich viele Beiträge fallen durch ein tastendes Nachdenken auf offener Bühne auf; Gedankenarbeit und emotionale Verausgabung stehen nebeneinander, ungeschützter als in den meisten sachpolitischen Kontroversen.

Eine der beeindruckendsten Reden hält Otto Schily, der mittlerweile für die SPD im Parlament sitzt. Er erzählt von den Verstrickungen seiner Angehörigen in den Nationalsozialismus. Der sonst so kantige Redner muss immer wieder abbrechen, minutenlang ringt er mit den Tränen, schnappt nach Luft. Selten war so deutlich zu sehen, was es bedeutet, sich klarzumachen, wo die eigene Familie in einer Geschichte der Barbarei anzusiedeln ist, wie es dem Körper noch viele Jahrzehnte später zusetzt, sich zu schmerzlich-familiären Einsichten durchzuringen. Dass sich dabei ein sonst so hart gebender Rhetoriker wie Otto Schily so aufgewühlt und emotional zeigt, bewegt selbst den politischen Gegner. Schily begreift die Ausstellung als Beitrag zu einer Ethik des Erinnerns: »*Wir dürfen unsere Augen nicht von den Bildern des Schreckens abwenden, weil wir nicht nur die Vergangenheit, sondern auch Gegenwart und Zukunft zu verantworten haben.*« Alfred Dregger, der nationalkonservative Haudegen der Union, ist einer der vehementesten Kritiker: »*Die Ausstellung versöhnt nicht, sie spaltet. Sie empört durch die Art ihrer Darstellung die Generation der Großväter und Väter und verwirrt die Generation der Söhne und Enkel.*« Auch Otto Graf Lambsdorff (FDP) übt scharfe Kritik, kommt aber dennoch zu der Einsicht: »*Die Ausstellung ist notwendig. Es ist richtig, dass es sie gibt.*«

Christa Nickels hatte nicht vorgehabt, an diesem Tag zu reden. Erst als sich die Debatte parteipolitisch verengt, als manche sich reflexhaft prügeln, ohne einander zur Kenntnis zu nehmen, meldet sie sich für eine Kurzintervention. Sie spricht frei, zunächst noch mit vor der Brust verschränkten Armen. »*Ich möchte sagen, dass mein Vater nicht jung war, als er in den Krieg ging. Er wurde 1908 geboren und ist 1991 gestorben. Er war nicht Parteimitglied. Er wurde zurückgestellt, weil er Bauer war. Später wurde er eingezogen. Meine Mutter hat mir erzählt, dass mein Vater in den Fünfzigerjahren – er war ein gestandener Mann, der sein ganzes Leben lang schwer gearbeitet hat – keine Nacht bei offenem Fenster geschlafen und jede Nacht im Schlaf furchtbar von Feuer und Kindern geschrien hat. Sie sagte, dass es einfach grauenhaft war. Ich habe meinen Vater natürlich sehr geliebt. Er hat nie erzählt, wie es war, wenn man zum ersten Mal auf einen Menschen schießt.*«

Das Gemurmel in den Bänken verstummt, alle Köpfe wenden sich nun der Rednerin zu. Auch an diesem ungewöhnlichen Tag ist das ein ungewöhnlicher Ton, dem jedes Kalkül fehlt und jedes rhetorische Beiwerk. Christa Nickels spricht im Vertrauen darauf, dass sich das, was sie sagen will, im Lauf ihres Sprechens noch einstellt. Sie spricht also voller Gewissheit ins Ungewisse, das erzeugt Spannung. »*Vor einigen Jahren reichten sich unser Bundeskanzler und Präsident Reagan auf einem Friedhof in Bitburg die Hand. Dabei ist mir zum ersten Mal aufgefallen, dass mein Vater auf dem einzigen Foto, das es aus dieser Zeit von ihm gibt, eine Uniform trägt, die schwarz ist und auf der Totenköpfe sind. Damals war ich schon für die Grünen im Bundestag und habe es nicht gewagt, meinen Vater zu fragen; denn es fiel mir unendlich schwer. Ich habe es nicht übers Herz gebracht, ich konnte das nicht.*«

Christa Nickels tastet sich weiter vor in die Vater-Tochter-Ge-schichte. Sie spricht davon, wie sie 1989 mit der grünen Bundes-tagsfraktion, fünfzig Jahre nach dem Überfall auf Polen, das KZ Majdanek besucht hat. Über den Kriegseinsatz ihres Vaters weiß sie nur, dass er in Frankreich, in Russland und Polen eingesetzt war, ehe er in Lemberg in Kriegsgefangenschaft geriet. Sie fährt fort: *»Ich war im KZ in Majdanek und sage Ihnen: Eines Nachts bin ich regelrecht zusammengebrochen, weil ich furchtbar über das erschüttert war, was in Majdanek passiert war, aber genauso über das, was man mit den Männern, zu denen auch mein Vater gehört hat, gemacht hat. Es waren überwiegend Männer, die das Leben und Kinder liebten. Es ist furchtbar, zu was man diese Männer in diesem verbrecherischen Krieg gemacht hat. Die meisten von ihnen hatten nicht die Kraft, sich dem zu entziehen. Sie alle haben unendliche, entsetzliche Schuld auf sich geladen.«*

Während ihrer Rede steht Christa Nickels an einem der Saal-mikrofone. Neben ihr sitzen Abgeordnete der SPD und der Grü-nen. Es sind vor allem Männer. Einige reiben sich die Augen. Anfangs denkt man noch, sie kämpfen mit ihrer Müdigkeit, aber je länger man zusieht, desto deutlicher wird, dass sie sich ver-stohlen die Tränen fortwischen. *»Herr Dregger, es stimmt doch nicht, dass man dann, wenn man die Wunden ungeschminkt zeigt und anfängt, darüber zu reden, die Betroffenen mit Schmutz über-schüttet oder in eine Ecke stellt. Im Gegenteil, ich glaube, das Beste, das uns passieren könnte, wäre, wenn wir ein Klima in Deutsch-land bekämen, in dem die Väter und Mütter und ihre Kinder – ich bin ein Nachkriegskind und mittlerweile 45 Jahre alt – endlich ein-mal in aller Ruhe miteinander darüber reden könnten, was mit ihnen passiert ist und warum das so gekommen ist.«*

Auch Rita Süssmuth hat diese Passagen heute noch im Ohr: »Die Rede von Christa Nickels werde ich nie vergessen. Es wurde ja kräftig polarisiert, weil es darum ging, wie sich unsere Väter im Krieg verhalten hatten. Für manche war es immer noch inak-zeptabel, Kriegsdienstverweigerern etwas Positives zuzuschreiben. Christa Nickels hingegen hatte große ausgleichende Fähigkeiten, sie konnte zugleich Prostet und Respekt ausdrücken. Das Bild ihrer Familie steht mir noch heute vor Augen.«

Zu den ausgleichenden Fähigkeiten der Rednerin gehört, dass sie einen Punkt findet, von dem aus sie allen Beteiligten Respekt bekunden kann, ohne Widersprüche zu verstecken. Und zuletzt bleibt ein Appell, den Dialog fortzusetzen und die ritualisierten Konfrontationen zu beenden: »*Die Debatte beeindruckt mich. Ich habe mir sehr überlegt, ob ich das alles sagen soll, weil vielleicht jemand fragen könnte: Wie kannst du denn so etwas machen? Er ist doch dein Vater gewesen. – Aber ich empfinde das, was ich gesagt habe, nicht als Nestbeschmutzung, weil jeder, der mich kennt, weiß, wie sehr ich meine Eltern – auch meinen Vater – liebe und geliebt habe. Wenn diese Debatte vielleicht stilbildend war, dann dadurch, dass man ansatzweise die politische Reflexion und die eigene Geschichte ehrlich, ungeschminkt, in einfachen, wenn auch schrecklichen Bildern dargestellt hat. Das würde ich mir wünschen.*«

Am nächsten Tag stellt die Journalistin Bettina Gaus in der »taz« fest: »Christa Nickels sprach länger, als bei einer persönlichen Intervention von der Geschäftsordnung vorgesehen ist. Niemand hat sie unterbrochen. Einmal sagte sie nicht ›Vater‹, sondern ›Papa‹. Es war weder kitschig noch infantil. Die Abgeordnete argumentierte mit sich selbst.« Es ist genau dieses intime Zwiegespräch mit sich selbst, mit dem Vater, dieser Versuch, den unterbliebenen Dialog in Bilder zu fassen, der die Stärke dieses öffentlichen Empfindens ausmacht. Hier kommt ein kollektiver Familienkonflikt zum Ausdruck, die Politikerin wird damit im besten Sinne Volksvertreterin, weil sie Versäumtes und Verschwiegenes zutage fördert und als reflexive Instanz Möglichkeitsräume öffnet. Die Wehrmachtsdebatte hatte mit Geschrei und Zorn begonnen, und sie endete mit ziviler Nachdenklichkeit.

Christa Nickels scheidet 2005 aus dem Bundestag aus, nachdem Gerhard Schröder vorgezogene Neuwahlen angekündigt hatte und die rot-grüne Bundesregierung abgewählt wurde. Das Ende ihrer politischen Karriere erwischt sie ziemlich kalt, wirft sie aus der Kurve. Sie ist erst 53 und versteht ihr politisches Handwerk besser denn je, deshalb fühlt sie sich abserviert. Ganz offenbar hat sie es versäumt, die richtigen Kontakte zu pflegen, die innerparteilichen Prozesse der Machtbildung zu beobachten und sich vorteilhaft zu positionieren. Vielleicht wäre sie in eine Lebenskrise gerutscht, aber die Familie gibt dem Familienmenschen Rückhalt. Ein Glücksfall stellt die Geburt ihres ersten Enkelkindes dar, sie, die in ihrer Kindheit und Jugend so sehr von starken Frauen profitiert hat, kann nun selbst Großmutter sein. Sie wird gebraucht.

Und irgendwann, viel später, fängt sie auch wieder damit an, Akkordeon zu spielen, so wie sie es früher oft getan hat, wie sie es von ihrer Mutter gelernt hat.

Wie blickt sie heute auf ihre Zeit im Bundestag zurück? Wer war die Abgeordnete Christa Nickels? »Ich war ja die erste Krankenschwester im Bundestag und die zweitjüngste Abgeordnete und dennoch schon Mutter von zwei Schulkindern. Ich war eine Frau mit ›langen Haaren‹, und meine Sprache hatte einen deutlich ›rheinischen Einschlag‹. Man sagte über mich, ich sei beherzt und tatkräftig. Ich war, glaube ich, für viele eine irritierende Mischung. Das können Sie sich vorstellen wie ein Akkordeon, das plötzlich im Sinfonieorchester auftaucht. Da steckt ja alles drin im Akkordeon: Sie können Chansons begleiten und Tangos spielen, und wenn Sie ein klassisches Stück spielen, klingt das auch sehr faszinierend. Und natürlich genießt das Akkordeon den Ruf, ein volkstümliches Instrument zu sein, mit dem man auch existenzielle Gefühle zum Ausdruck bringen kann. Wäre ich nicht Christa Nickels, sondern ein Instrument – dann wäre ich ohne Zweifel ein Akkordeon.«

Und da muss sie auch wieder lachen, das Akkordeon, das Christa Nickels heißt, die Königin des Bottichs.

»In nichts kann der Mensch seine Freiheit
reiner beweisen als in der Distanz zu sich selbst.«
Helmuth Plessner

18. Die Kanzlerin

Helmut Kohl verfolgte uns bis in den Schlaf. Ich erinnere mich
an einen Freund, der in den Achtzigerjahren ein Traumtage-
buch führte, und es geschah nicht selten, dass der »Dicke« darin
auftauchte. Die »Birne« assoziierte man mit Provinzialität, mit
dem nuklearen Wettrüsten, mit einem überholten Familien-
und Frauenbild. Dass die eigene Wahrnehmung ideologisch und
selbst provinziell getrübt sein könnte, kam uns kaum in den Sinn.

Auch dass Kohls Konservatismus, die angedrohte »geistig-
moralische Wende«, gar nicht wirklich existierte, letztlich eine
Luftnummer war und sich mehr aus den Ängsten seiner Gegner
und weniger den Ideen seiner Freunde speiste, war uns damals
noch nicht klar. Seine gesamte Regierungsmannschaft schien
eher ein habituell-rhetorisches Retro als ein taugliches Futur zu
sein. In Helmut Kohls erstem Kabinett (1982) tauchte mit der
Bildungs- und Wissenschaftsministerin Dorothee Wilms (CDU)
nur eine Frau auf, die auf der Bonner Bühne fortan aber nur
eine marginale Rolle spielen sollte. Und auch in das zweite Kabinett Kohl fand eine zweite Frau erst mit gehöriger Verspätung,
als Heiner Geißler sich 1985 auf das Amt des Generalsekretärs

konzentrieren wollte und daher für Rita Süssmuth Platz machte. Die Bonner Republik erschien dem Zwanzigjährigen, der ich zu diesem Zeitpunkt war, wie eine Männerrepublik, wie eine endlose Abfolge von starken Kanzlern und Krawattenkabinetten, in denen Frauen allenfalls als Alibi- und Randfiguren auftauchten. Rita Süssmuth war die erste Bundesministerin, die ich bewusst wahrnahm und deren Existenz in einer Unionsregierung erklärungsbedürftig war und blieb. Sie trug einen Anflug gelebter Normalität und Liberalität in die Bonner Szene.

Helmut Kohl jedoch war ein Mann, der auf einen Mann folgte, und so war es immer gewesen, das gehörte gleichsam zur Identität der alten Bundesrepublik. Starke Männer stehen am Ruder, schauen für uns in die Ferne und lenken das Staatsschiff über unruhige Meere. Trotz dieser männlichen Kontinuität kam mir dieser Kanzler aber wie ein historischer Betriebsunfall vor. Als Kind der sozialliberalen Ära (1969–1982) sah ich dem »schwarzen Riesen« eher mit emotionalem Bangen als politischem Wissen entgegen. Wie kontinuitätstüchtig dieser Politiker war, übersahen damals nicht nur Jugendliche wie ich, die sich von einer Rhetorik der Wende und symbolpolitischen Gesten und Bildern blenden ließen. Erst im Abstand erkannte man, dass die Leistung dieser Regierung erst einmal darin bestand, die sicherheitspolitische Agenda von Helmut Schmidt weiterzuführen und den sozialpolitischen Konsens nicht aufzukündigen; konservativ zeigte sich diese Regierung vor allem in der Frauen- und Familienpolitik.

Helmut Kohls erste beiden Legislaturperioden brachten Pleiten, Pech und Pannen und 1989 einen Aufstand der innerparteilichen Kritiker (Heiner Geißler, Lothar Späth, Kurt Biedenkopf, Rita Süssmuth), die zu machtpolitischen Zwergen wurden, als Kohl von der Geschichte gerettet und zum Kanzler der Einheit und Europas emporwuchs. Ja, er war dann – als die Geschichte den Deutschen das Wiedervereinigungsfenster öffnete – zupackend, taktvoll, klug und entschlossen, aber was dann kam, war innenpolitisch ein achtjähriges Verwalten des magischen Moments und viel Stillstand, während die Globalisierung immer mehr Tempo aufnahm.

Es folgten sieben knallige Jahre Rot-Grün, sieben Jahre Gerhard Schröder, in denen die Republik all das nachzuholen schien, was sie in sechzehn Jahren Helmut Kohl verpasst hatte. Die Agenda-Reformen, hingeknallt im Stil eines kompromisslosen Hardrock-Riffs, waren auch eine Folge der Verkrustungen und Versteinerungen der Ära Kohl, deren steriler Konservatismus in niederdrückender Weise auf dem Land lag. Die Zusammensetzung des ersten Kabinetts von Gerhard Schröder trug den gesellschaftlichen Realitäten zumindest ansatzweise Rechnung, es wurde bunter und weiblicher. Sechs Ministerinnen wurden vom Bundespräsidenten 1998 vereidigt, mehr als jemals zuvor. Dass im Kabinett dennoch überwiegend ein männlicher Führungsstil gepflegt wurde, der davon geprägt war, Lautstärke mit Leidenschaft zu verwechseln, vermeintlich klare Kante zu zeigen, autoritäre Ansagen zu machen, Einsprüche abzuwiegeln, Macht zu demonstrieren, langwierige Diskussionsprozesse zu scheuen und immer den eigenen Machtplatz auf der Hierarchieleiter zu markieren bewog die sechs Ministerinnen (Herta Däubler-Gmelin, Renate Künast, Christine Bergmann, Andrea Fischer, Edelgard Bulmahn und Heidemarie Wieczorek-Zeul) bald, sich vor Kabinettssitzungen zu einem »Hexenfrühstück« zu treffen, um Gesprächsstrategien zu entwickeln, mit denen man den Alphamännern begegnen konnte.

Mit dem rot-grünen Regierungsantritt schien die Bundesrepublik endlich bei sich selbst angekommen und auf der Höhe der Zeit. Dennoch befremdete der virile Basta-Sound, der eher autoritäre als beratschlagende Politikstil. Und die Heroen der Modernisierung, Gerhard Schröder und Joschka Fischer, agierten weiterhin wie grobianische Platzhirsche aus der alten Männerrepublik. Wenn sie etwa im Plenum die Auftritte der Oppositionsführerin Angela Merkel verfolgten, patschten sie sich vor

Vergnügen auf die Schenkel, gerierten sich herablassend und gaben körpersprachlich zu verstehen, dass mit diesem Mädchen politisch nichts anzufangen sei.

Und dann kam »Angie«. Noch heute staunt man, wie die CDU auf die befremdliche Idee kommen konnte, mit diesem Song der Rolling Stones 2005 für die Kanzlerkandidatin Angela Merkel zu werben. Blickt man noch mal auf den Text des Liedes – ein lyrisches Ich beendet eine Beziehung, ein Mann singt melancholisch von der verlorenen großen Liebe, von geldleeren Manteltaschen und verwehten Träumen –, dann will dieses Lied doch viel besser zu Angela Merkels bevorstehendem Abschied als zum Jahr 2005 passen, als alles begann.

Ihr Anfang war ... Wie war er noch mal? Auf jeden Fall kein dröhnendes Pathos, eher das Gegenteil. Undeutlich erinnert man, dass sie in ihrer Regierungserklärung Willy Brandts »Mehr Demokratie wagen!« in »Mehr Freiheit wagen!« verwandelte und gestand, sie selbst sei für sich selbst mitunter die größte Überraschung. Das stimmt, denn für uns Wählerinnen und Wähler und erst recht für die CDU, diesen herrischen Männerclub, war sie die denkbar größte Überraschung. Aber auch die SPD war geschockt, zumal man den Wahlkampf ganz unverhohlen mit der Botschaft bestritten hatte: »Die Frau kann das nicht!«

Der Autosuggestion dieses Verdikts von Franz Müntefering und Joschka Fischer war dann auch offensichtlich Gerhard Schröder erlegen, der am Wahlabend des 18. September 2005 in dröhnende Machoposen verfiel und in der sogenannten Elefantenrunde bestritt, dass Angela Merkel seinen Job machen könne: »Glauben Sie im Ernst, dass meine Partei auf ein Gesprächsangebot von Frau Merkel in dieser Sachlage eingeht, indem sie sagt, sie möchte Kanzlerin werden? Also, ich meine, wir müssen die Kirche doch mal im Dorf lassen. Die Deutschen haben doch in der Kandidatenfrage eindeutig votiert. Das kann man doch nicht ernsthaft bestreiten.«

Ausgerechnet dieses ungezügelte Machoverhalten Gerhard Schröders war es, das Angela Merkel in diesem Augenblick das Kanzleramt rettete, denn die Machtmänner in der CDU standen schon bereit, die angeschlagene und schwer gebeutelte Frau abzulösen. Da die CDU-Kandidatin im Wahlkampf einen riesigen Vorsprung verspielt hatte und am Wahlabend nur noch einen Prozentpunkt vor der SPD lag, waren auch die CDU-Granden der Meinung: »Die Frau kann das nicht!« Doch im Angesicht von Gerhard Schröders machistischer Brutalo-Attacke mussten die Reihen hinter der Kandidatin geschlossen werden. Es wirkt daher wie eine doppelte ironische Volte in der Geschichte der Gleichberechtigung, eine feministische Doppellist sozusagen, dass ausgerechnet die CDU im Zusammenspiel mit Gerhard Schröder einer Frau den Weg ins Kanzleramt ebnete. Ausgerechnet Gerhard Schröder und ausgerechnet die CDU – diese über Jahrzehnte in Frauenfragen rückständigste Partei. Ausgerechnet die schwarzgewirkte, patriarchalische, antikommunistische CDU macht eine kinderlose, geschiedene, protestantische, Russisch sprechende Frau aus der ehemaligen DDR zur Kanzlerin.

Merkel hatte mit Blick auf die Karriere von Rita Süssmuth lernen können, dass man in dieser Partei, in der westdeutschen Politik überhaupt, als bekennende Feministin einen schweren Stand hatte und dass es zweckdienlicher war, sich nicht auf sein Frausein und auf Frauenfragen reduzieren zu lassen. Dabei bedurfte es gar keiner großen Verstellung oder feministischen Selbstzügelung Merkels. Als Ostfrau war die Gleichberechtigung am Arbeitsplatz für sie ohnehin ein Stück Normalität.

Dennoch verdankte sie ihre steile Karriere, die Chance, in den Bonner Politikbetrieb einsteigen zu können, gerade auch Frauen, die das Geschlecht als politische Größe etabliert und vom chauvinistischen Verdacht des Dilettantismus befreit hatten. Die sechs grünen Frauen des ersten rein weiblichen Fraktionsvorstands, die von 1984 bis 1985 die Fraktionsgeschäfte der Grünen geführt hatten, betätigten sich als frühe Türöffnerinnen für die noch ferne erste Kanzlerin. Waltraud Schoppe, Antje Vollmer, Christa Nickels, Erika Hickel, Annemarie Borgmann und Heidemarie Dann hatten den anderen Parteien vorgeführt, dass Frauen führen können, ohne dass Mann/man untergehen muss. Und die unbequeme Quereinsteigerin Rita Süssmuth stieß die Tür für Angela Merkel noch ein Stückchen weiter auf. Denn so sehr Kohl die Erziehungswissenschaftlerin später auch verachtete, so offenkundig war es doch, dass sie neue Wählerinnen für die Union gewann. Süssmuth gelang es, den Männermuff zumindest ein wenig zu vertreiben, auszulüften, frauenpolitische Frischluft in die CDU einzulassen. Der Erfolg dieses personalpolitischen Experiments bestärkte Kohl darin, eine Seiteneinsteigerin wie Angela Merkel zu rekrutieren. Es darf angenommen werden, dass seine Wahl auch deshalb auf Angela Merkel fiel, weil er dachte, sie sei pflegeleichter als Rita Süssmuth.

Schon die Art und Weise, wie Kohl Angela Merkel Anfang 1991 zur Ministerin machte, spricht für diese Lesart. Aus dem relativ großen und fachlich weit gespannten Ministerium von Rita Süssmuth (ab Ende 1988 Ursula Lehr) machte Helmut Kohl drei kleinere Häuser. Das Ministerium für Familien- und Senioren besetzte Hannelore Rönsch (CDU), das Ministerium für Gesundheit übernahm Gerda Hasselfeldt (CSU), und Angela Merkel durfte das nunmehr sehr überschaubare Ministerium für Frauen und Jugend leiten. Damit hatte der Kanzler drei Frauen zu Ministerinnen gemacht, ihren Einfluss jedoch sehr beschnitten, spöttisch war vom »Dreimädelhaus« die Rede.

War Angela Merkel für ihre Aufgabe in besonderer Weise qualifiziert? Hatte der Kanzler sie gefragt? Nein, Helmut Kohl entschied in hemdsärmeliger Machtfülle. Am 30. September 1990 hatte er erstmals die stellvertretende Regierungssprecherin der ersten und letzten frei gewählten DDR-Regierung in Hamburg getroffen. Merkel zerbrach sich den Kopf, was denn der Kanzler der Bundesrepublik Deutschland von ihr wolle, welche gewichtigen Themen er wohl mit ihr besprechen werde, doch dann verblüffte er sie mit der schlichten Frage, ob sie sich mit Frauen verstünde? Dabei blieb es, weitere Auskünfte wurden ihr nicht gegeben. Einige Monate später klingelte das Telefon. Helmut Kohl wollte wissen, ob sie sich zutraue, ein Ministerium zu leiten. Merkel war einerseits erschrocken, andererseits zögerte sie nicht, zuzugreifen, und sagte Ja. Ihr erster Staatssekretär Peter Hintze hat später einmal zugegeben, dass Kohl mit dieser Besetzung eigentlich eine Fehlentscheidung getroffen habe, »denn der frauenrechtlerische Ansatz fehlte ihr völlig« – im Gegensatz zu Rita Süssmuth.

Aber war nicht genau das das Kalkül des Kanzlers? Diese Frau musste erst mal lernen, ihren Laden zusammenzuhalten, und sich das Thema aneignen, bevor sie dem Kanzler das Leben an der Frauenfront schwer machen konnte. Wie unverkrampft und unbeschlagen die Newcomerin an ihre Aufgabe heranging, zeigt ein Interview mit dem Magazin der »Süddeutschen Zeitung«. Nach ihren ersten hundert Amtstagen wurde sie nach Alice Schwarzers Zeitschrift »Emma« gefragt. Ihre Antwort: »›Emma‹? Nö, hab ich nie gelesen, das ist was anderes als ›Elle‹, oder?«

Tatsächlich hatte die junge Ministerin viel zu tun, aber auch genug Gelegenheit, die Männerrepublik, ihre Partei, deren Machtspiele und auch die Rolle der Medien kennenzulernen. Dass ihr Aussehen eine politische Rolle spielen könnte, ja, dass Politik auch Aussehen war, dass man sich ein Image zuzulegen hatte, ehe es einem verpasst und übergestülpt wurde, leuchtete ihr zunächst nicht ein. Ihre Frisur, ihre Kleidung, ihr Aussehen als Frau wurden permanent thematisiert. Die »Stuttgarter Zeitung« beobachtete 1991: »Der manchmal etwas müde Blick, das Faible für zu weit schwingende Röcke sowie biedere Blusen und die Abneigung gegen Make-up ließen besonders viele männliche Beobachter alsbald das Wort von der ›grauen Maus‹ formulieren.« Als sie im September 1991 mit Kanzler Kohl nach Amerika flog, durfte sie in der »Bild«-Zeitung über sich lesen: »Was um

Himmels willen imponiert dem Kanzler an Angela? In den USA stellte der Kanzler Frau Merkel mit Entdecker- und Besitzerstolz vor: ›Sie kommt aus Ostdeutschland, und sie ist bei mir Minister!‹ [...] Und wenn sie für ein Fernsehinterview zurechtgeschminkt ist, hat sie plötzlich einen hübschen Mund und einen telegenen Augenaufschlag. Hat der Kanzler das auch bemerkt?«

Ganz ähnlich beschrieb der »Spiegel« Helmut Kohls Nachwuchstalent: »Zu George Bush nahm Kohl die Dame aus dem Osten in ihrem langen Rock und ihren unvermeidlichen Gesundheitslatschen mit, damit der US-Präsident sehen konnte, wie lieb und harmlos die neuen Verbündeten aus dem untergegangenen Kommunistendeutschland sind.« Die Frau, die Ministerin, ist ein Demonstrationsobjekt des Mannes, ein Mitbringsel, sie wird vorgezeigt wie eine seltene Spezies, sie wird bestaunt und belächelt.

Mit einer ähnlich gönnerhaften und selbstherrlichen Art begegnen ihr die meisten westdeutschen Politiker im Kabinett. Man nimmt sie vor laufender Kamera gern in den Arm: Na, Mädel, willst du auch ein bisschen mitmachen? Man weist ihr den Platz zu, man zeigt der Republik, wer hier der Herr im Haus ist.

Doch das Image der »grauen Maus« hat auch einen Vorteil, man unterschätzt Merkel, die ungeheuer lernbegabt ist und ihre eigenen Emotionen studiert. In den ersten Monaten in Bonn fließen bei Merkel oft Tränen. Sie schämt sich nicht. Es sind Tränen der Wut. Als sie einmal von Helmut Kohl angebrüllt wird, fährt Bundespostminister Wolfgang Bötsch dazwischen und sagt: »Kanzler, behandel bloß das Mädchen gut!« Seither, so hat es der Kanzler später selbst erzählt, gilt Angela Merkel als »Kohls Mädchen«. Als das »Mädchen« ihren Kabinettskollegen Norbert Blüm um ein Arbeitsessen bittet, um sich vorzustellen, lässt ihr der Kollege selbstbewusst ausrichten: So wichtig sei ihr Ressort dann doch nicht, dass er Zeit genug für so einen Termin hätte. Doch Merkel lässt sich nicht abwimmeln, und durch die Vermittlung von Peter Hintze bekommt sie dann doch ihren Termin, um über arbeitsrechtliche Verbesserungen für Frauen im Osten zu sprechen.

Jede Menge männliche Ignoranz schlägt ihr auch entgegen, als sie 1992/1993 ein Gleichberechtigungsgesetz durchsetzen will, das bereits ihre Vorgängerin Rita Süssmuth auf den Weg gebracht hatte. Mit dem Gesetz soll u. a. gegen sexuelle Belästigung am Arbeitsplatz vorgegangen werden, und es soll helfen, die Hälfte der Arbeitsplätze im öffentlichen Dienst mit Frauen zu besetzen. Carl-Dieter Spranger (CSU), der Entwicklungsminister, lässt Merkel unverblümt wissen: »Wissen Sie, Mädel, wenn ich Sie nicht so nett fände, würde ich ja für diesen Stuss gar nicht stimmen.« Auch andere Kabinettskollegen wollen nicht mitziehen: Finanzminister Theo Waigel will kein Geld für neue Frauenbeauftragte lockermachen, Norbert Blüm wehrt sich gegen ein frauenfreundlicheres Arbeitsrecht, und Innenminister Manfred Kanther sieht keine Notwendigkeit, neue Personalpläne für den öffentlichen Dienst auszuarbeiten.

Trotz der vielen Widerstände und Bedenkenträger, trotz des Hohns (»Ganz Bonn spottet über das Emanzipationsgesetz von Frau Merkel«, »Bild am Sonntag«, 1992) setzt Merkel das Gleichberechtigungsgesetz durch, es tritt am 1. September 1994 in Kraft. Allerdings enthält es keine einklagbare Quotenregelung zur Einstellung von Frauen, was insbesondere von der Opposition kritisiert wird. Die fehlende Quotenregelung wiederum entsprach Merkels eigener Haltung, die sich anfangs vehement gegen Quotenregelungen in Politik und Wirtschaft ausspricht.

Auch in der Frage der Neuregelung des Paragrafen 218 nach der Wiedervereinigung zeigt sich Angela Merkel keineswegs als Feministin. Sie nimmt zwischen der liberalen Fristenlösung der DDR und der restriktiveren Indikationsregelung der Bundesrepublik eine mittlere Haltung ein. »Helfen statt strafen« ist ihre Devise. Merkels Biografin Evelyn Roll beschreibt Angela Merkels Taktik so: »Für bundesrepublikanische CDU-Verhältnisse war die Vorlage zur Fristenregelung aus dem Hause Merkel

Angela Merkel, Ministerin für Frauen und Jugend, 1992

relativ mutig und entsprechend umstritten in der Union. Für die meisten Frauen, besonders für die Frauen im Osten, war sie eine große Enttäuschung und Bevormundung.« Bei der anschließenden Abstimmung über die Gesetzesvorlage im Parlament enthält sich die Ministerin der Stimme, nach Rücksprache mit Helmut Kohl. Für Merkel ist klar, sie hat Haltung bewiesen, weil sie unbefriedigenden Alternativen die Stimme verweigert hat, für viele Beobachter hingegen ist klar, sie hat ihre Machtchancen gewahrt. Sie hat durch ihr Agieren und ihr Abstimmungsverhalten viele ein bisschen, aber den mächtigsten Mann nicht zu sehr verprellt. Die Debatte um den Paragrafen 218 empfand die Ministerin Merkel als »sehr männliche« und ideologisch überfrachtete Auseinandersetzung. Der Druck sei mitunter so stark gewesen, räumte sie später ein, dass sie selbst kaum noch gewusst habe, was sie eigentlich wollte.

Dieses Eingeständnis von Selbstzweifeln ist bis heute selten. Die Ich-Erzählung eines männlichen Machtpolitikers sieht das Einräumen von Zweifeln oder sogar zeitweiliger Verwirrung nicht vor. Es ist vielmehr die klare und unumstößliche Haltung, die den Mann antreibt und ihn – so geht die Erzählung der Selbstermächtigung – über alle anderen obsiegen lässt. Von ihren männlichen Konkurrenten ist Merkel oftmals ein männermordendes Machtgen bescheinigt worden, aber das ist schlichtweg Unfug, letztlich ein frauenfeindliches Ressentiment, das die Frau zur unfairen Machtspielerin abstempeln will. Zu diesem Mythos, der die Frau stigmatisieren soll, gehört bis heute die Erzählung, dass zahllose Männerleichen den Weg der Angela Merkel pflastern. Wenn man sich aber die Liste dieser gefallenen Helden anschaut, dann wird man eher feststellen, dass sie sich nahezu ausnahmslos selbst aus dem Weg geräumt, zerstört und aus dem Spiel genommen haben. Der Vorsitzende des Demokratischen Aufbruchs, Wolfgang Schnur, »der Mann, der Angela Merkel entdeckte« (wie der »Spiegel« befand), wurde als Stasispitzel enttarnt, auch »Merkel-Entdecker« Lothar de

Maizière, letzter Ministerpräsident der DDR, zog sich aus der Politik zurück, weil Stasivorwürfe gegen ihn laut wurden. Der nächste »Merkel-Förderer«, Günther Krause, scheiterte an einer Vielzahl selbst verschuldeter Affären, und Helmut Kohl schließlich, »Merkels Ziehvater«, blieb im Sumpf der Parteispendenaffäre stecken, wohin ihn Angela Merkel ebensowenig befördert hatte wie bald darauf Wolfgang Schäuble, der wahlweise als ihr »Förderer« oder »Entdecker« bezeichnet wird. Diese Liste lässt sich fortsetzen über Edmund Stoiber, Friedrich Merz, Roland Koch und Norbert Röttgen. Sie alle haben ihre Chance gehabt und eigenmächtig ihre Chancen verspielt, sie sind keine Opfer einer »eiskalten Machtpolitikerin«.

Es sind vor allem diese Männer, die die Fama der männerfressenden Machiavellistin in die Welt gesetzt haben, so als ob sie selbst ausschließlich selbstlose Diener ihrer Partei, des Landes oder einer höheren Idee gewesen wären. Eine Frau, die sich darauf versteht, Macht zu arrondieren, ist für sie etwas Unheimliches. Während die Macht für den Mann nur Mittel zum Zweck ist, er will Gutes tun, ist die Macht für die Frau schon Zweck genug. Sie ist nur noch Macht, nackte Macht, unsittliche, ethisch nicht gebundene Macht. Zu dieser Anti-Merkel-Erzählung, deren lautstärkste Propagandisten zumeist Männer sind, gehört auch der Topos giftgrüner Undankbarkeit. Zum Dank dafür, dass die Männer die Frau so uneigennützig gefördert haben, werden sie von dieser kalt gemeuchelt. »Die Hand, die füttert, wird zuerst gebissen!« Dieser Satz von Günther Krause und Helmut Kohl wird vielfach variiert und wiederholt.

Natürlich hat es mit Machtwillen zu tun, dass Angela Merkel 2000 als erste Frau die Vorsitzende einer Volkspartei und schließlich 2005 die erste Bundeskanzlerin wurde, aber es hat auch viel damit zu tun, dass ihre Konkurrenten sich selbst demontierten und lange Zeit glaubten, die »graue Maus« an der Parteispitze sei so etwas wie ein Modell des Übergangs, eine Platzhalterin für die echten Erben des großen Kanzlers Helmut Kohl. Wenn jemand wie Gerhard Schröder als junger Abgeordneter am Zaun des Kanzleramtes rüttelte und rief: »Ich will da rein!«, dann galt das als Ausweis gesunden Machtstrebens; wenn diese Szene über eine Frau berichtet worden wäre, hätte man ihren Gesundheitszustand angezweifelt. Dass ausgerechnet eine junge ostdeutsche Quereinsteigerin ohne Ochsentour durch die westdeutsche Männerrepublik Kanzlerin wurde, hat zu vielen narzisstischen Kränkungen geführt und ein langlebiges Gift namens Rachsucht hervorgebracht, das bis heute wirksam ist.

Angela Merkel hat es auch deshalb an die Spitze der Partei schaffen, sich dort halten und schließlich Bundeskanzlerin werden können, weil sie als Frau die Rückständigkeit der Bundesrepublik in der Gleichberechtigungsfrage anschaulich machen konnte; all ihre Rivalen wirkten plötzlich wie abgelebte Kraftkerle aus der Männerrepublik, die immer noch darauf beharrten, dass die Politik ein Krawattenbiotop im Geiste Konrad Adenauers und Helmut Kohls sei. Gegen diese Retromänner halfen Merkel die CDU-Basis, aber auch eine liberale Öffentlichkeit, die dem Land ein neues Identitätsgesicht wünschte, eine Figur, die den gesellschaftlichen Wandel und den Fortschritt in der Frauenfrage repräsentierte. Die Politikerin aus Ostdeutschland profitierte nun auch davon, dass die westdeutschen Politikerinnen so lange, so überlange, an die Ränder der Macht gedrängt und gönnerhaft behandelt worden waren. Merkel verkörperte eine nachzuholende Revolution.

Ist die Bundeskanzlerin nun eine Feministin? Die Antwort ist einfach: Nein, ist sie nicht, auch wenn derzeit alle Welt versucht, es ihr einzureden. Merkel leistet bei diesen Versuchen kalkulierten Widerstand und bleibt sich dabei treu in ihrer Haltung prinzipieller Treulosigkeit, sobald es um Ismen geht. Will man sie auf einen Ismus verpflichten, schüttelt sie sich. So geschehen etwa auf offener Bühne im April 2017, als sie während der W-20-Frauenkonferenz in Berlin in einen typischen Merkelismus verfällt. Die

Frau ist eben ihr eigener Ismus. Die Moderatorin Miriam Meckel fragt sie, ob sie sich selbst als Feministin betrachte. Merkel zögert. Sie setzt vorsichtig an: »Ehrlich gesagt, möchte ich …« Das Publikum, überwiegend Frauen, lacht, will ihr die Antwort in den Mund legen: Ja, ja, ja. IWF-Chefin Christine Lagarde, die neben ihr sitzt, fordert sie gestisch auf, ein kraftvolles Bekenntnis abzulegen, und Merkel zögert noch, lacht, ehe sie sich selbst innerlich zur Ordnung ruft und zu einem grundsätzlichen Referat anhebt: »Also, die Geschichte des Feminismus ist eine, bei der gibt es Gemeinsamkeiten mit mir, und es gibt auch solche, wo ich sagen würde, da gibt es Unterschiede. Und ich möchte mich auch nicht mit einem Titel schmücken, den ich gar nicht habe, denn ich sag mal, Alice Schwarzer und so, die haben ganz schwere Kämpfe gekämpft, und jetzt komm ich und setz mich auf die Erfolge und sage: ›Ah, ich bin jetzt ’ne Feministin, das ist aber toll!‹ Also, insofern, ich habe keine Angst, wenn Sie finden, dass ich eine bin, stimmen Sie ab, okay, aber ich möchte mich nicht mit der Feder schmücken. So!«

In ganz ähnlicher Weise, aber doch etwas anders akzentuiert, antwortet die Kanzlerin auf eine Frage der Journalistin und Autorin Jana Hensel, die sie im Januar 2019 für die »Zeit« interviewt: »Für mich sind Frauen wie Alice Schwarzer Feministinnen. Oder Marie Juchacz, die gemeinsam mit anderen vor hundert Jahren das Frauenwahlrecht erkämpft hat. Ich möchte mich nicht mit falschen Lorbeeren schmücken. So sehr, wie sie ihr Leben lang für Frauenrechte gekämpft haben, kann ich das von mir nicht sagen. Aber natürlich musste ich als Frau wie jede andere meinen Weg finden, damit wir eines Tages wirklich zu einer Parität der Geschlechter finden. Nicht erst als Bundeskanzlerin, schon als Physikerin habe ich mit vielen Männern zusammengearbeitet. Parität in allen Bereichen erscheint mir einfach logisch.« Einerseits bleibt sich Merkel treu und lehnt die Zuschreibung als Feministin ab. Sie gibt sogar ganz offen zu, dass sie auf ihrem Lebens- und Karriereweg keineswegs kontinuierlich für Frauenrechte gestritten hat. Für eine frühere Frauenministerin ist das ein erstaunlich freimütiges Bekenntnis.

Andererseits findet Merkel – und das ist die andere Akzentsetzung –, dass die »Parität der Geschlechter einfach logisch« ist. Mit dem Begriff »Parität« schließt sie an gegenwärtige Diskussionen um die geplante oder erfolgte Einführung von Paritätsgesetzen an. Aus dieser sehr allgemeinen Zustimmung zur Parität von Mann und Frau schlussfolgert die Interviewerin beinahe euphorisch: »Aber das ist doch eine gewaltige Entwicklung! Einen Begriff wie Parität selbstbewusst und beinahe selbstverständlich zu benutzen, das macht Sie doch zur Feministin!«

Merkel überlässt es der Betrachterin, eine Entwicklung zu konstatieren und sie zur Feministin zu machen. Zwar lehnt sie es ab, sich selbst den Lorbeer aufzusetzen, aber ihr Widerstand gegen den Lorbeer fällt nicht mehr ganz so heftig aus wie noch 1991, als sie über den Begriff Feminismus sagte: »Es ist kein wohlklingendes Wort.« Wenn sich Merkel jetzt – gegen Ende ihrer Amtszeit – nicht mehr so heftig gegen die Zuschreibung »Feministin« wehrt, dann zeigt das nicht, dass sie sich selbst so sieht, sondern dass es für sie nicht mehr so gefährlich ist, sich zur Frauenpolitikerin ausrufen zu lassen. Sich im Machtschatten von Helmut Kohl als Frauenministerin nicht zur »Emanze« und »Feministin« stempeln zu lassen, war machtpolitisch überlebensnotwendig und sicherte Merkel zwischen allen Fronten zumindest einen kleinen Bewegungsspielraum.

Jetzt, auf der globalen Bühne, wo zunehmend autokratische Machtmänner, disruptive Charismatiker, regressive Clowns und aggressive Nationalisten unterwegs sind, wird der Begriff Feministin neu justiert und bestimmt sich beinahe ex negativo. In einer Welt, wo es möglich ist, mit offener Frauenfeindschaft an die Staatsspitze zu gelangen, wird die Kanzlerin als bekennende Multilateralistin nach Ansicht vieler zur Feministin, ohne dass es von ihr ausgesprochen werden müsste. Die Sehnsucht nach einer progressiven Frau wächst dort, wo Männer mit Regression und ihrem Geschlecht Politik machen. Merkel wird, nolens volens, zur Anti-Macho-Kanzlerin, zur Gegenspielerin der Dicke-Hosen-Politik.

Die Frau, die es stets abgelehnt hatte, mit ihrem Körper oder ihrer Kleidung Politik zu machen, die im Westen erst lernen musste, dass auch das Bild eine Botschaft ist und der Körper ein Zeichen, kann sich nun beinahe entspannt darauf verlassen, dass die Muskelspiele der starken Männer, die Bildinszenierungen ihrer virilen Politik und ihrer körperlichen Fitness, letztlich nur ihre präpotente Lächerlichkeit demonstrieren. Dagegen sticht die leiblich-habituelle Präsenz der Kanzlerin wohltuend ab, denn sie hat sich über die Jahre eine Würde erarbeitet, die ihr Autorität verleiht. Ihre Gesten und Worte sind nicht triumphierend, ihr Händeschütteln ist kein Blitzkrieg en miniature, stets umgibt sie so etwas wie Demut vor den Aufgaben. Mit einem Wort: Sie ist eine reife Frau inmitten unreifer Männer. Eine Erwachsene umgeben von Kindern. Nein, Angela Merkel ist gewiss keine Feministin, aber die Sehnsucht, dass sie eine wird, wächst, selbst bei Männern.

Je stärker die Kanzlerin in einer Machowelt zur Gegenspielerin aufgerufen und herbeigesehnt wird, desto häufiger billigt man ihr nun Charisma zu, wo man sich doch stets sicher war, dass ihr nichts ferner liege als das. Doch der anschwellende Charismachor sollte zu denken geben. Schwingt in der Hoffnung auf den Charismatiker nicht stets der Wunsch nach ultimativer und endgültiger Lösung mit? Doch die totale Bereinigung aller Probleme, der klinisch saubere Kehraus aller Ambiguität, hat einen zutiefst antidemokratischen Zug. Sollte nicht jeder politisch denkende Mensch irgendwann verstanden haben, dass weder die Geschichte noch die Demokratie Denkmuster vertragen, die uns einen gradlinigen Gipfelsturm versprechen? Die Sehnsucht nach dem Charismatiker ist ein zutiefst männliches und bevormundendes Konzept. Held kommt, Held rettet. Würde man aber die Bilanzen der Cha-

Angela Merkel als Ministerin auf der Regierungsbank, 1994
(neben ihr die parlamentarische Staatssekretärin Cornelia Yzer)

rismatiker einmal genau studieren, von John F. Kennedy, Willy Brandt, Michael Gorbatschow, Gerhard Schröder, Tony Blair, Bill Clinton, Barack Obama, Justin Trudeau oder Emmanuel Macron – wie würden sie ausfallen? Die größten Charismaprofiteure sind die Charismatiker zunächst immer selbst, ob sie mittel- und langfristig etwas Gutes für ihre Gesellschaften erreicht haben, darf bei vielen der Genannten als äußerst strittig gelten.

Bislang hat es Angela Merkel stets vermieden, sich als Charismatikerin zu inszenieren, doch seit man bereit ist, Donald Trump als ihren großen Gegenspieler wahrzunehmen, seitdem multilaterale und unilaterale Konzepte im harten Clinch liegen, wächst das Verlangen, sie zur kooperativen Führerin und zur Feministin zu küren.

Mittlerweile wird immer mehr darüber gestritten, ob sie eine Feministin ist oder nicht. Viele sagen, allein ihre lange Amtsdauer und ihre Machtposition haben dafür gesorgt, dass in der politischen Arena mehr für Frauen erreicht wurde als in vielen Jahrzehnten zuvor. Gegen diese Wirkung als feministische Ikone könne Merkel gar nichts tun. Andere Stimmen hingegen werfen Merkel vor, für eine Feministin habe sie als Politikerin viel zu wenig für andere Frauen getan. So sei sie niemals eine Verfechterin der Quote gewesen, sie habe nie vernehmlich für die gleiche Bezahlung von Frauen gestritten, und sie habe Frauen kaum dazu ermutigt, die Politik und die Parteien zu erobern. Selbst bekannte Feministinnen können sich nicht darauf einigen, ob Merkel nun eine von ihnen ist oder nicht, in den Zeitungen finden sich Pro- und Kontra-Spalten.

Der Streit über ihren Status als Feministin korrespondiert mit ihrer Art, Politik zu machen. Das Paradoxon ihrer politischen Führung war ihr führungsvermeidender Sprachstil, der – weil man sich nach Führung sehnte – als Führung interpretiert wurde. Ihre Erzählung, die von ihren Kritikern immer verlangt wurde, war die Nichterzählung, ihr Narrativ das Antinarrativ, ihr Credo war die Selbstversorgung des Individuums mit Sinn, die sinnstiftende Selbstverpflegung des Bürgers. Mehr als jeder andere deutsche Kanzler zuvor, pflegte sie eine asketische Programmatik, ihre Ära war eine einzige Ausnüchterungsübung für jene, die von der Politik die großen Antworten auf die großen Fragen erwarteten.

Positiv könnte man formulieren, sie hat die Bundesbürger aus ihrer jahrzehntelangen Abhängigkeit von Vormündern befreit. Wer unter ihrer Regierung als Erwachsener nicht endlich erwachsen wurde und verstand, dass man sich auf die Politik allein nicht verlassen darf, wenn man die Demokratie am Leben erhalten will, der hat alle Chancen verspielt, kein Kindskopf zu sein. Man könnte ihr aber auch ankreiden, dass sie damit die Parteien als Diskurs- und Themenmaschinen, als richtungsweisende Programmanstalten entkernt und außer Gefecht gesetzt habe. Statt charismatischer Erzählung hat sie nur die endlos kleinteilige Moderation von Problemen und Prozessen auf sich genommen, oder – wieder positiver formuliert – sie hat unzähligen Stimmen Stimmrecht und Resonanz eingeräumt und somit – das ist wiederum negativ – das Gelände der neuen Unübersichtlichkeit noch unübersichtlicher gemacht. Es wäre einmal reizvoll, herauszufinden, ob es vor allem männliche Journalisten waren, die am lautesten danach riefen, hier müsse eine »führen«, »Orientierung bieten«, »Führungsstärke« markieren. Sind das autoritäre Fixierungen? Das Warten auf Sinnstiftung von oben, die Unfähigkeit zur Freiheit? Als Nachfolgerin von Willy Brandt, Helmut Schmidt und Helmut Kohl ist Angela Merkel eine Politikerin in postheroischen Zeiten, die uns zugemutet hat, uns selbst zu Heldinnen und Helden des Alltags auszubilden.

Angela Merkel ist ohne Widersprüche nicht zu haben. Derzeit ist zu beobachten, dass sie auf der globalen Bühne als Deutschlands wichtigster Exportschlager auf dem Gebiet der Soft Power angesehen wird. Allein ihre lange Amtszeit gilt aus Ausweis von

Stabilität. Und da, wo irrationales Handeln überall zunimmt, wird ihr von Rationalität geprägter Politikstil gepriesen. Laut Umfragen gilt Merkel als vertrauenswürdigste Politikerin der Welt, und zugleich sind alle Nachrufe und Bilanzen für sie schon geschrieben. Während sie innenpolitisch in schöner Regelmäßigkeit zu Grabe getragen wird, feiert man außenpolitisch verlässlich ihre Auferstehung.

Fragt man Angela Merkel nach Vorbildern, sagt sie, sie beziehe sich auf keine. Auf keinen Fall will sie mit der »eisernen Lady« Margaret Thatcher verglichen werden. »Ich bin ich«, sagt sie dann abwehrend. In einem Interview hat sie einmal verraten, dass sie Thatcher gerne gefragt hätte, ob sie nie Zweifel an sich und ihrer Politik gehabt hätte. Als die frühere britische Premierministerin 2013 starb, teilte die Bundeskanzlerin mit: »Margaret Thatcher war keine Frauenpolitikerin – aber indem sie sich zu Zeiten, als dies noch nicht selbstverständlich war, als Frau im höchsten demokratischen Amt behauptete, hat sie vielen nach ihr ein Beispiel gegeben.«

Das zumindest ließe sich auch über Merkel als feministisches Vorbild sagen, zumal es immer noch nicht selbstverständlich ist, dass Frauen an der Spitze von Staaten stehen. Als Angela Merkel 2014 eine Laudatio auf Hillary Clinton hielt, wurde sie für ihre Verhältnisse ungewöhnlich pathetisch und zitierte Eleonore Roosevelt: »Frauen sind wie Teebeutel. Man weiß erst, wie stark sie sind, wenn man sie in heißes Wasser tut.«

Kürzlich wurde Angela Merkel gefragt, was denn die Kinder in fünfzig Jahren in den Schulbüchern über sie lesen sollten. »Sie hat sich bemüht«, antwortete sie und variierte damit nur leicht ein Motto, das Willy Brandt über sein Leben, ja, auf seinen Grabstein geschrieben wissen wollte: Man hat sich bemüht.

Ist Angela Merkel hier eher unbewusst dem Charismatiker Brandt gefolgt? Von ihrer familiären und sozialen Herkunft her gehörte die Pfarrerstochter viel eher zur SPD als zur CDU. Zur

CDU zog sie die Chance, sich viel weiter von sich selbst und ihrer Familie entfernen zu können als bei den Sozialdemokraten. Für die Ostdeutsche Merkel war die Reise in das fremde Land CDU noch viel exotischer als der Weg zu den Genossen, wo sie habituell und atmosphärisch Spuren ihres DDR-Lebens entdecken mochte und auch eine nicht ganz fremde Gesellschaftserzählung. In der CDU aber war sie sofort als Fremde in der Fremde anerkannt, und dieser Status war ja ein Geschenk, wenn man neugierig war, wenn man wissen wollte, wer man noch sein könnte über das bekannte und erprobte Ich hinaus. Sich seinen Weg in der CDU zu suchen, machte Merkel sich selbst gegenüber freier, weil sie diese Wendung zu den Konservativen mindestens so überraschte wie der Mauerfall selbst.

Und weil Angela Merkel ein Mensch ist, der sich wie aus einer Beobachtungswarte von außen betrachten kann, ist sie im Binnenverhältnis zu sich selbst, aber auch zu ihrer Partei freier. Sie pflegt ein recht unsentimentales Beziehungsleben mit den Ichs in ihrem Ich. Wer sich in dieser Weise beobachten, ja, studieren kann, hat größere Möglichkeiten, der eigenen Mythisierung zu widerstehen.

Wahrscheinlich unterscheidet Angela Merkel das von den meisten männlichen Amtsvorgängern, die sich entweder selbst mythisierten, es kalkuliert als Machtinstrument betrieben, es gerne geschehen ließen oder es widerwillig hinnahmen, weil sie wussten, dass gegen diese Tendenzen kein Kraut gewachsen ist. Angela Merkel hat gerade aus der Beobachtungswarte der desillusionierten, mythenresistenten Frau – und ihre politische Beziehungsgeschichte ist ein Roman der Desillusionierung von Wolfgang Schnur bis Helmut Kohl – ein größeres Misstrauen gegenüber vollmundiger Führerschaft entwickelt.

So sehr das 21. Jahrhundert nach Führung verlangt, so sehr ist überall die satirische, zynische und clowneske Entstellung von Führerfiguren zu beobachten. Hat das 20. Jahrhundert die

Frauen in der Welt und der Politik klüger gemacht? Die männlichen Bilanzen sind geschrieben, und sie sind – um es behutsam auszudrücken – unvorteilhaft. Treten Frauen nicht einfach sehr viel vorsichtiger auf, während die Männer zum Licht stürmen wollen und sich dabei den Kopf an der nächsten Wand blutig schlagen? Männer fürchten kleine Schritte, Frauen wagen sie.

Literaturverzeichnis

Zeitschriften und Wochenzeitungen (Auswahl)

Der Spiegel, Nr. 48/1961: Bis zur Bahre, S. 29–30.

Der Spiegel, Nr. 32/1967: Unheimliche Gesichter, S. 19–28.

Der Spiegel, Nr. 36/1969: Wie wählen Frauen, S. 32–49.

Der Spiegel, Nr. 12/1985: »Glamour ist nicht zu holen«, S. 47–58.

Der Spiegel, Nr. 9/1993: »Ich hasse Schickimicki«, S. 41–47.

Die Zeit, Nr. 51/1950: Die berufstätige Frau im öffentlichen Leben.

Die Zeit, Nr. 16/1973: Die Chance, eine Frau sein, von Marlies Menge.

Die Zeit, Nr. 9/1974: Ein Parlament von lauter Feinden? von Eduard Neumaier.

Die Zeit, Nr. 12/1984: Liselotte Funcke. Unbeirrt und hartnäckig, von Margrit Gerste.

Die Zeit, Nr. 25/1984: Waltraud Schoppe. Schwellenangst kennt sie nicht, von Margrit Gerste.

Die Zeit, Nr. 1/1985: Das Fähnlein der Einundfünfzig, von Margrit Gerste.

Die Zeit, Nr. 5/2002: Kerle, wollt ihr ewig kungeln?, von Nina Grunenberg.

Aufsätze

Brunssen, Frank: Zur Aufarbeitung des lexikalischen NS-Erbes. In: Aus Politik und Zeitgeschichte, Nr. 8, 2010, S. 14–20.

Eder, Jacob S.: Hildegard Hamm-Brücher: Linksliberalismus, Medien und die

Konstruktion der »liberalen Lady«. In: Heuss-Forum, Theodor-Heuss-Kolloquium 2016.

Kocka, Jürgen: 1945: Neubeginn oder Restauration?. In: Carola Stern, Heinrich August Winkler (Hg.): Wendepunkte deutscher Geschichte 1848–1945, Frankfurt am Main 1979.

Oelze, Dorothea: Margot Kalinke und der Wechsel von neun Bundestagsabgeordneten der Deutschen Partei (DP) zur CDU 1960. Konrad-Adenauer-Stiftung, online, o. J.

Rahden, Till van: Demokratie und väterliche Autorität. Das Karlsruher »Stichentscheid«-Urteil von 1959 in der politischen Kultur der frühen Bundesrepublik. In: Zeithistorische Forschungen/Studies in Contemporary History, Onlineausgabe, 2 (2005).

Sacksofsky, Ute: Eheliches Namensrecht im Zeichen der Gleichberechtigung. In: L'homme: Zeitschrift für feministische Geschichtswissenschaft, Jg. 20 (2009), Nr. 1, S. 75–89.

Schildt, Axel: Fünf Möglichkeiten, die Geschichte der Bundesrepublik zu erzählen. In: Blätter für deutsche und internationale Politik, H. 10, Oktober 1999, S. 1234–1244.

Literatur

Adenauer, Konrad: Teegespräche 1950–1954, bearbeitet von Hanns Jürgen Küsters, Berlin 1984.

Adenauer, Konrad: Teegespräche 1955–1958, bearbeitet von Hanns Jürgen Küsters, Berlin 1986.

Adenauer, Konrad/Heuss, Theodor: Unter vier Augen. Gespräche aus den Gründerjahren 1949–1959, Berlin 1997.

Barzel, Rainer: Ein gewagtes Leben. Erinnerungen, Stuttgart, Leipzig 2001.

Bänsch, Dieter (Hg.): Die fünfziger Jahre. Beiträge zu Politik und Kultur, Tübingen 1985.

Beard, Mary: Frauen und Macht, Frankfurt am Main 2018.

Beck, Dorothee: Politikerinnen und ihr Griff zur Macht, Bielefeld 2016.

Berger, Lieselotte/Bothmer, Lenelotte von/Schuchardt, Helga: Frauen ins Parlament. Von den Schwierigkeiten, gleichberechtigt zu sein, Hamburg 1976.

Biess, Frank: Republik der Angst. Eine andere Geschichte der Bundesrepublik, Hamburg 2019.

Bommarius, Christian: 1949. Das lange deutsche Jahr, München 2018.

Bollmann, Ralph: Die Deutsche. Angela Merkel und wir, Stuttgart 2013.

Bourdieu, Pierre: Die männliche Herrschaft, Frankfurt am Main 2012.

Bothmer, Lenelotte von: Mit der Kuh am Strick. Szenen aus den Dienstjahren einer Hinterbänklerin, Hamburg 1996.

Boysen, Jacqueline: Angela Merkel. Eine Karriere, Berlin 2005.

Bösch, Frank/Borruta, Manuela (Hg.): Die Massen bewegen. Medien und Emotionen in der Moderne, Frankfurt am Main 2006.

Brandt, Hugo (Hg.): Hoffen, zweifeln, abstimmen. Seit 1969 im Bundestag. 14 Abgeordnete berichten, Hamburg 1980.

Brauerhoch, Annette: Fräulein und GIs, Frankfurt am Main 2006.

Bruhns, Wibke: Nachrichtenzeit. Meine unfertigen Erinnerungen, München 2012.

Bude, Heinz: Bilanz der Nachfolge. Die Bundesrepublik und der Nationalsozialismus, Frankfurt am Main 1992.

Dertinger, Antje: Frauen der ersten Stunde, Frankfurt am Main 1999.

Die Grünen entern das Raumschiff Bonn. Ein Lesebuch über den Start im Bundestag, Hattingen/Ruhr 1983.

Diehl, Günter: Zwischen Politik und Presse. Bonner Erinnerungen 1949–1969, Frankfurt 1994.

Encke, Julia: Charisma und Politik. Warum unsere Politik mehr Leidenschaft braucht, München 2014.

Frei, Norbert/Schmitz, Johannes: Journalismus im Dritten Reich, München 1989.

Frevert, Ute: Frauen-Geschichte. Zwischen Bürgerlicher Verbesserung und Neuer Weiblichkeit, Frankfurt am Main 1986.

Funcke, Liselotte: Bundestagsreden und Zeitdokumente, Bonn 1978.

Gerhard, Ute: Frauenbewegung und Feminismus. Eine Geschichte seit 1789, München 2018.

Hachmeister, Lutz/Siering, Friedemann: Die Herren Journalisten. Die Elite der deutschen Presse nach 1945, München 2002.

Hamm-Brücher, Hildegard: Freiheit ist mehr als ein Wort. Eine Lebensbilanz, München 1997.

Heidenberger, Felix: Die Glöcknerin vom Bundestag, Ingeborg Geisendörfer, München 2001.

Hellwig, Renate (Hg.): Unterwegs zur Partnerschaft. Die Christdemokratinnen, Stuttgart 1984.

Henkels, Walter: Zeitgenossen. Fünfzig Bonner Köpfe, Hamburg 1953.

Henkels, Walter: 99 Bonner Köpfe, Frankfurt am Main 1965.

Henkels, Walter: Doktor Adenauers gesammelte Schwänke, Düsseldorf 1966.

Henkels, Walter: Lokaltermin in Bonn. Der »Hofchronist« erzählt, Frankfurt am Main 1969.

Hessische Landesregierung (Hg.): Elisabeth Schwarzhaupt. Porträt einer streitbaren Politikerin und Christin, Freiburg 2001.

Hirsch, Helga: Endlich wieder Leben. Die fünfziger Jahre im Rückblick von Frauen, München 2012.

Hodenberg, Christina von: Konsens und Krise. Eine Geschichte der westdeutschen Medienöffentlichkeit 1945–1973, Göttingen 2006.

Hodenberg, Christina von: Das andere Achtundsechzig. Gesellschaftsgeschichte einer Revolte, München 2018.

Hoecker, Beate: Frauen, Männer und die Politik, Bonn 1998.

Holzhauer, Johanna/Steinbauer, Agnes: Frauen an der Macht. Profile prominenter Politikerinnen, Frankfurt am Main 1994.

Holtz-Bacha, Christina/König-Reiling, Nina (Hg.): Warum nicht gleich? Wie die Medien mit Frauen in der Politik umgehen, Wiesbaden 2007.

Höfer, Werner: Glück gehabt mit Präsidenten, Kanzlern und den Frauen, Gütersloh o. J.

Höpfinger, Renate (Hg.): Maria Probst. Bayerische Lebensbilder 4, München 2017.

Huber, Antje (Hg.): Verdient die Nachtigall Lob, wenn sie singt? Die Sozialdemokratinnen, Stuttgart 1984.

Huhnke, Brigitta: Macht, Medien und Geschlecht, Opladen 1996.

Kahlweit, Cathrin: Damenwahl. Politikerinnen in Deutschland, München 1994.

Kiderlen, Elisabeth: Der Süssmuth-Effekt, Frankfurt am Main 1990.

Koch, Jörg: Maria-Elisabeth Klee. Lebensbilder einer Europäerin aus Worms, Worms 2017.

Krause-Brewer, Fides: Journalistin ist man immer. Meine Erinnerungen an das 20. Jahrhundert, Berlin 2011.

Kujacinski, Dona/Kohl, Peter: Hannelore Kohl. Ihr Leben, München 2002.

Langguth, Gerd: Angela Merkel, München 2005.

Latka-Jöhring, Sigrid: Frauen in Bonn. Zwanzig Porträts aus der Bundeshauptstadt, Bonn 1998.

Lattmann, Dieter: Die lieblose Republik. Aufzeichnungen aus Bonn am Rhein, München 1981.

Leinemann, Jürgen: Höhenrausch. Die wirklichkeitsleere Welt der Politiker, Berlin 2005.

Lepsius, Renate: Frauenpolitik als Beruf. Gespräche mit SPD-Parlamentarierinnen, Hamburg 1987.

Marquardt, Regine: Das Ja zur Politik. Frauen im Deutschen Bundestag 1949–1961, Opladen 1999.

Mayntz, Gregor: Zwischen Volk und Volksvertretung. Entwicklung, Probleme und Perspektiven der Parlamentsberichterstattung unter besonderer Berücksichtigung von Fernsehen und Deutschem Bundestag, Bonn 1992.

Männle, Ursula (Hg.): »Weil ich soviel Not gesehen …«. Maria Probst 1902–1967, München (o. J.).

Martiny, Anke: »Und vor allem muss man jederzeit als voller Mensch leben«, Berlin 2014.

Meyer, Birgit: Frauen im Männerbund. Politikerinnen in Führungspositionen von der Nachkriegszeit bis heute, Frankfurt am Main 1997.

Mitscherlich, Margarete: Die friedfertige Frau, Frankfurt am Main 1992.

Möller, Frank (Hg.): Charismatische Führer der deutschen Nation, München 2004.

Münkel, Daniela: Willy Brandt und die »Vierte Gewalt«. Politik und Massenmedien in den 50er bis 70er Jahren, Frankfurt am Main 2005.

Neuss, Beate/Neubert, Hildigund (Hg.): Mut zur Verantwortung. Frauen gestalten die Politik der CDU, Köln, Weimar, Wien 2013.

Niclauß, Karlheinz: Kanzlerdemokratie. Regierungsführung von Konrad Adenauer bis Gerhard Schröder, Paderborn 2004.

Notz, Gisela: Frauen in der Mannschaft. Sozialdemokratinnen im parlamentarischen Rat und im Deutschen Bundestag 1948/49–1957, Bonn 2003.

Notz, Gisela: Warum flog die Tomate? Die autonomen Frauenbewegungen der Siebzigerjahre, Neu-Ulm 2018.

Oberreuter, Heinrich/Kranenpohl, Uwe (Hg.): Der Deutsche Bundestag im Wandel, Wiesbaden 2001.

Oltmanns, Reimar: Frauen an der Macht. Protokolle einer Aufbruchsära, Frankfurt am Main 1990.

Oppelland, Torsten (Hg.): Deutsche Politiker 1949–1969. 17 biographische Skizzen aus Ost und West, Darmstadt 1999.

Peschel-Gutzeit, Lore Maria: Selbstverständlich gleichberechtigt. Eine autobiographische Zeitgeschichte, Hamburg 2012.

Pinl, Claudia: Vom kleinen zum großen Unterschied. »Geschlechterdifferenz« und konservative Wende im Feminismus, Hamburg 1993.

Pollmann, Dorlies/Laudowicz, Edith (Hg.): Weil ich das Leben liebe. Aus dem Leben engagierter Frauen, Köln 1981.

Poppinga, Anneliese: Meine Erinnerungen an Konrad Adenauer, Gütersloh (o. J.).

Proebst, Hermann: Heuss. Eine Bildbiografie, München 1959.

Rapp, Alfred: Bonn auf der Waage, Stuttgart 1959.

Reicke, Ilse: Die großen Frauen der Weimarer Republik, Freiburg 1984.

Renger, Annemarie: Ein politisches Leben, Stuttgart 1993.

Richter, Saskia: Die Aktivistin. Das Leben der Petra Kelly, München 2010.

Roll, Evelyn: Die Kanzlerin. Angela Merkels Weg zur Macht, Berlin 2009.

Rüdiger, Mark: »Goldene 50er« oder »Bleierne Zeit«? Geschichtsbilder der 50er Jahre im Fernsehen der BRD, 1959–1989, Bielefeld 2014.

Rosumek, Lars: Die Kanzler und die Medien. Acht Porträts von Adenauer bis Merkel, Frankfurt am Main 2007.

Salentin, Ursula: Elisabeth Schwarzhaupt – erste Ministerin der Bundesrepublik, Freiburg 1986.

Sarkowicz, Hans: Sie prägten Deutschland. Eine Geschichte der Bundesrepublik in politischen Portraits, München 1999.

Schilling, Helmuth von: Wag zu sein wie Daniel. Hildegard Hamm-Brücher: Eine Einzelkämpferin als Vorbild?, Krefeld 1987.

Schöler-Macher, Bärbel: Die Fremdheit der Politik. Erfahrungen von Frauen in Parteien und Parlamenten, Weinheim 1994.

Scholz, Sylka (Hg.): »Kann die das?« – Angela Merkels Kampf um die Macht, Berlin 2007.

Schwan, Heribert: Die Frau an seiner Seite. Leben und Leiden der Hannelore Kohl, München 2012.

Schwan, Heribert/Jens, Tilmann: Vermächtnis. Die Kohl-Protokolle, München 2014.

Schwarz, Hans-Peter: Anmerkungen zu Adenauer, München 2007.

Schwarz, Uta: Wochenschau, westdeutsche Identität und Geschlecht in den fünfziger Jahren, Frankfurt am Main 2002.

Schwarzer, Alice: Damenwahl. Vom Kampf um das Frauenwahlrecht bis zur ersten Kanzlerin, Köln 2008.

Sichtermann, Barbara: Wer ist wie? Über den Unterschied der Geschlechter, Berlin 1987.

Sichtermann, Barbara: Weiblichkeit. Zur Politik des Privaten, Berlin 1991.

Sichtermann, Barbara/Rose, Ingo: Die Erste. Mutige Frauen verändern die Welt, Berlin 2014.

Simon, Sven: Adenauer und Kokoscha. Bilder einer Freundschaft, Düsseldorf, Wien 1967.

Simonis, Heide: Unter Männern. Mein Leben in der Politik, München 2003.

Specht, Heike: Ihre Seite der Geschichte. Deutschland und seine First Ladies von 1949 bis heute, München 2019.

Sperr, Monika: Petra Karin Kelly. Politikerin aus Betroffenheit, München 1983.

Steinbacher, Sybille: Wie der Sex nach Deutschland kam. Der Kampf um Sittlichkeit und Anstand in der frühen Bundesrepublik, München 2011.

Stern, Carola: Doppelleben, Hamburg 2002.

Sternburg, Wilhelm von: Adenauer. Eine deutsche Legende, Frankfurt am Main 1987.

Sontheimer, Kurt: Die Adenauer-Ära, München 1996.

Süssmuth, Hans: Kleine Geschichte der CDU-Frauen-Union, Baden-Baden 1990.

Süssmuth, Rita: Wer nicht kämpft, hat schon verloren, München 2002.

Tebbel, Renate: Marta Schanzenbach. Eine Frau der ersten Stunde, Freiburg 2010.

Uexküll, Gösta von: Adenauer, Hamburg 2009.

Ullrich, Wolfgang (Hg.): Macht zeigen. Kunst als Herrschaftsstrategie, Berlin 2010.

Vollmer, Antje: Und wehret euch täglich! Gütersloh 1984.

Vollmer, Antje: Eingewandert ins eigene Land. Was von Rot-Grün bleibt, München 2006.

Walter, Franz: Charismatiker und Effizienzen. Porträts aus 60 Jahren Bundesrepublik, Frankfurt am Main 2009.

Weymar, Paul: Konrad Adenauer. Die autorisierte Biographie, München 1955.

Willemsen, Roger: Das Hohe Haus. Ein Jahr im Parlament, Frankfurt am Main 2015.

Wolff, Jeanette: Mit Bibel und Bebel. Ein Gedenkbuch, Bonn 1980.

Woolf, Virginia: Ein Zimmer für sich allein, Stuttgart 2012.

Wolter, Gundula: Hosen, weiblich. Kulturgeschichte der Frauenhose, Marburg 1994.

Bildnachweis

Register